同济博士论丛
TONGJI Dissertation Series
总主编 伍 江 副总主编 雷星晖

黄 栩 黄宏伟 著

软土基坑工程开挖对下卧已建盾构隧道的影响研究

Study on Influence of Deep Excavation on Underlying Existing Shield Tunnel in Soft Ground

同濟大學出版社
TONGJI UNIVERSITY PRESS

内 容 提 要

本书通过离心机模型试验、解析分析及数值模拟等手段,针对已建盾构隧道在上方基坑开挖作用下产生的纵横向变形与隧道衬砌内力变化的特点与规律,各种因素对隧道响应的影响,盾构隧道纵向变形后引起的横向效应展开研究。

本书适合相关专业高校师生、研究人员阅读。

图书在版编目(CIP)数据

软土基坑工程开挖对下卧已建盾构隧道的影响研究 / 黄栩,黄宏伟著. —上海:同济大学出版社,2018.11

(同济博士论丛 / 伍江总主编)

ISBN 978-7-5608-8176-8

Ⅰ. ①软… Ⅱ. ①黄… ②黄… Ⅲ. ①软土地基—基础(工程)—影响—隧道—盾构法—研究 Ⅳ. ①U455.43

中国版本图书馆 CIP 数据核字(2018)第 228554 号

软土基坑工程开挖对下卧已建盾构隧道的影响研究

黄　栩　黄宏伟　著

出 品 人　华春荣　　责任编辑　熊磊丽　　助理编辑　吴敬醒

责任校对　徐春莲　　封面设计　陈益平

出版发行　同济大学出版社　　www.tongjipress.com.cn

（地址:上海市四平路 1239 号　邮编:200092　电话:021-65985622）

经　　销　全国各地新华书店

排版制作　南京展望文化发展有限公司

印　　刷　浙江广育爱多印务有限公司

开　　本　787 mm×1092 mm　1/16

印　　张　17

字　　数　340 000

版　　次　2018 年 11 月第 1 版　　2018 年 11 月第 1 次印刷

书　　号　ISBN 978-7-5608-8176-8

定　　价　80.00 元

“同济博士论丛”编写领导小组

“同济博士论丛”编辑委员会

袁万城　莫天伟　夏四清　顾　明　顾祥林　钱梦騄
徐　政　徐　鉴　徐立鸿　徐亚伟　凌建明　高乃云
郭忠印　唐子来　阎耀保　黄一如　黄宏伟　黄茂松
戚正武　彭正龙　葛耀君　董德存　蒋昌俊　韩传峰
童小华　曾国荪　楼梦麟　路秉杰　蔡永洁　蔡克峰
薛　雷　霍佳震

秘书组成员：谢永生　赵泽毓　熊磊丽　胡晗欣　卢元姗　蒋卓文

总序

在同济大学110周年华诞之际，喜闻"同济博士论丛"将正式出版发行，倍感欣慰。记得在100周年校庆时，我曾以《百年同济，大学对社会的承诺》为题作了演讲，如今看到付梓的"同济博士论丛"，我想这就是大学对社会承诺的一种体现。这110部学术著作不仅包含了同济大学近10年100多位优秀博士研究生的学术科研成果，也展现了同济大学围绕国家战略开展学科建设、发展自我特色，向建设世界一流大学的目标迈出的坚实步伐。

坐落于东海之滨的同济大学，历经110年历史风云，承古续今、汇聚东西，秉持"与祖国同行、以科教济世"的理念，发扬自强不息、追求卓越的精神，在复兴中华的征程中同舟共济、砥砺前行，谱写了一幅幅辉煌壮美的篇章。创校至今，同济大学培养了数十万工作在祖国各条战线上的人才，包括人们常提到的贝时璋、李国豪、裘法祖、吴孟超等一批著名教授。正是这些专家学者培养了一代又一代的博士研究生，薪火相传，将同济大学的科学研究和学科建设一步步推向高峰。

大学有其社会责任，她的社会责任就是融入国家的创新体系之中，成为国家创新战略的实践者。党的十八大以来，以习近平同志为核心的党中央高度重视科技创新，对实施创新驱动发展战略作出一系列重大决策部署。党的十八届五中全会把创新发展作为五大发展理念之首，强调创新是引领发展的第一动力，要求充分发挥科技创新在全面创新中的引领作用。要把创新驱动发展作为国家的优先战略，以科技创新为核心带动全面创新，以体制机制改革激发创新活力，以高效率的创新体系支撑高水平的创新型国家建设。作为人才培养和科技创新的重要平台，大学是国家创新体系的重要组成部分。同济大学理当围绕国家战略目标的实现，作出更大的贡献。

大学的根本任务是培养人才，同济大学走出了一条特色鲜明的道路。无论是本科教育、研究生教育，还是这些年摸索总结出的导师制、人才培养特区，"卓越人才培养"的做法取得了很好的成绩。聚焦创新驱动转型发展战略，同济大学推进科研管理体系改革和重大科研基地平台建设。以贯穿人才培养全过程的一流创新创业教育助力创新驱动发展战略，实现创新创业教育的全覆盖，培养具有一流创新力、组织力和行动力的卓越人才。"同济博士论丛"的出版不仅是对同济大学人才培养成果的集中展示，更将进一步推动同济大学围绕国家战略开展学科建设、发展自我特色、明确大学定位、培养创新人才。

面对新形势、新任务、新挑战，我们必须增强忧患意识，扎根中国大地，朝着建设世界一流大学的目标，深化改革，勠力前行！

万　钢

2017 年 5 月

论丛前言

承古续今，汇聚东西，百年同济秉持“与祖国同行、以科教济世”的理念，注重人才培养、科学研究、社会服务、文化传承创新和国际合作交流，自强不息，追求卓越。特别是近20年来，同济大学坚持把论文写在祖国的大地上，各学科都培养了一大批博士优秀人才，发表了数以千计的学术研究论文。这些论文不但反映了同济大学培养人才能力和学术研究的水平，而且也促进了学科的发展和国家的建设。多年来，我一直希望能有机会将我们同济大学的优秀博士论文集中整理，分类出版，让更多的读者获得分享。值此同济大学110周年校庆之际，在学校的支持下，“同济博士论丛”得以顺利出版。

“同济博士论丛”的出版组织工作启动于2016年9月，计划在同济大学110周年校庆之际出版110部同济大学的优秀博士论文。我们在数千篇博士论文中，聚焦于2005—2016年十多年间的优秀博士学位论文430余篇，经各院系征询，导师和博士积极响应并同意，遴选出近170篇，涵盖了同济的大部分学科：土木工程、城乡规划学(含建筑、风景园林)、海洋科学、交通运输工程、车辆工程、环境科学与工程、数学、材料工程、测绘科学与工程、机械工程、计算机科学与技术、医学、工程管理、哲学等。作为“同济博士论丛”出版工程的开端，在校庆之际首批集中出版110余部，其余也将陆续出版。

博士学位论文是反映博士研究生培养质量的重要方面。同济大学一直将立德树人作为根本任务，把培养高素质人才摆在首位，认真探索全面提高博士研究生质量的有效途径和机制。因此，“同济博士论丛”的出版集中展示同济大学博士研究生培养与科研成果，体现对同济大学学术文化的传承。

“同济博士论丛”作为重要的科研文献资源，系统、全面、具体地反映了同济大学各学科专业前沿领域的科研成果和发展状况。它的出版是扩大传播同济科研成果和学术影响力的重要途径。博士论文的研究对象中不少是“国家自然科学基金”等科研基金资助的项目，具有明确的创新性和学术性，具有极高的学术价值，对我国的经济、文化、社会发展具有一定的理论和实践指导意义。

“同济博士论丛”的出版，将会调动同济广大科研人员的积极性，促进多学科学术交流、加速人才的发掘和人才的成长，有助于提高同济在国内外的竞争力，为实现同济大学扎根中国大地，建设世界一流大学的目标愿景做好基础性工作。

虽然同济已经发展成为一所特色鲜明、具有国际影响力的综合性、研究型大学，但与世界一流大学之间仍然存在着一定差距。“同济博士论丛”所反映的学术水平需要不断提高，同时在很短的时间内编辑出版110余部著作，必然存在一些不足之处，恳请广大学者，特别是有关专家提出批评，为提高同济人才培养质量和同济的学科建设提供宝贵意见。

最后感谢研究生院、出版社以及各院系的协作与支持。希望“同济博士论丛”能持续出版，并借助新媒体以电子书、知识库等多种方式呈现，以期成为展现同济学术成果、服务社会的一个可持续的出版品牌。为继续扎根中国大地，培育卓越英才，建设世界一流大学服务。

伍　江

2017年5月

前　言

由于城市中大量高楼、地下通道及地铁车站等的建造，产生了大量的深基坑工程。已运营的地铁、越江公路隧道上方的基坑工程施工必然使已建隧道产生附加变形以及附加内力。严重时，可能诱发隧道管片开裂、接缝张开及渗漏水，影响隧道结构安全及正常运营。本书以此为背景，针对基坑工程开挖对下卧已建盾构隧道的影响开展了离心机模型试验、解析分析及数值模拟等工作，主要研究内容及取得的成果如下：

进行基坑开挖对已建下卧盾构隧道影响的离心机模型试验，试验中模拟了基坑与隧道之间不同竖向距离，隧道不同尺寸大小的情况，通过量测隧道拱顶竖向隆起以及隧道衬砌应变，分析了盾构隧道在上方卸荷作用下的纵向变形及横断面内力变化特点。试验结果表明，盾构隧道在上方基坑开挖影响下产生的纵向结构变形特征曲线为高斯曲线，曲线反弯点与卸荷中轴线之间的距离大约为1.3倍基坑宽度；同时基坑正下方隧道衬砌拱顶与拱底出现明显的弯矩变化，当隧道横断面距离基坑中轴线达到1.5倍基坑开挖深度时，横断面弯矩变化可以忽略。

通过Mindlin弹性解获得了基坑开挖引起的作用于隧道轴线上的附加应力，在此基础上将三参数弹性地基模型引入盾构隧道纵向结构变形性态的分析中，隧道被视为Kerr地基上的无限长梁，建立平衡微分方程并求解了隧道受荷后的纵向变形与纵向内力。对地基参数的选取与修正进行了讨论，并对 Winkler、Pasternak 与 Kerr 三种地基模型的模拟结果进行了对比，验证了 Kerr 地基模型的优越性。基于以上结果，推导并求解了考虑盾构隧道侧向土体对隧道作用的平衡微分方程，获得了与实际更接近的上方卸荷引起的隧道纵向变形结果。

提出了基坑开挖引起下卧隧道横向响应的简化计算模型，假设隧道横断面上下方土体抗力的分布形式为不相等的三角形分布，利用力法求解了隧道横断面变形与内力，并分析了地基基床系数、隧道半径及隧道衬砌厚度等因素对隧道横断面响应的影响。

总结了盾构隧道发生纵向变形后可能引起的几种横向结构效应，根据 Brazier 效应原理提出了盾构隧道纵向变形后横断面将产生压扁效应的现象，并推导了压扁效应引起的隧道横向变形与内力。基于此，开展了典型隧道纵向变形模式条件下产生的压扁效应与纵向剪切传递效应的对比研究。

采用商业有限元软件 PLAXIS 2D 进行了数值模拟的土体本构模型选择分析，分别以摩尔库伦模型（Mohr - Coulomb model）、土体硬化模型（Hardening Soil model）及小应变土体硬化模型（Hardening Soil Small model）进行计算，结果表明：为获得较准确的结果，在计算中应尽量采用较高级的 HS 模型与 HS Small 模型作为土体本构模型。随即以上海延安东路隧道以及上海地铁隧道为研究对象，通过 PLAXIS 进行了基坑走向与隧道轴线相互平行工况（二维模拟）以及相互垂直交叉工况（三维模拟）的数值模拟参数敏感性分析，所分析的参数包括隧道与基坑之间的相对位置、围护结构的刚度、基坑的尺寸（长度、宽度）、保护隧道的措施等。对上海外滩通道施工工程实例进行三维有限元分析，计算基坑开挖对下卧延安东路隧道影响，进行实测数据与有限元计算结果的比较，两者具有较好的一致性。在此基础上，将特定工况的离心机试验结果、解析计算结果及有限元计算结果进行对比，验证了本书提出解析模型的合理性。

在多种方法分析基坑开挖对下卧已建隧道影响的基础上，针对盾构隧道的纵向变形及横断面变形，选取隧道纵向变形曲率及横断面收敛为评价指标，建立了盾构隧道在上方基坑开挖影响下的定量易损性评价方法。

在软土地区已建盾构隧道受上方基坑工程开挖作用时，本书得到的主要结论对已建盾构隧道响应的预测及隧道保护措施的制定具有指导意义。

目 录

总序

论丛前言

前言

第 1 章 绪论 …… 1

1.1 概述 …… 1

1.2 国内外研究现状 …… 2

1.2.1 基坑开挖坑底回弹计算方法及土体卸荷特性研究现状 …… 2

1.2.2 基坑开挖数值模拟研究现状 …… 5

1.2.3 盾构隧道纵向变形计算方法研究现状 …… 7

1.2.4 基坑开挖及隧道结构模拟的离心机模型试验研究现状 …… 12

1.2.5 基坑开挖对已建隧道影响研究现状 …… 14

1.2.6 盾构隧道结构安全性态评估方法研究现状 …… 16

1.3 主要研究内容 …… 17

1.4 主要创新点 …… 19

第 2 章 基坑开挖对下卧盾构隧道影响的离心机试验研究 …… 20

2.1 概述 …… 20

2.2 土工离心机试验基本原理 …… 20

2.2.1 土工离心机试验基本原理 …… 20

2.2.2 相似准则 …… 21

2.3 同济大学 TLJ-150 复合型岩土离心试验机介绍 …… 22

2.4 工程背景 …… 23
2.5 试验方案设计 …… 25
2.5.1 基坑开挖模拟方法 …… 25
2.5.2 试验假定 …… 28
2.5.3 试验工况设计 …… 29
2.5.4 模型布局 …… 29
2.5.5 模型制作 …… 29
2.5.6 试验假设的验证 …… 36
2.5.7 试验测量 …… 38
2.5.8 试验步骤 …… 40
2.6 试验结果与讨论 …… 44
2.6.1 工况一结果 …… 44
2.6.2 隧道与基坑之间距离的影响 …… 49
2.6.3 隧道尺寸的影响 …… 51
2.7 本章小结 …… 52

第3章 基坑开挖对下卧盾构隧道影响的解析分析 …… 54
3.1 引言 …… 54
3.2 基坑开挖引起的隧道纵向响应 …… 56
3.2.1 基坑开挖引起的隧道轴线上的附加应力 …… 56
3.2.2 不考虑侧向力作用的 Kerr 地基上的盾构隧道受荷变形 …… 65
3.2.3 地基模型的应用 …… 69
3.2.4 考虑侧向土体对隧道作用的 Kerr 地基上盾构隧道受荷变形 …… 79
3.3 基坑开挖引起的隧道横向响应 …… 88
3.3.1 隧道横向响应的简化计算模型 …… 88
3.3.2 基坑开挖引起的隧道横断面变形及内力 …… 90
3.4 本章小结 …… 102

第 4 章 盾构隧道纵向变形引起的横向效应 …… 105
4.1 引言 …… 105
4.2 盾构隧道纵向变形引起的横断面压扁效应 …… 106
4.2.1 Brazier 效应 …… 106
4.2.2 盾构隧道横断面压扁效应推导 …… 107
4.2.3 压扁效应影响因素参数分析 …… 119
4.2.4 压扁效应应用实例 …… 129
4.3 盾构隧道纵向变形引起的纵向剪切传递效应 …… 133
4.3.1 纵向剪切传递效应的机理 …… 133
4.3.2 纵向剪切传递效应引起的隧道横向变形及内力 …… 135
4.4 典型隧道纵向变形模式的压扁效应与纵向剪切传递效应 …… 136
4.4.1 典型的隧道纵向变形模式 …… 136
4.4.2 隧道双曲线模式变形的压扁效应与纵向剪切传递效应 …… 138
4.4.3 隧道指数型模式变形的压扁效应与纵向剪切传递效应 …… 141
4.4.4 纠偏荷载作用下隧道变形的压扁效应与纵向剪切传递效应 …… 145
4.4.5 长期沉降曲线模式隧道的压扁效应与纵向剪切传递效应 …… 148
4.4.6 邻近施工影响下隧道的压扁效应与纵向剪切传递效应 …… 148
4.5 本章小结 …… 154

第 5 章 基坑开挖对邻近隧道影响的数值模拟分析 …… 156
5.1 引言 …… 156
5.2 有限元程序 PLAXIS …… 156
5.3 基坑走向与隧道轴线相互平行工况二维模拟分析 …… 157
5.3.1 本构模型的选择 …… 157
5.3.2 隧道位于基坑下方的工况 …… 165

5.3.3 隧道位于基坑侧方的工况 …… 171
5.4 基坑走向与隧道轴线相互垂直工况模拟三维分析 …… 176
5.4.1 分析模型及参数介绍 …… 176
5.4.2 计算结果及讨论 …… 178
5.5 工程实例分析 …… 196
5.6 离心机试验、解析分析与有限元计算的对比分析 …… 198
5.7 本章小结 …… 199

第 6 章 基坑开挖对下卧盾构隧道影响的易损性评价 …… 202
6.1 引言 …… 202
6.2 已建盾构隧道受上方基坑开挖影响的易损性评价 …… 204
6.2.1 易损性评价模型 …… 204
6.2.2 盾构隧道纵向变形的易损性评价 …… 206
6.2.3 隧道横断面变形的易损性评价 …… 218
6.2.4 降低隧道易损性的措施 …… 224
6.2.5 基坑开挖对下卧盾构隧道影响的易损性评价流程 …… 226
6.2.6 实例分析 …… 226
6.3 本章小结 …… 231

第 7 章 结论与展望 …… 232
7.1 研究结论 …… 232
7.1.1 基坑开挖引起的已建盾构隧道变形与内力 …… 232
7.1.2 隧道响应的影响因素 …… 233
7.1.3 盾构隧道纵向变形引起的横向效应 …… 235
7.2 存在的问题与展望 …… 236

参考文献 …… 238

后记 …… 251

第1章 绪论

1.1 概述

从20世纪90年代开始，由于各大城市人口数量急剧增加，城市规模不断扩大，我国一直处于城市大规模建设的高潮时期。高楼大厦毗邻而起，地下空间的开发方兴未艾，同时为了实现“Better Life, Better City”，让城市的生活更加美好，必须解决城市交通问题，因此地铁与地下通道的建设也在紧锣密鼓之中。明挖法由于施工方便，费用较低，被广泛地应用于地下空间的开发之中，由此产生了大量的深基坑工程。随着城市的发展，基坑工程的深度与规模不断加大，深基坑工程施工必然将对周围环境产生影响，如何评价和控制这种影响，成为城市建设必然要面对的重大问题之一。

地铁隧道及城市地下道路是现代城市的交通命脉，其安全性极其重要。数量极多的地面基坑开挖将不可避免地与地下隧道相邻、交错或者跨越，表1-1列举了近十余年来上海地区部分已建盾构隧道附近大面积基坑工程开挖的典型工程实例。建设项目朝着“深、大、近”的方向发展，即基坑的开挖越来越深，基坑的开挖范围越来越大，基坑与隧道的距离越来越小，同时在许多工程中已建隧道往往位于基坑工程正下方，这些都使隧道安全的保护变得更为困难。

基坑工程施工将对基坑周围的土体产生扰动，当基坑下方存在已建隧道时，坑底土体通过竖向变形进而将卸荷作用传递给下方已建的盾构隧道。在软土地区，无论是地铁隧道还是越江公路隧道大部分都是采用盾构法施工而成。盾构隧道多采用拼装式衬砌结构，衬砌的刚度相对较小，一方面基坑开挖卸荷容易引起盾构隧道的纵向变形；另一方面，由于水土压力变化及纵向变形的荷载传递，盾构隧道衬砌横断面受力也将发生变化。当隧道变形与受荷到了一定程度时，

表 1-1　近十余年来上海地区基坑开挖邻近已建盾构隧道典型工程实例

工　程	建设年代	基坑面积	基坑深度	已建隧道	隧道与基坑位置关系
东方路立交工程	2003	53 m×18 m	6.7 m	上海地铁 2 号线	基坑下方，拱顶距离坑底 9.5 m，与宽度方向成 45 度角
淮海路基坑工程	2004	50 m×30 m	9.1 m	上海地铁 1 号线	基坑下方，拱顶距离坑底 7.9 m，斜穿
杨高路立交工程	2001	280 m×34 m	7.4 m	上海地铁 2 号线	基坑下方，拱顶距离坑底 6.9 m，与宽度方向成 10 度角
上海广场基坑工程	2001	120 m×80 m	6.7 m	上海地铁 1 号线	基坑下方，拱顶距离坑底 7.7 m，斜穿整个基坑
大上海会德丰广场	2006	110 m×93 m	20 m	上海地铁 2 号线	基坑侧方，与基坑最近距离 5.4 m，隧道覆土深度 8.5 m
豫园地下大通道工程	2010	177 m×25 m	11 m	上海地铁 10 号线	基坑下方，拱顶距离坑底 6.2 m，平行于基坑长边
越洋广场基坑工程	2006	60 m×60 m	8.3 m	上海地铁 2 号线	基坑侧方，与基坑最近距离 5.8 m，隧道覆土深度约 12 m
外滩通道	2010	50 m×10 m	11 m	延安东路隧道	基坑下方，北线隧道拱顶距离坑底 5.5 m，与基坑长边成约 75 度角，南线隧道距离坑底 7.1 m，与基坑走向垂直

不仅有可能使隧道内行车安全性与舒适性遭到威胁，更有可能产生管片接缝张开、渗漏水，甚至衬砌开裂、破坏，造成不可估计的经济损失与无法弥补的社会影响。

随着城市建设的发展，将会有越来越多的基坑在盾构隧道上方施工开挖，如何预测基坑开挖对下卧已建隧道的影响，如何评估由于基坑开挖产生的对下卧盾构隧道的影响，这不仅在设计与施工方面具有一定的理论价值，而且具有相当大的实用价值，对国家的经济和社会发展具有深远的意义。

1.2　国内外研究现状

1.2.1　基坑开挖坑底回弹计算方法及土体卸荷特性研究现状

基坑开挖必然导致坑底隆起，坑底隆起是判定基坑稳定性的一个重要标志，同时坑底隆起的大小与基坑对周边环境的影响也有重要的关系。在基坑开挖之前及开挖过程中如何有效地预测坑底回弹的大小，并采取相应的坑底回弹措施在工程中十分重要。

对于基坑开挖坑底隆起的问题，相关研究在国外开展得比较早，如 Terzaghi(1943)在 20 世纪 40 年代就提出小的开挖段产生的回弹量比大的开挖段小的现象；而 Bjerrum(1956)在 50 年代给出了分析深基坑坑底隆起的方法；另外也有许多学者关注坑底隆起与基坑稳定性之间的关系，如 Clough(1977)、Feheem(2003,2004)等。

具有代表性的坑底回弹计算方法是日本的规范法与我国的规范法，两者的思想都是分层总和法。根据日本《建筑基础构造设计基准》(日本建筑学会,1974)规定，坑底隆起回弹量的计算公式如(1-1)所示：

$$\delta = \sum_{1}^{i} \frac{C_{si} h_i}{1 + e_{oi}} \lg\left(\frac{P_{Ni} + \Delta P_i}{P_{Ni}}\right) \tag{1-1}$$

式中，C_{si} 为通过回弹试验的 $e-p$ 曲线或者 $e-\lg p$ 曲线获得的第 i 层土的回弹指数；e_{oi} 为相应于 P_{Ni} 应力条件下的第 i 层土的孔隙比；h_i 为第 i 层土的厚度；P_{Ni} 为第 i 层土层中心的原有土层上覆荷重；ΔP_i 为挖去的第 i 层土的荷载。

我国《建筑地基基础设计规范》(2002)提出的坑底回弹 δ 计算公式为：

$$\delta = \psi_c \sum_{i=1}^{n} \frac{p_c}{E_{ci}} (z_i \bar{\alpha}_i - z_{i-1} \bar{\alpha}_{i-1}) \tag{1-2}$$

式中，ψ_c 为回弹经验系数；p_c 为第i 层土体的卸载量；E_{ci} 为第i 层土体回弹模量。

从 20 世纪 80 年代开始，我国各大城市深基坑开挖工程数量增多，在设计与施工中积累了丰富的经验，也提出了许多坑底回弹的计算方法。

夏明耀(1984)通过模型试验寻找了坑底回弹量与土层性质(c 与 φ)、围护墙插入深度、地面超载等之间的关系，并运用数理统计的方法得到了坑底隆起的经验公式。同济大学的刘国彬和侯学渊(1996)根据大量实测资料，提出残余应力概念，建议了一个应用残余应力原理和应力路径方法建立的基坑隆起变形计算模型，并用实例进行了对比分析；刘国彬等(2000)提出一种基坑回弹的简化计算方法，可以计算出残余深度内任何深度的回弹量，同时能考虑开挖的面积、基坑的放置时间、围护结构的插入深度、开挖深度、超载等因素对基坑回弹的影响。吉茂杰等(2001)从理论分析入手，针对矩形基坑研究了开挖时间、空间对坑底回弹的影响规律，对残余应力法中的卸荷模量进行了修正。郑列威与胡蒙达

(2004)从弹性力学解析方法入手，建立了坑底土体回弹的理论计算公式，该方法可计算成层地基土体的坑底回弹。

除了以上各种解析分析模型外，数值模拟也成为一种广泛采用的分析基坑回弹的方法。李佳川(1992)利用三维有限元对某采用地下连续墙及钢支撑作为围护结构的基坑周围位移场进行了计算，对坑底位移场的分布规律进行了探讨。陆培毅等(2006)利用三维有限元模型模拟了深基坑分步开挖的过程，分析了基坑形状、基坑开挖面积及开挖深度等因素与基坑坑底回弹量的关系。孙冰等(2008)基于 ABAQUS 软件对上海某基坑坑底隆起变形量进行有限元分析，发现坑底隆起最大变形发生在离基坑侧壁约以 SMW 围护桩入土深度为半径的圆内侧。吴传波(2011)利用二维与三维有限元，通过对比不同宽深比基坑坑底隆起的数值，分析了基坑宽度效应对坑底隆起的影响。

总体而言，基坑回弹的计算模型与方法较多，然而要得到相对准确的计算结果仍旧十分困难，主要原因是：基坑开挖坑底回弹受众多因素影响，不仅仅与基坑本身几何尺寸、围护结构形式等相关，同时还与坑底是否经过加固处理、基坑分块开挖面积大小及开挖结束后坑底暴露时间等因素相关。当坑底有已建运营隧道等结构物后，情况则变得更为复杂，一方面基坑开挖将使已建隧道产生变形，另一方面已建隧道也将对坑底土体位移场产生影响。如果采用数值模拟进行坑底回弹的计算，虽然计算过程方便可行，但是本构如何选取、参数如何确定、土体各向异性如何考虑等问题都导致数值模拟能够定性地体现坑底回弹分布规律，所以较难给出准确的预测。

土体在卸荷状态下有其特殊的性质，许多研究者展开室内试验对其进行研究，针对的主要问题是土体卸荷模量的数值以及土体卸荷影响深度的大小。刘国彬与侯学渊(1996)通过大量软土室内应力路径试验，模拟基坑开挖和软土隧道施工过程中的应力路径，研究了上海地区的几种典型软土的卸荷变形模量与应力路径的关系表达式。程玉梅(2001)在室内用多套直剪仪进行卸荷后立即剪切试验，探求开挖面以下黏性土体强度变化的规律性，用以确定开挖卸荷影响深度；何世秀等(2003)对武汉地区某深基坑工程的 20 个粉质黏土原状饱和试样进行不排水卸荷试验，对其应力-应变关系进行分析研究，研究结果表明：卸荷条件下该土的试验应力-应变曲线仍可用双曲线形式模拟，且与常规三轴压缩试验应力-应变曲线相似。秦爱芳和蒋晨旭(2008)通过大量的卸荷应力路径试验，模拟了基坑开挖时坑底被动区土体的受力过程，分析了竖向卸荷条件下土体竖向变形及侧应力的变化，最后得出了基坑开挖工程中卸荷影响深度的估算方法。

李建民与滕延京(2011)采用卸荷比-回弹模量分析法通过对砂土、黏土、淤泥及淤泥质土的压缩回弹试验发现,不同性质土体卸荷深度不同,回弹变形随时间的发展也不同。

1.2.2　基坑开挖数值模拟研究现状

数值模拟是分析基坑开挖引起土体位移、围护结构变形的重要手段,这个领域的研究主要集中在以下几个方面:利用数值模拟对基坑开挖后的围护结构变形及土体位移进行预测,并将数值模拟结果与实际监测数据对比;利用实测数据进行参数反分析,确定更合理的数值模拟输入参数,并预测进一步施工或者类似工程的结果;对采用数值模拟分析基坑开挖的某些问题进行探讨,如本构模型的选取等;通过数值模拟分析基坑开挖对周围环境的影响,包括邻近建筑、地下管线、隧道等。

1. 基坑开挖效应的数值模拟预测

数值模拟是预测基坑开挖围护结构变形、土体位移等结果的有效手段,尤其对于超深基坑、异形基坑等通过理论方法难以得到结果的情况,数值模拟更是有其突出的优势。

国内外有大量该方面的文献发布。Schaefer 和 Triantafyllidis(2004)用三维有限元分析了围护墙施工过程对软土应力场的影响,考虑了具体施工过程及混凝土凝固的刚度变化等的影响。Schweiger 等(2008)利用三维有限元软件 PLAXIS 模拟了一个深基坑开挖,与现场监测数据进行了对比,结果表明考虑由于地连墙上裂缝存在而进行的刚度折减是合理的。Arai 等(2008)对一个以地下连续墙为围护结构的圆形基坑进行了三维有限元分析,并研究了围护墙厚度以及基坑的开挖顺序对周围地层移动以及应力分布的影响。Ou 等(2008)利用三维有限元进行了多组数值模拟,分析了坑内土体加固的区域对基坑围护墙变形的影响。贾敏才等(2009)采用基于散体介质特性建立的颗粒流细观力学数值方法,对重力式搅拌桩围护基坑的开挖过程进行分析,并将结果与实测结果进行了对比,验证了颗粒流方法模拟基坑开挖的可行性。熊孝波等(2009)利用 ANSYS 有限元方法对基坑开挖进行模拟,分析了墙体刚度、支撑刚度等对地连墙内力、周围地表沉降进行分析,并与模型试验结果进行对比验证。郑俊杰等(2010)采用三维弹塑性数值模拟方法,研究被动区加固条件下的围护墙体位移及坑外地表沉降,发现对裙边加固的加固范围与加固深度而言存在一个有效范围,超出该范围后加固效果提高不显著。侯玉伟(2010)利用 FLAC 3D 对上海轨道交通某 27 m 异形超深基坑进行建模计算，并将三维与二维计算结果进行比较，发现二者差异较大，得出结论：对于异形基坑应尽量采用三维分析方法。

通过数值模拟分析在定性上能较方便地对基坑开挖各影响因素进行参数分析，然而如果想在定量上使数值模拟结果更加精确，就必须在本构模型的选择与参数的选取上做进一步工作。

2. 基坑开挖数值模拟参数反分析

为了使数值模拟结果更加准确，利用现场监测数据对数值模拟结果进行反分析，进而更新参数输入是较好的办法。如何快速、准确地利用现场实测数据更新数值模拟参数输入，是国外数值模拟方法研究的热点。

Calvello 和 Finno(2004)用 PLAXIS 土体硬化模型(Hardening Soil model)模拟芝加哥黏土基坑开挖，提出一种利用最优化及反分析手段寻找需要合适土体参数的方法。Hashash 等(2006)介绍了一个用于基坑开挖数值模拟分析的“自学习”系统，其实质是对以往工程监测数据进行分析，更新土体参数，以此改进对其他类似基坑变形的预测。Rechea 等(2007)为了寻找描述土体本构关系的最适合的参数，利用梯度法以及遗传算法两种最优化方法对地表沉降的实测数据以及计算所得数据进行反分析。Hsiung(2008)利用基坑开挖分析了土体弹性、蠕变及土体与墙体相互作用等因素对砂土中基坑性状的影响，并通过反分析给出了接触面刚度的建议值。Shao 和 Macari(2008)提出一种信息反分析的过程，通过现场实测信息及最优化算法寻找最合适的土体参数，进而预测后续工序的结果。Hashash 等(2010)针对芝加哥某一基坑开挖，采用了遗传算法及“自学习”系统两种方法进行反分析，同时对墙体变化、地表沉降进行预测，结果显示“自学习”系统预测的结果与实际更吻合。Hashash 等(2011)通过镭射扫描技术获得实际基坑开挖的信息并生成三维网格，从而进行三维有限元反分析，这样可以较好地反映基坑的三维特性。

3. 基坑开挖数值模拟方法的讨论

有不少学者针对基坑开挖的数值模拟方法进行讨论，主要包括具体基坑开挖步骤的模拟及本构模型的选取等。

Zdravkovic 等(2005)针对基坑三维有限元模拟讨论了与围护结构模拟相关的问题，对方形与三角形的基坑进行了分析，并与二维近似模拟进行了对比。Schafer 和 Triantafyllidis(2006)指出常规的利用数值模拟方法对基坑开挖的模拟忽略了围护结构施工过程对土层的扰动，而如果逐步模拟地下连续墙的施工过程，则由基坑开挖所引起的地表沉降等最数据会增大约 15%。Finno 等

(2007)通过对150个黏土基坑开挖数值模拟结果的分析，定义基坑角部墙体最大位移的三维分析与二维分析结果比值为“平面应变比”，认为当基坑长度与深度的比值大于6时，平面应变模拟的结果与三维分析的结果几乎相同。Xuan等(2009)针对某两个基坑工程分别采用摩尔-库伦模型、土体硬化模型及小应变土体硬化模型来分析墙体位移与地表沉降，说明了小应变土体硬化模型的优越性。龚东庆与郑渊仁(2010)采用PLAXIS来分析基坑变形问题，分别采用土体硬化模型与小应变土体硬化模型对某一个基坑案例进行分析，说明了考虑小应变的本构模型能更合理地预测土体变形与围护墙变形。Lim等(2010)分析了修正剑桥模型，摩尔-库伦模型、土体硬化模型、小应变土体硬化模型及不排水软土模型等常用的本构模型在不排水条件下分析黏土基坑的适用性。Tang等(2010)根据某一基坑案例进行反分析，采用了双曲线型模型、假塑性模型与修正假塑性模型三种模型进行模拟，结果表明三种模型都能较好地模拟墙体位移，而对于地表沉降，修正假塑性模型有其优越性。

1.2.3 盾构隧道纵向变形计算方法研究现状

1. 盾构隧道纵向变形计算方法研究

软土盾构隧道在施工阶段由于曲线推进、纠偏、土体扰动等因素将产生纵向变形，而在隧道运营期间，由于长期沉降、邻近施工等影响也将使隧道发生纵向变形(黄宏伟，2002)。软土盾构隧道的纵向变形问题日益突出，吸引了越来越多学者的关注。

目前研究软土盾构隧道纵向问题的方法主要有理论解析法与数值模拟分析法。采用理论解析法对隧道进行纵向分析时一般假定隧道横向为均质圆环，将隧道在纵向上简化为一维弹性地基梁进行求解，通过弹簧模拟隧道与土体之间的相互作用。针对隧道纵向接头的模拟及隧道结构在纵向上的简化，目前主要有以下的理论分析模型：

第一种是小泉淳等(1988)提出的纵向梁-弹簧模型。该模型以梁单元模拟衬砌环，以弹簧的轴向、剪切和转动效应模拟环向接头与螺栓，而土体与隧道之间的相互作用也通过弹簧来模拟。

第二种是志波由纪夫等(1988)提出的纵向等效连续化模型。该模型认为隧道在横向为均质圆环，在纵向以刚度等效的方法把盾构隧道等效为刚度相同的均匀连续梁。国内有大量学者在纵向等效刚度法的基础上推导了盾构隧道纵向拉压刚度及弯曲刚度的计算公式，如姜启元等(1999)、林永国(2001)、臧小龙

(2003)及廖惠生等(2004)。廖少明(2002)将纵向等效连续化模型进行了改进，他认为纵向接头的影响范围有限，并非整个环宽，徐凌(2005)在考虑环缝影响范围的基础上，推导了隧道纵向等效抗弯刚度、纵向轴向刚度的计算公式。张文杰等(2009)认为衬砌管片环在周围荷载作用下已产生接近“椭圆形”的变形，并以此提出了广义的盾构隧道纵向等效连续化模型。

第三种是小泉淳等(1988)提出的三维骨架模型。该模型具体地对隧道纵向接头与环向接头进行建模，因此能较准确地反映接头的受力与变形。黄钟晖(2001)在此基础上提出了新的三维骨架模型，以壳单元模拟管片体，以轴压、剪切、旋转这三个方向的弹簧来模拟接头。

第四种是 van Empel 等(1999)提出的简化计算模型，该模型基本思想也是将隧道视为一根梁，以弹簧模拟土体与结构的相互作用。

第五种是朱合华等(1994，1995，1996)提出的梁-接头不连续模型与管片环间剪切模型。该模型采用直(曲)梁单元来模拟管片，一维接头单元模拟接头效应，采用纵向剪切接头单元模型模拟管片环在纵向上由于错缝拼装产生的系统整体受力加强作用，同时引入了法向与切向的弹性约束来模拟地层对管片的作用。

第六种是黄正荣(2007)提出的壳-弹簧模型，该模型采用矩形平板壳单元模拟衬砌管片，用弹簧模拟管片的接头效应，能够更精确地模拟隧道纵向及横向结构力学性能。

数值模拟分析是研究软土盾构隧道变形的重要手段，事实上当理论分析模型变得复杂之后，也需要引入数值的途径进行分析计算。在利用数值模拟计算隧道纵向变形的初始阶段，由于计算量巨大，一般认为隧道在纵向上为均质圆管，不考虑接头的存在。近年来随着计算机性能的提高，对盾构隧道的模拟日益精细化，尤其体现在对盾构隧道接头性能的模拟上。

胡坚(2000)应用 SUPER SAP91 程序分析了盾构平行推进、立体交叉推进等情况下隧道纵向位移与应力空间分布。黄钟晖(2001)采用有限元对错缝拼装隧道衬砌三维受力状态进行了分析，廖少明(2002)在此基础上计算了均质隧道在纵向不均匀荷载及不均匀变形作用下的隧道纵横向变形与内力变化，论证了隧道纵向剪切荷载的分布及其与隧道横断面内力的关系。闫静雅(2007)利用 PLAXIS 3D TUNNEL 分析了邻近钻孔灌注桩施工条件下已建盾构隧道的纵向变形及横断面受力、变形。何川等(2008)利用三维有限元分析了地铁盾构隧道下穿施工对上方已建隧道的影响，分析了上方隧道的纵向变位、纵向附加轴力与弯矩。樊振宇(2009)利用 FLAC 3D 进行盾构隧道纵向变形计算,提出了基于接头力学参数动态调整的衬砌结构数值计算方法,即根据接头构造特征,通过接头结点的开合判定和循环迭代实现计算过程的模型参数动态调整。顾丽江(2011)利用 ABAQUS 分析了盾构隧道管片拼装误差引起的隧道纵、横向变形及受力。他的模型精细地模拟了凹凸榫槽等细部构造,采用实体单元模拟螺栓,并考虑了螺栓预紧力的作用。

2. 土-隧道结构共同作用解析模型研究

在考虑隧道纵向变形问题时,通常将隧道视为弹性地基上的一根一维无限长梁。在分析隧道受邻近施工等因素影响时,通常可通过 Mindlin 弹性半空间解推导出隧道轴线上的附加应力,然后将该附加应力施加于模拟隧道的弹性地基梁上(林永国,2001;臧小龙,2003;陈郁,2005;徐凌,2005;余占奎,2006;张治国,2009)。

土与隧道结构的相互作用主要通过弹性地基模型体现,而弹性地基模型主要有以下几种:

1) 弹性半空间地基模型

弹性半空间地基模型是将土体介质采用弹性半空间的连续体来描述,介质的性质由土体的弹性模量及泊松比来描述,地基的变形通过弹性理论求解。弹性半空间地基模型又可分为均质弹性半空间模型(Boussinesq,1885)及非均质弹性半空间模型(Gibson,1967;Stark 和 Booker,1997)。

2) Winkler 地基模型(Winkler,1867)

Winkler 模型是至今为止应用最为广泛的地基模型。该模型假设地基为一系列独立的弹簧,地表任一点处的沉降 w 仅与该点所受的压力 p 相关,与其他点完全无关,假设 k 为地基基床系数,则:

$$p = kw \tag{1-3}$$

Winkler 模型由于数学描述简单、概念清晰,易于使用,然而该模型无法体现地基变形的连续性,这个缺陷使其计算结果往往与实际偏差较大。有部分学者通过对 Winkler 模型进行修正,希望得到更准确的结果。崔奕等(2003)从实测荷载-变形($p-w$)曲线出发,用分段线性函数来表达基床系数 k,考虑了地基反力与沉降之间的非线性。Takahashi 等(2006)在考虑桩的水平变形时,在 Winkler 地基模型的基础上,引入了双曲线模式的 $p-w$ 关系来考虑地基反力与沉降之间的非线性关系。

3）双参数地基模型

由于土体中存在剪切作用，仅仅依靠一个参数 k 无法反映土体的实际变形特性，因此有必要引入能够体现土体剪切特性的第二个参数，由此学者们提出了许多的双参数地基模型。

（1）Pasternak 模型（1954）

Pasternak 模型是应用最为广泛的双参数地基模型之一，其模型示意图见图 1－1。该模型具有深度为 H 的压缩层，其与 Winkler 地基模型不同之处在于，为模拟弹簧间的相互作用，它在弹簧层之上增加了一层只能发生竖向剪切变形且不可压缩的剪切层。其地基特征函数为：

$$q(x, y) = -G_p \nabla^2 w(x, y) + k_p w(w, y) \tag{1-4}$$

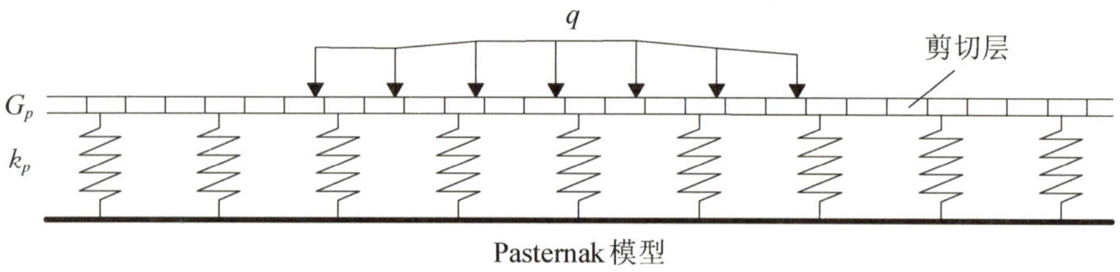

图 1－1　Pasternak 模型示意图

（2）Filonenko－Borodich 模型（1945）

该模型依旧是在 Winkler 模型的基础上改进的模型，地基中压缩层厚 H，在弹簧之上有一在拉力为常数 T 作用下的弹性薄膜，其特征函数为：

$$q(x, y) = -T \nabla^2 w(x, y) + kw(w, y) \tag{1-5}$$

（3）Hetényi 模型（1946）

该模型也是在 Winkler 模型的基础上进行发展的，弹簧的相互作用通过在弹簧层上方加入弹性板或弹性梁实现。若 D 为弹性板的挠曲刚度，则其特征函数为：

$$q(x, y) = -D \nabla^4 w(x, y) + kw(w, y) \tag{1-6}$$

（4）Vlasov 模型（1949）

Vlasov 模型从弹性半空间模型出发，引入假设条件：土体中任一点处仅存在竖向位移，且土体任意深度处位移可由地表位移 w 乘以位移传递函数 $h(z)$。在此基础上，可推导出由地基弹性模量与泊松比表达的地基参数 k 与 t。其特征函数为：

$$q(x, y) = -2t\nabla^2 w(x, y) + kw(w, y) \tag{1-7}$$

可以看到，Vlasov 模型具有与 Pasternak 模型等其他双参数模型相似的特征函数。

关于 Vlasov 模型的一个重要问题是位移传递函数 $h(z)$如何选取。Vlasov 与 Leontiev(1966)提出了包括线性变化和指数变化在内的若干种变化。随后仍有一些学者针对该问题展开研究，Nogami 和 O'Neill(1985)提出一种用不同权重位移传递函数组合值来代替位移传递函数的方法，Vallabhan 和 Das(1991)提出修正的 Vlasov 模型，即采用迭代算法寻找位移传递函数。董军及彭立生(1991)根据弹性理论及数值方法，得到了荷载作用范围内、外的土体竖向应力分布情况，并由此积分得到了位移传递函数。徐凌(2005)提出可通过 Mindlin 解推导土中位移传递函数 $h(z)$。

传统的 Vlasov 模型针对的地基是均一弹性体，而高广运等(2003)将层状地基视为一系列弹性层的组合，得到了改进的双参数层状地基模型。

(5) 其他模型

除以上模型外，Reissner(1958)、Kerr(1964)等人也提出了各自的双参数地基模型。总体而言，双参数模型的计算精确度大大超过了 Winkler 地基模型。

4) 三参数地基模型

为了使地基模型的计算结果更加准确，使加载与非加载边界的土体变形连续性更好，不少学者提出了三参数模型。

(1) Kerr 地基模型(1965)

Kerr 地基模型是在 Pasternak 模型的基础上发展的，模型简图见图 1-2。其地基特征函数为：

$$-\frac{G_k}{c_k}\nabla^2 q(x, y) + \left(1+\frac{k_k}{c_k}\right)q(x, y) = -G_k\nabla^2 w(x, y) + k_k w(w, y) \tag{1-8}$$

Jones 和 Xenophontos(1976)发现，当采用 Vlasov 模型分析双层弹性地基时，可以得到与 Kerr 地基模型一致的结果。另外，也有不少学者针对 Kerr 地基模型上的梁与板展开了研究，如 Kneifati(1985)、Avramidis 和 Morfidis(2003)。

(2) Reissner 地基模型(1967)

Reissner 模型是从弹性半空间模型出发，引入假设条件：不考虑体力的影

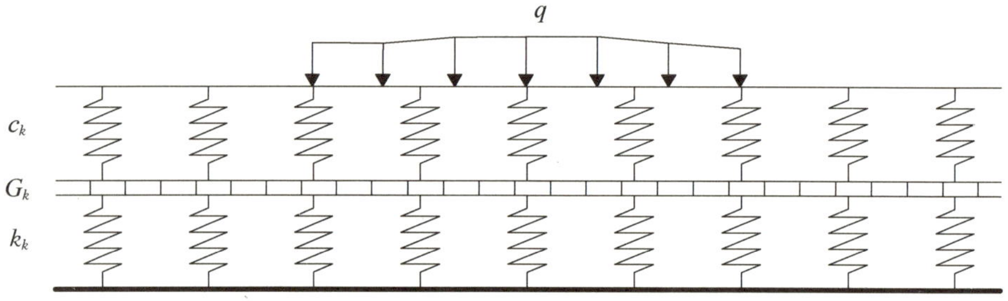

图 1-2 Kerr 模型示意图

响；在任意水平的 xy 平面中，应力 $\sigma_x=\sigma_y=\tau_{xy}=0$；对于地基底部，有位移 $u=v=w=0$；对于地表，有 $\sigma_z(x, y)=-q(x, y)$，$u(x, y, 0)=v(x, y, 0)=0$。其地基特征函数为：

$$C_1 w(w, y)-C_2\nabla^2 w(x, y)=q(x, y)-C_3\nabla^2 q(x, y) \quad (1-9)$$

Horvath(1983)将 Reissner 模型进行应用，并将计算结果与数值模拟结果进行对比验证。

以上总结了地基模型的研究进展，一般来说多参数地基模型可通过两个途径提出，其一是从弹性半空间模型出发，通过引入假设条件获得所需的模型；其二是从 Winkler 模型出发，通过增加参数使计算结果更加精确。总体而言，参数较多的地基模型在外荷载作用条件下能够得到更加准确的地基变形，然而参数越多，参数数值的确定也将更加困难。

1.2.4 基坑开挖及隧道结构模拟的离心机模型试验研究现状

土工离心机模型试验(Geotechnical Centrifuge Modeling)主要根据离心力场和重力场等价的原理，同时考虑土工材料的非线性和自重应力对土工结构物的影响，把经过 $1/n$ 缩尺的原型结构物置于高速旋转的离心机产生的 ng 倍离心场中，让模型承受大于重力加速度的离心加速度的作用，来补偿因模型尺寸缩小而导致土工构筑物自重的损失，使模型和原型相应点达到应力应变相同、变形相似、破坏机理相同，从而再现原型特性，为理论和数值分析方法提供真实可靠的参考依据。通过近几十年来的发展和应用，已显示出它强劲的生命力。

1. 离心机模型试验中的基坑开挖模拟

基坑开挖是岩土工程面临的主要问题之一，因此一直是离心机试验的研究热点。主要研究的问题基本可分为两类，其中，第一类主要针对基坑开挖本身，包括基坑的稳定性及基坑变形等；第二类针对基坑与周围结构的相互作用。目前，关于第一类问题的主要研究如下：

Bolton 和 Powrie(1987)采用排液法($ZnCl_2$溶液)模拟基坑内部土体开挖，分析了没有支撑的地下连续墙围护结构的倒塌模式。Powrie 和 Kantartzi(1996)介绍了一种在离心机中模拟包括混凝土浇筑在内的地下连续墙施工整个过程的技术。Richards 和 Powrie(1998)介绍了一种采用排液法($ZnCl_2$)模拟基坑开挖，且能在动态中施加支撑的装置，研究基坑开挖围护墙插入深度及支撑施加时间对墙体弯矩及支撑轴力的影响。李景林等(2000)提出一种离心场中模拟基坑开挖的新型装置，并与停机开挖的方法进行对比，显示了该方法的有效性。丁春林等(2005)采用停机开挖的方法在离心机中模拟基坑开挖，研究隔水层缺失、基坑开挖深度、承压水头高度等因素对基坑变形稳定的影响。张海华(2009)采用停机开挖加撑的方法在离心机中模拟超深基坑开挖，分析了不同地层、不同地连墙深度对深基坑开挖效应的影响。

关于第二类问题的代表性研究如下：

Leung 等(2000，2003)采用排液法($ZnCl_2$溶液)在离心机中模拟砂土中基坑开挖对单桩及群桩的影响。Ong 等(2006，2009)在此基础上进行了黏土中基坑开挖对桩基影响的研究。Gaudin 等(2002)提出一种可以在离心机运行时模拟基坑开挖的挖掘机器人，并用此装置进行了基坑开挖对邻近浅基础影响的研究。Huang(2008)在离心机模型试验中利用排液法(水玻璃溶液)模拟基坑开挖对邻近下立交的影响。

总结而言，基坑开挖的模拟方法大致可分为三种：第一种是在 1 g 的条件下进行土体开挖及支撑加设等操作，随后运行离心机到需要的加速度，观察基坑开挖效应；第二种是让离心机运行到需要的加速度，在离心机运行过程中排出密度与土体相似的液体模拟基坑开挖；第三种是在离心机运行时采用自动控制的机器人完成开挖操作。目前在国内主要停留在前两种方法，第三种方法在国外部分学者的研究中已经开始使用。

2. 离心机模型试验中的隧道结构模拟

大量的学者针对离心机中盾构隧道施工及其对周围环境影响进行了研究。

Sharma 等(1996，2001)提出了一种在离心机中模拟隧道开挖的方法，即采用聚苯乙烯作为隧道内核，当离心机运转时释放可溶解聚苯乙烯的溶剂来实现隧道施工模拟，其中隧道衬砌采用黄铜来模拟。Nomoto 等(1999)设计了一种能在离心机中掘进的盾构机，实现了离心机中隧道掘进与衬砌安装。在他们的试验中采用不锈钢来模拟隧道衬砌。Loganathan 等(2000)在离心机中模拟隧道开挖对邻近桩基的影响。隧道采用橡皮膜包住铝管内核的方法制作，通过排出二者之间的油来模拟隧道开挖的地层损失。Lee 等(2001)利用离心机模型试验研究了盾构隧道壁后注浆对管片受力及地表位移的影响。结果表明多点同时注浆是实际工程中比较合适的选择。Voster 等(2005)介绍了利用离心机研究隧道开挖对邻近管线的影响。将黄铜内核塞入橡胶膜中模拟隧道，黄铜与橡胶模之间充满水，在离心机运行时按一定比例排出水来模拟隧道施工产生的地层损失。相同的模拟方法应用于 Marshall 等(2010)的试验中。Lee 和 Chiang (2007)利用离心机试验研究了砂土中邻近隧道施工对附近单桩的影响，分析了两者不同位置关系、隧道覆土深度等因素的影响。隧道施工采用橡胶囊充气后释放一定压力来模拟，并无模拟隧道衬砌结构。漆泰岳等(2006)在离心机中对富水地层中地铁隧道开挖引起的地表沉降进行模拟，采用铝管模拟隧道结构。Ong 等(2007)在离心机中模拟了隧道施工后的土体位移场及其对邻近单桩的影响。隧道衬砌采用不锈钢管模拟，在不锈钢管外套橡皮膜，橡皮膜与不锈钢管之间填充一定形状的聚苯乙烯，在离心场中溶解聚苯乙烯来模拟隧道开挖的地层损失。

总体而言，由于加工简便，金属管段如铜管、铝管及不锈钢管等成为隧道衬砌结构在离心机中模拟的最常用的方法。

1.2.5 基坑开挖对已建隧道影响研究现状

对于城市建设的热点问题——基坑开挖对已建隧道的影响，不少学者已经开展了研究，主要的研究手段以现场监测数据分析与数值模拟为主。

Burford(1988)介绍了伦敦一条隧道由于上方基坑开挖而产生的变形，他发现隧道变形持续了 27 年多，且隧道最大变形达到了 50 mm。刘国彬等(2001)以上海广场基坑工程下已建隧道的保护为工程背景，结合软土基坑隆起变形的残余应力法与卸荷模量，对坑内加固及时空效应施工法等措施来控制隧道上抬变形进行了探索。Sharma 等(2001)利用二维有限元分析了新加坡某靠近基坑施工地铁隧道的变形，并将数值模拟结果与现场实测数据进行了对比。Doležalová(2003)采用二维数值模拟预测了布拉格某隧道受基坑开挖的影响，计算结果与现场实测数据十分接近。Hu 等(2003)对上海某靠近地铁隧道的深基坑开挖设计与施工进行了分析，讨论了控制隧道变形的措施，如土体加固及合理施工步骤等。陈郁(2005)利用三维有限元 MARC 分析了东方路下立交工程基坑施工对下卧地铁 2 号线的影响，与实测值进行了对比。Jia(2006)分析了上海某地铁隧道在上方基坑开挖影响下的位移，他提出了要利用"时空效应"来减小隧道变形。Karki(2006)在他的硕士论文中用二维数值模拟分析了软土与中等硬度土中基坑开挖对邻近地铁或公用隧道的影响，他对土体刚度、隧道衬砌厚度、基坑开挖深度及隧道的位置等因素展开了参数分析。Zheng 等(2006)研究了上方基坑开挖对已建隧道的影响，主要分析了隧道与基坑之间相对位置关系对结果的影响。Hou(2007)模拟了靠近上海地铁的某一基坑的开挖过程，分析了墙体变形、土体位移等，然而却没有提到邻近隧道的响应。钟定兰(2007)利用三维有限元模拟了隧道位于基坑侧方的情况，分析了隧道与基坑之间水平距离、隧道埋深、围护墙入土深度等因素的影响。刘庭金(2008)利用广州地铁 1 号线某区间隧道变形监测数据，分析了地铁上方建筑群基坑施工对区间隧道变形的影响。研究表明：隧道处于扭转受力状态，沉降最小曲率半径约为 19 500 m，处于可接受的范围内。李广军(2009)利用 ABAQUS 建立了多个三维有限元模型，分析了隧道相对基坑水平位置、隧道埋深等对隧道变形的影响。Devriendt 等(2010)介绍了伦敦地铁在某地下室开挖影响下的变形，并用三维有限元进行分析，分析结果与现场监测结果进行了对比验证。张玉成等(2010)针对海珠广场基坑工程开挖对下卧地铁隧道的影响进行了三维数值模拟，结果表明基坑开挖面以下土体竖向卸荷作用明显，然而隧道的变形与内力变化均在允许范围内。

总体而言，以往进行的数值模拟主要以二维分析为主，少量的三维数值模拟也主要是针对某一具体工程进行分析，缺乏系统性的研究。另外，关注的隧道以地铁隧道为主，很少有人分析大直径隧道受基坑开挖影响产生的响应。

国内也有一些学者尝试用解析分析的方法研究基坑开挖对已建隧道的影响，主要采用的都是所谓的两阶段方法：第一阶段通过 Mindlin 理论解，得到基坑开挖产生作用在隧道轴线上的附加应力；第二个阶段将隧道视为弹性地基上的无限长梁进行求解。通常不同学者在第一阶段采用的方法都类似，区别主要在于第二阶段采用何种地基模型。陈郁(2005)、张俊龙(2006)及张治国等(2009)采用的是最为常用的 Winkler 地基，徐凌(2005)采用了双参数 Vlasov 弹性地基模型，齐静静(2007)则是利用连续弹性解分析隧道的纵向变形。

实际地层并非均质土层，杨栋(2008)针对两阶段法的第二阶段进行讨论，从弹性力学基本方程出发，直接推导单层地基的初始函数解答，并在此基础上求解多层地基上的隧道变形问题。

青二春(2007)针对大面积基坑开挖，讨论了卸荷区的划分问题，并提出了大面积卸载作用下的隧道纵向变形模式，通过观测数据对理论分析进行验证。

1.2.6 盾构隧道结构安全性态评估方法研究现状

常用的安全评估方法有：事故树分析法、事件树分析法、层次分析法、模糊综合评判法及灰色理论等。当盾构隧道产生横向及纵向变形时，科学合理地评估既有隧道的安全性具有重要的现实意义，这也是当今隧道界的热门课题。目前该领域代表性研究如下：

王岩和黄宏伟(2004)利用层次分析法及模糊综合评判分析了包括主体结构安全及管理层面等内容的地铁区间安全评估。叶耀东(2007)用三次样条曲线对盾构隧道纵向变形及横断面变形进行拟合，提出了基于曲率的软土盾构隧道损伤识别方法，划分损伤等级，并运用模糊综合评判、层次分析法及模式识别理论给出盾构隧道的健康诊断参数。赵庆丽和袁勇(2009)提出了基于设计理论的盾构隧道结构安全性评估方法，也即在评估时将隧道的材料强度与设计值进行比较，由此判定隧道是否安全。林楠(2009)建立了地铁隧道结构安全评估指标体系，将安全等级划分为四级，给出了隧道结构变形等的判定标准，采用层次分析法及模糊综合评判法实现了隧道结构安全的综合评估。刘庭金(2010)通过对现场调查与实测数据分析，分析了深基坑开挖对广州地铁1号线某区间隧道的影响，进而分析隧道变形随时间变化的规律，通过与变形控制值对比，定量评估了隧道的结构安全现状。胥犇等(2010)将盾构隧道结构病害成因分为管片变形、纵向不均匀沉降等六个子系，对每一子系建立病害故障树，采用层次分析法建立三层病害评价指标体系，并给出了所有指标的建议分级标准。鲁志鹏(2010)将修正的纵向等效连续化模型应用于盾构隧道长期运营安全评估，根据螺栓屈服应力及隧道曲率半径将隧道安全级别分为三级。李罡(2010)以曲率半径作为评估指标，采用可靠度的方法对延安东路隧道结构的安全性态进行了评估，得到了在不同极限状态定义下延安东路隧道的可靠度指标值及其失效概率。

总体而言，目前关于盾构隧道安全性的评估理论研究还处于起步阶段，仍有待于形成完善的理论体系。

1.3 主要研究内容

城市环境下软土基坑开挖卸荷对已建盾构隧道的作用受到很多因素的影响，如基坑的平面尺寸、基坑开挖的深度、基坑与隧道间的位置关系、基坑围护结构刚度及隧道结构形式等。对盾构隧道而言，如何准确地预测其受到邻近基坑开挖影响而产生的纵向变形、横断面变形与衬砌内力变化，对于隧道保护措施的选择至关重要。

目前虽有不少文献涉及基坑开挖对已建隧道的影响，然而大多数均针对某一具体工程进行讨论，缺乏对广泛共性规律的讨论。当采用解析模型分析隧道在基坑开挖影响下的纵向变形时多采用 Winkler 弹性地基梁模型，虽有少数学者采用双参数地基模型，然而如何使解析分析结果与实际更接近也是人们所关心的问题。另外，目前该问题的研究手段主要以数值模拟与理论分析为主，虽有不少现场监测数据，然而与理论分析结果往往相差较大，尚缺乏足够的验证。

为此，如图 1-3 的研究技术路线所示，本书主要从以下几个方面展开研究：

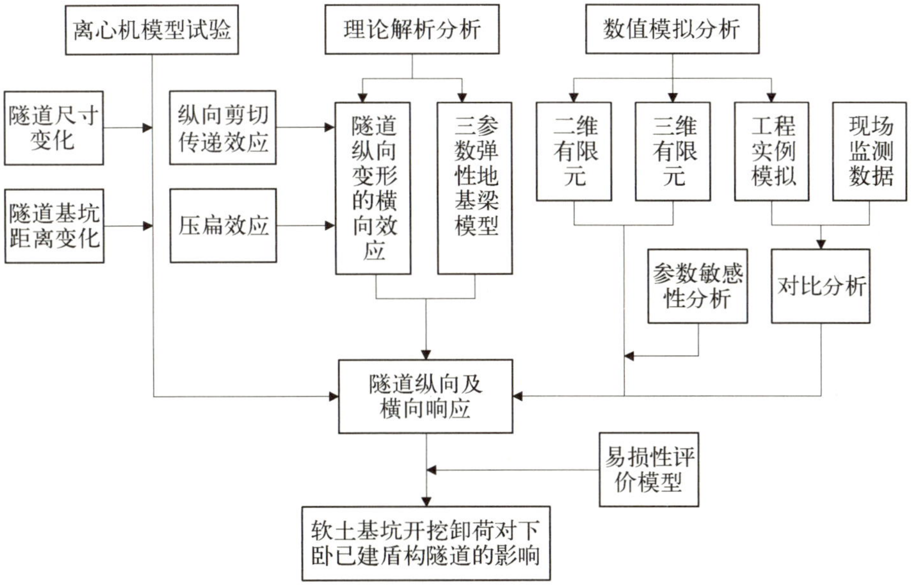

图 1-3 研究技术路线示意图

(1) 以上海延安东路隧道及上海地铁隧道为原型,进行基坑开挖对下卧已建盾构隧道影响的离心机模型试验,研究了盾构隧道在上方卸荷作用下纵向变形及横断面内力变化特点,分析了基坑与隧道之间竖向距离及隧道尺寸这两个因素对隧道响应的影响。

(2) 通过 Mindlin 弹性解获得基坑开挖引起的作用于隧道轴线上的附加应力,将隧道视为三参数 Kerr 弹性地基上的无限长梁,通过简化弹性空间法获得 Kerr 地基的初步参数,进而通过与有限元模拟结果对比确定了合适的 Kerr 地基模型参数,并对 Winkler、Pasternak 与 Kerr 三种地基模型的模拟结果进行对比。为获得更精确的结果,推导并求解了考虑盾构隧道侧向土体对隧道的作用的平衡微分方程,得到隧道纵向变形与纵向内力的分布情况。

(3) 提出了基坑开挖引起下卧隧道横向响应的简化计算模型,采用 Mindlin 解或经验法得到隧道拱顶处的卸荷量,假设隧道上下土体抗力的分布形式为不相等的三角形分布,利用力法求解了隧道横断面变形与内力。

(4) 分析了盾构隧道纵向变形后横断面压扁效应产生的原因,推导了压扁效应引起的隧道横向变形与内力,并将压扁效应引起的隧道响应与水土压力引起的隧道响应进行对比。在此基础上分析了典型隧道纵向变形模式条件下产生的压扁效应与纵向剪切传递效应,对两种效应结果进行了对比分析。

(5) 以上海延安东路隧道以及上海地铁隧道为研究对象,通过商业有限元软件 PLAXIS 进行基坑走向与隧道轴线相互平行工况(二维模拟)以及相互垂直交叉工况(三维模拟)的数值模拟参数敏感性分析,研究了隧道与基坑之间的相对位置、围护结构的刚度、基坑的尺寸(长度、宽度)、保护隧道的措施等对隧道响应的影响。对外滩通道施工工程实例进行有限元分析,将计算结果与实测数据进行对比,在此基础上针对特定工况将离心机模型试验结果、理论解析分析结果及数值模拟分析结果进行对比验证。

(6) 针对基坑开挖引起的盾构隧道的纵向变形及横断面变形,选取隧道纵向变形曲率及横断面收敛为评价指标,同时考虑基坑开挖卸荷对隧道的作用强度以及盾构隧道自身抵抗能力,建立了盾构隧道在上方基坑开挖影响下的定量易损性评价方法。给出盾构隧道纵向变形及横向变形易损性的接受准则,并根据分析提供了一系列下卧盾构隧道的保护措施建议。

通过本书的研究,试图解决以下几个关键技术:

(1) 软土基坑开挖对已建下卧盾构隧道影响的离心机试验模拟技术;

(2) 建立盾构隧道纵向变形导致横向压扁效应的计算模型;

(3) 受上方基坑开挖影响的下卧盾构隧道横向变形与受力计算模型的建立；

(4) 受上方基坑开挖影响的下卧盾构隧道纵向变形与受力计算模型的建立。

1.4 主要创新点

本书的主要创新点如下：

(1) 利用动态排液技术在离心机模型试验中模拟基坑开挖对下卧盾构隧道的影响，提出用金属管切割法模拟模型试验中盾构隧道结构的方法，该方法能够较好地模拟盾构隧道的纵向接头与环向接头，反映接头存在对隧道结构的影响。试验结果表明盾构隧道在上方基坑开挖影响下产生的纵向结构变形特征曲线为高斯曲线，曲线反弯点与卸荷中轴线之间的距离大约为 1.3 倍基坑宽度，隧道横断面与基坑轴线距离大于 1.5 倍基坑开挖深度时，横断面受卸荷作用产生的附加弯矩基本可忽略不计。

(2) 通过对盾构隧道纵横向力学机理相互联系的研究，提出了盾构隧道纵向变形引起的横向压扁效应，揭示了盾构纵向弯曲变形对隧道横断面受力变形的影响，并建立了压扁效应引起隧道横断面变形与内力的计算模型。

(3) 将隧道视为三参数 Kerr 地基上的无限长梁，针对上方卸荷作用，建立了能够考虑隧道侧向土体对隧道作用的纵向受力、变形计算模型，通过分析揭示了上方基坑开挖作用下隧道侧向土体对隧道的作用，结果表明，侧向土体对隧道的作用相当显著，在计算中应当进行考虑。

(4) 首次将易损性的概念引入到盾构隧道的安全性态评估中，采用非线性易损性评价模型，同时考虑基坑开挖卸荷作用及隧道对外部作用的抵抗能力，建立了基坑开挖对已建隧道影响的定量易损性评价方法。

第2章 基坑开挖对下卧盾构隧道影响的离心机试验研究

2.1 概　　述

以往针对基坑开挖对下卧隧道影响的研究表明：绝大多数研究手段是理论解析以及数值模拟，虽然也有学者对个别工程现场的监测数据进行了分析，然而由于工程现场条件复杂，得到的监测数据离散性较大，因此得到的结论缺乏足够的验证，进行室内模型试验是一个行之有效的解决途径。岩土工程普通的室内模型试验往往难以模拟实际工程中土体所受的高应力，有很大的局限性，而离心机试验可以用离心场模拟重力场的作用，克服普通室内岩土试验的缺陷，得到较为精确的试验结果。

为研究基坑开挖对下卧盾构隧道的影响，本节以上海外滩通道跨越下卧已建延安东路隧道明挖施工为背景，以上海延安东路隧道以及上海地铁 2 号线隧道为研究对象，进行了室内离心机模型试验。通过试验将研究以下几个方面的内容：① 隧道受上方基坑开挖影响产生的纵向变形基本形态及衬砌内力变化的特点；② 基坑坑底与隧道之间竖向距离对隧道响应的影响；③ 隧道尺寸大小对隧道响应的影响。

2.2 土工离心机试验基本原理

2.2.1 土工离心机试验基本原理

土工问题主要研究的是土体中应力、应变状态的变化，并以此来解决土体的变形与稳定问题，根据弹塑性理论，弹塑性力学模型相关参数可表示如下：

$$F(\sigma, \rho, \varphi, g, l, c, f) = 0 \tag{2-1}$$

其中，σ 为应力；ρ 为土体密度；φ 为土体内摩擦角；g 为重力加速度；l 为长度；c 为土体黏聚力；f 为边界应力。按照量纲分析法可将式(2-1)组成无量纲方程：

$$F\left(\frac{\rho g l}{c}, \frac{\sigma}{c}, \frac{f}{c}, \varphi\right) = 0 \tag{2-2}$$

按照相似理论，原型与模型的无量纲量应相同，因此：

$$\left(\frac{\rho g l}{c}\right)_m = \left(\frac{\rho g l}{c}\right)_p, \left(\frac{\sigma}{c}\right)_m = \left(\frac{\sigma}{c}\right)_p, \left(\frac{f}{c}\right)_m = \left(\frac{f}{c}\right)_p, \varphi_m = \varphi_p \tag{2-3}$$

在土工试验中，为了再现原型的性状，要求 $\sigma_m = \sigma_p$，即 $C_\sigma = 1$。量纲相同的物理量其相似比应相同，因此：

$$C_\sigma = C_E = C_c \tag{2-4}$$

将式(2-4)代入式(2-3)，得到：

$$\rho_m g_m l_m = \rho_p g_p l_p, c_m = c_p, f_m = f_p \tag{2-5}$$

对于式(2-5)，若模型材料与原型相同，同时边界应力相同，即 $\rho_m = \rho_p$，$f_m = f_p$，则：

$$\frac{g_{nl}}{g_p} = \frac{l_p}{l_m} = n \tag{2-6}$$

其中，n 称为离心机的模型率。式(2-6)就是土工离心机试验的基本原则，主要根据离心力场和重力场等价的原理，把经过 $1/n$ 缩尺的原型结构物置于高速旋转的离心机产生的 ng 倍离心机场中，来补偿因模型尺寸缩小而导致土工构筑物自重的损失，从而再现原型特性。与常规模型试验相比，离心机模型具有很大的优越性，是研究岩土工程对象的合理且有效的试验手段与研究方法。

2.2.2　相似准则

要通过模型性状准确地预测原型性状，必须建立相似准则。根据上一节的分析，在土工模型试验中若采用与原型同样的材料制模，且使模型与原型所处的应力状态一致，就可以保证模型与原型各种合理的相似。利用基本量纲相似比，按物理定律可以导出土力学中常用物理量的相似比，它是各种离心模型试验所必须遵循的规则，模型和原型之间各物理量相似比见表 2－1。

表 2－1　相似准则

物理量	线尺度	面积	加速度	总应力	有效应力	应变	水头	位移
原型	1	1	1	1	1	1	1	1
模型	$1/n$	$1/n^2$	n	1	1	1	$1/n$	$1/n$
物理量	渗流量	面力	体积力	重度	渗透系数	孔压	固结时间	弹塑性矩阵
原型	1	1	1	1	1	1	1	1
模型	n	1	n	n	n	1	$1/n^2$	1

2.3　同济大学 TLJ－150 复合型岩土离心试验机介绍

同济大学 TLJ－150 复合型岩土离心试验机(图 2－1)是由中国工程物理研究院总体工程研究所设计制造，是一台具有当前国际领先水平的大型多功能土工离心机。

图 2－1　同济大学 TLJ－150 复合型岩土离心机

TLJ－150 复合型岩土离心机的主要技术性能指标如下：

(1) 最大容量：150 gt；

(2) 最大离心加速度：200 g；

(3) 最大载荷(模型箱＋模型)：100 g 时 1 500 kg；200 g 时 750 kg；

(4) 有效半径：离心机旋转中心至工作吊篮底板上方 300 mm 处为 3.0 m；

(5) 拖动功率：250 kW；

(6) 加速度控制精度：≤0.185% F.S；加速度稳定精度：－0.035% F.S～0.025% F.S；

(7) 主机连续工作时间：24 h；

(8) 离心机转速控制：手动和计算机自动控制；

(9) 集流环：129 环；

(10) 噪声控制：距旋转中心 10 m 处 65 dB；

(11) 自动平衡系统：最大调节能力为 75 kN，精度为±1 kN；

(12) 摄影、摄像系统：定点摄影采用五百万像素的高性能数码相机，配合控制计算机对试验模型进行实时拍摄；CCD 摄像头可对离心机运行过程进行实时监视；

(13) 数据采集系统：分静态数据采集与动态采集两大系统。其中静态数据采集测点总数为 40 通道；动态数据采集测点总数为 32 通道，信号传输误差≤0.52%；

(14) 动态机械手系统：配备打、拔桩机械手、坑洞开挖机械手，可对地下工程中的施工过程进行动态模拟，最大工作加速度为 100 g；

(15) 设备具有对各主要部位进行工作状态检测，系统故障报警，自动与手动停机及应急停机功能。

2.4　工 程 背 景

为结合上海 CBD 核心区开发和发展的要求，在上海外滩修建完成了一条地下通道——外滩通道以达到分离过境交通、改善区域交通的目的。本书的离心机试验及后续的数值模拟等研究都是以上海外滩通道施工为工程背景。

外滩通道全长 3.2 km，北段(天潼路口至福州路口)采用盾构法施工，而南段(福州路口至老太平弄)采用明挖法施工。其中南段通道在延安东路路口与已建延安东路隧道交叉跨越(图 2－2 与图 2－3)。延安东路南线隧道与北线隧道的外径均为 11 m，衬砌厚度为 55 cm。外滩通道与延安东路南、北线隧道的夹角约为 90°与 75°。基坑开挖跨越已建大直径盾构隧道，这在国内尚属首次。

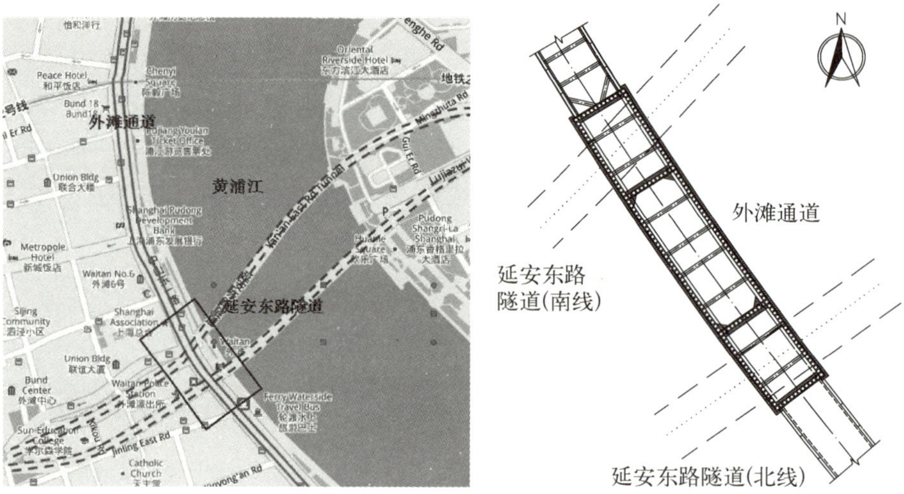

图 2－2　外滩通道与延安东路隧道平面图

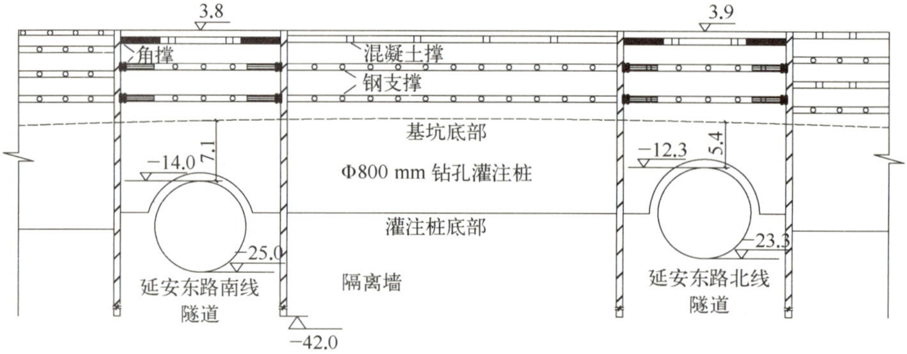

图 2－3　外滩通道与延安东路隧道剖面图

外滩通道本段基坑的开挖深度大约为 11 m，分三层开挖，每层开挖深度分别为 3.8 m、3.3 m 以及 3.9 m。采用 Φ800 mm 间距 1 000 mm 的钻孔灌注桩作为围护结构。坑内竖向采用三道支撑，第一道为 800 mm×800 mm 混凝土支撑，第二、三道为 Φ609 mm×16 mm 的钢支撑。混凝土支撑的水平间距为 6～7 m，而钢支撑的水平间距为 3.6 m。基坑坑底与延安东路南、北线隧道拱顶竖向距离仅为 7.1 m 与 5.4 m。为了保护下卧隧道，实际工程中在隧道两侧各设计了两道隔离墙兼抗拔桩，将上方基坑分割为数块进行分区开挖。隔离墙也采用 Φ800 mm 间距 1 000 mm 的钻孔灌注桩。每道隔离墙内 4 根抗拔桩加深，抗拔桩长度约为 46 m，待结构底板浇筑时，将抗拔桩的钢筋锚入底板，起到抗浮作用。受基坑下延安东路隧道的限制，南、北线隧道上方围护结构做成弧形，其底部与隧道拱顶相距仅 1 m。

在施工中为保护下卧隧道，采取的主要措施有：① 开挖方案优化，分区开挖，抽条开挖；② 坑底进行满堂加固，加固深度到隧道底为止，并向基坑两侧延伸出宽度为 5 m 的加固区；③ 坑底临时堆载，以平衡开挖卸荷。

外滩通道与延安东路隧道跨越段场地土体分层情况以及土体参数见表 2-2。外滩地区常年平均地下水位埋深在地表下 0.5～0.7 m 之间。

表 2-2 土体分层及土体参数

土 层	厚度(m)	含水量	重度(kN/m^3)	孔隙比	压缩指数(MPa^{-1})	压缩模量(MPa)	c(kPa)	φ(°)
①填土	3.6—7.5	—	—	—	—	—	11	22
②粉质黏土	1.0—2.9	32.2%	18.4	0.93	0.32	6.04	18	21
③黏土及粉质黏土	0—4.5	39.6%	17.7	1.11	0.61	3.44	10	25
④淤泥质黏土	7.5—9.3	49.4%	16.9	1.39	0.99	2.41	8	23
⑤黏土	6.5—10.7	36.7%	17.8	1.07	0.54	3.85	17	13
$⑤_3$粉质黏土	15.3—16.8	34.0%	17.9	1.01	0.41	4.94	13	27
$⑦_1$砂质粉土	2.0—7.7	28.2%	18.7	0.82	0.17	10.30	3	30
$⑦_2$粉质砂土	2.5—15.9	27.2%	17.7	0.82	0.13	13.71	3	32

2.5 试验方案设计

2.5.1 基坑开挖模拟方法

本试验的核心与技术难点在于深基坑开挖施工过程在高离心场下的模拟。由于基坑开挖卸荷是引起周边地层变形和下卧隧道隆起的诱因，因此待模拟的基坑开挖对基坑周边模型土体的影响需在定性定量上均与实际开挖过程相近。

近年来国内外已开展了不少针对基坑开挖的土工离心机模拟试验，现有的基坑开挖模拟方法主要有以下三种。

方法一：模型土体与结构在离心场下进行预固结，当需要进行土体开挖或设置支撑等施工动作时停机手动完成。完成既定施工步后再重新开机，并根据实际工况重复停机、施工、重新运行的试验过程。该方法的优点是：简单易操作，不需要进行专门的开挖装置设计、制作以及配套的操作控制系统；然而缺点同样明显：模型土体在反复停机开机的过程中经历反复加载、卸载的过程，其应力路径完全被改变。对于土体这一特殊材料来说，应力路径的改变将对试验结果产生重大影响。

方法二：挡土墙或基坑内待开挖土体用比重与土体相近的溶液，如 $ZnCl_2$ 溶液代替，通过排放液体的方式来模拟土体的开挖过程。该方法的优点是：实现了土体在不停机状态下开挖的模拟，装置相对简单；缺点是：由于液体产生的压强在各向相等，无法同时在水平与竖向两个方向满足实际情况。高密度溶液通常带有毒性和腐蚀性，危害设备以及试验人员健康。

方法三：设计制作专门的机械装置安装于模型箱上，通过控制端在离心机运转时进行土体开挖。该方法的优点是：实现了对实际施工过程的真实模拟，可以进行实时操作与监控；缺点是：技术难度高，需要主机提供电气、油路接口以及控制平台；目前的开挖装置无法在基坑内有支撑结构等障碍物的条件下完成既定动作。

基于同济大学 TLJ－150 复合型岩土离心机的技术指标，同济大学已经与中国工程物理研究院总体工程研究所联合开发研制一套排液法模拟基坑开挖的装置。本试验将采用这套排液装置来模拟基坑开挖，开挖模拟的示意图见图 2－4。

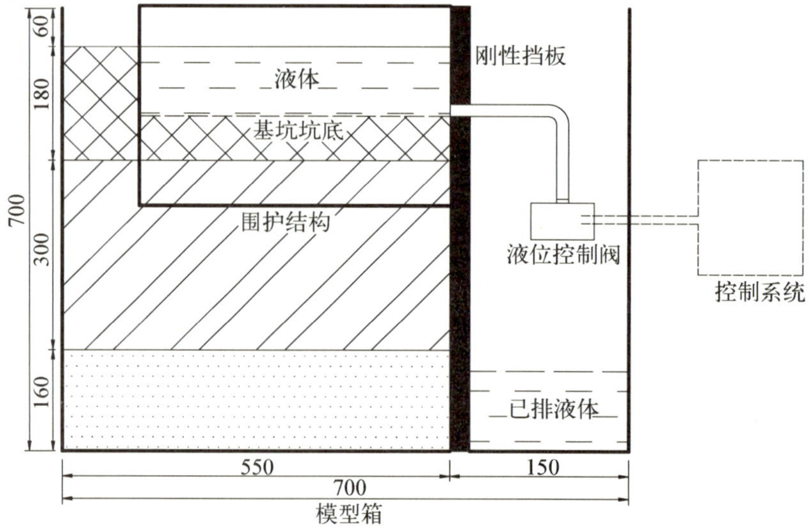

图 2－4　基坑开挖模拟示意图

围护墙内基坑开挖深度以上的土体由液体模拟，在试验中通过控制室操作分次分量排放基坑内高密度代土液体来实现土体开挖。

模拟基坑开挖排液装置主要包含了三个部分：金属刚性挡板、液位控制阀和配套管路。刚性挡板主要用来分隔模型箱，其主体厚度为 25 mm，板后设加劲肋，见图 2-5。经出厂前检查，在 100 g 离心加速度条件下钢板挠度满足试验精度要求。

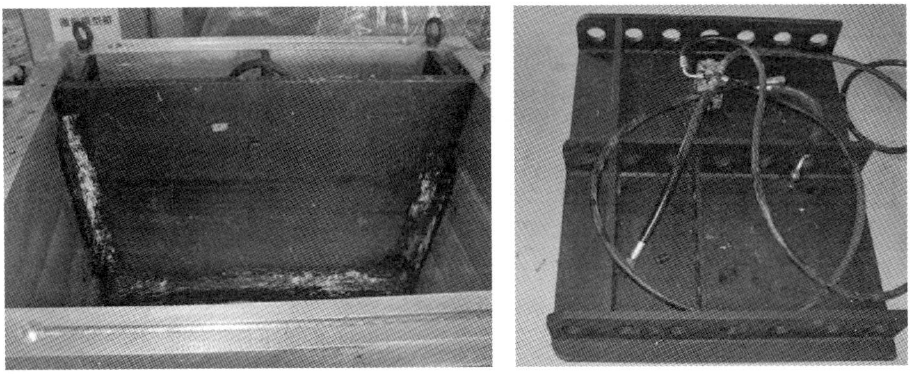

图 2-5　刚性挡板

液位控制阀(图 2-6)随液压缸伸缩过程闭合或开启。当控制阀打开后，液体由进液口接头进入，然后从排液口接头流出，实现围护结构内的液体释放；当控制阀闭合后，进出液体接头被关闭，围护结构内的液体不再释放，液面高度保持不变。

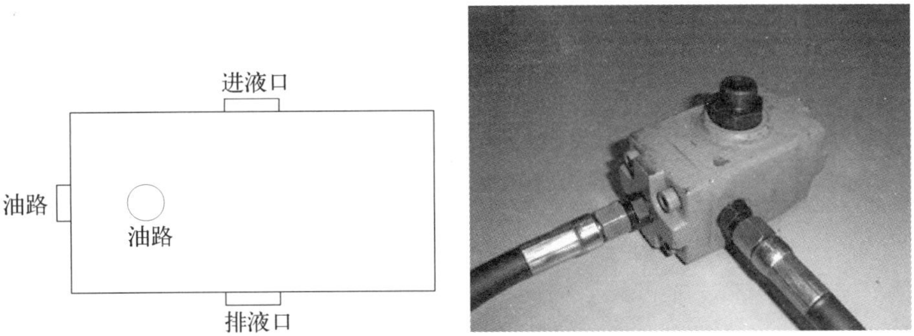

图 2-6　液位控制阀

本装置中的管路包括与主机大臂端头连接的液位控制阀的油管以及排液管，见图 2-7。

图 2-7　配套管路

2.5.2　试验假定

对于模型试验而言，基于以下几点考虑需要对试验进行必要的假定与简化：

(1) 排除次要因素干扰，突出主要研究对象；

(2) 提高试验的可靠度，降低人为误差；

(3) 由于现有试验装置与技术手段的限制。

在权衡了试验的目标与实际操作性后，本书做如下假定：

(1) 为了尽可能降低模型箱边界效应的影响，模型须与模型箱边界保持一定距离。同时考虑到试验的可操作性，模型尺寸不能设计过小。因此，对于实际工程中的双线隧道，本试验决定只考虑基坑开挖对其中一条隧道的影响。另外，实际中基坑走向与两条隧道轴线之间并非完全垂直，为简化问题，试验中的基坑与隧道采用互相垂直的相对位置关系。

(2) 实际基坑开挖深度范围内地层条件复杂，如在试验中完全再现实际地层情况，难度高且人为操作误差大，尤其在多组试验比较时，前后一致性难以得到保证。因此参考实际工程的土层分布情况，试验中将土层简化为三层：从地表到地表下 18 cm 为上海地区第④层土(淤泥质黏土)，从地表下 18 cm 到48 cm 为第$⑤_3$层土(粉质黏土)，模型箱底 16 cm 范围内为第$⑦_1$层土(砂质粉土层)。

(3) 本试验包含了基坑与隧道两种结构之间的相互影响，并且采用排液法进行基坑开挖的模拟，由于采用相似比计算后基坑支撑的尺寸很小，现有的离心机机械设备无法对如此微小的支撑在不停机的状态下进行安装。考虑到本试验的主要研究目的是隧道在其上部基坑开挖卸载条件下的受力和变形问题，而在该情况下隧道主要表现为竖向隆起，根据排除次要因素，抓住主要因素的原则，在模型制作时把基坑内的支撑按照比例和基坑围护结构在试验前就整合安装。该措施对基坑侧墙变形有一定影响，但是对隧道隆起的影响则相对较小。该假定的可行性在后文中将通过数值模拟验证。

2.5.3　试验工况设计

隧道受上方基坑开挖影响产生的响应受很多因素影响，由于试验条件的限制，在本次试验中仅考虑隧道与基坑之间的竖向距离以及隧道尺寸这两个因素的影响。其中隧道尺寸的影响拟采用延安东路隧道以及上海地铁隧道两个不同尺寸隧道模型进行对比。上海地铁隧道外径为 6.2 m，衬砌厚度为 0.35 m。试验工况设计如表 2-3 所示，其中 D_m 与 d_m 分别是延安东路隧道与上海地铁隧道按模型率缩小后的直径，为 11 cm 与 6.2 cm。

表 2-3　试 验 工 况

工　况	隧 道 类 型	隧道中心与基坑坑底之间距离
工况一	延安东路隧道	D_m(11 cm)
工况二	延安东路隧道	$1.5D_m$(16.5 cm)
工况三	延安东路隧道	$2D_m$(22 cm)
工况四	上海地铁隧道	$1.75d_m$(11 cm, D_m)

2.5.4　模型布局

综合考虑现有模型箱尺寸、边界效应以及试验可操作性，将模型率 n 确定为 100，在长 900 mm、宽 700 mm 和高 700 mm 的模型箱内进行试验。模型的平面布置图与基坑结构剖面图分别如图 2-8 及图 2-9 所示。

由于刚性金属隔板的设置，模型箱体被分为两部分。从平面图上看，刚性隔板一侧 900 mm×150 mm 区域用于放置排液阀等附属装置以及作为排液空间，另一侧 900 mm×550 mm 区域作为模型试验区域。

2.5.5　模型制作

1. 土样制备

在离心模型试验的地基土模拟中，为充分考虑土的结构性及土的应力历史

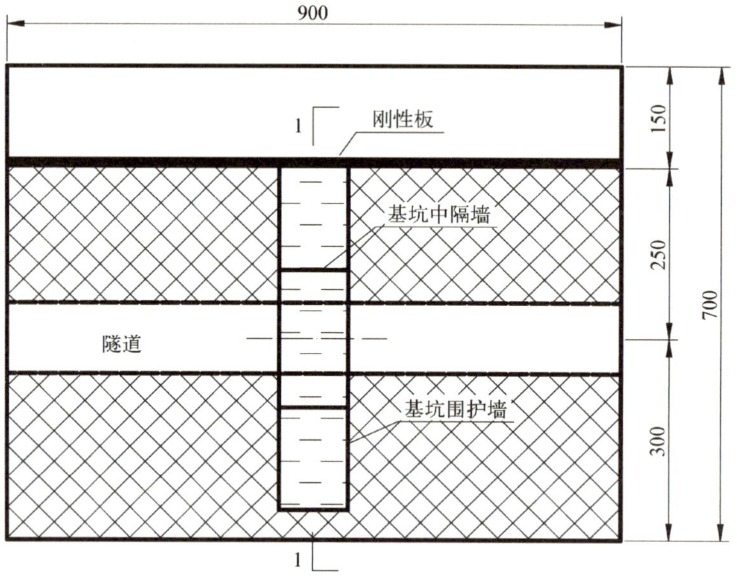

图 2-8 模型平面布置图

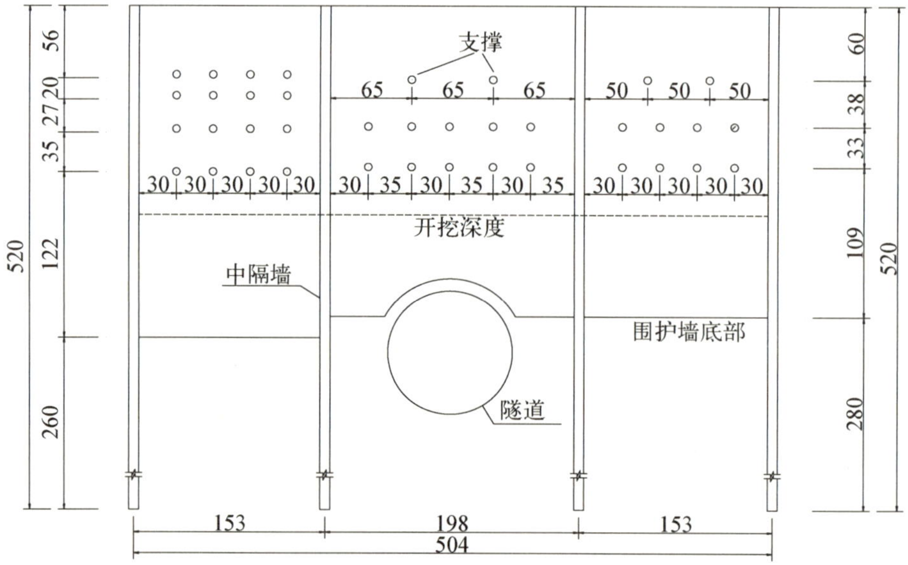

图 2-9 基坑结构剖面图

对土应力-应变性状的影响，可以从现场取原状土样进行试验。它可以一定程度地考虑地基土实际的物理力学性质，但小尺寸的原状试样往往并不能代表整个地基剖面的情况，而且原状土样中存在的诸如结构、裂缝、夹层等宏观组构在模型中也不能按相应的几何尺寸缩小，与实际的地层分布仍有一定的差异。在实际试验中，一般将现场土按照一定的物理力学指标重塑后，在高速旋转的离心机中分层固结制备土样。这种方法可较好地模拟土的固结状态，且可重复性好，试验结果也有较好的可比性。本试验地基土以黏土和粉土为主，由于其粒径很小，可近似认为是连续体，在制备重塑土时不考虑粒径效应。

本试验将地基土简化为三层，分别取现场的④层灰色淤泥质黏土、$⑤_3$层灰色粉质黏土及$⑦_{1-1}$层草黄色砂质粉土重塑，见图 2－10 与图 2－11。

图 2－10　试验用土样与球磨后土样

图 2－11　土的重塑

对于模型土样物理力学指标的控制，经验表明欲同时精确控制重度、含水量和土体的物理力学指标等多个参量是难以操作的。以往试验经验以及试验后的土样测试表明，对于同性质的重塑土，如果能保证其与原状土固结度接近，那么各项物理力学指标也将与原状土相近。考虑到在分层固结过层中要排出一部分水，根据以往经验(Xie 等，2010)，在本试验的排水条件下配置重塑土时，含水量按照原状土的 105%配制，土体固结后得到的最终含水量与目标值吻合程度较好。

在本试验中，配置重塑土的步骤如下：

(1) 现场取土；

(2) 切土、晒土；

(3) 将干土块用球磨机磨成粉状；

(4) 按照设计含水率加水配成均匀土膏；

(5) 密封备用。

2. 代土液体选择

在采取排液方式模拟基坑开挖的离心机试验中，多选用与土体重度近似的溶液，如 $ZnCl_2$溶液。从试验操作角度来看，高密度溶液一般带有毒性和腐蚀性，会对试验人员以及设备构成危害；且高密度溶液黏性大，在本试验中对控制排液速度不利。

鉴于以上分析，本次试验尝试选择无毒的，粘度适合于在排液法排放的“硅酸钠溶液”(俗称水玻璃)作为代土液体。实验室现有密度为 1.3 g/mL 的水玻璃溶液，相同高度的溶液提供的竖向压力显然要小于土体。考虑到本试验的主要考察目标为隧道竖向隆起，为了减小竖向压力不足而导致的对基坑下卧隧道隆起的影响，本试验中决定采用提高液体高度的方法来弥补代土溶液密度不足造成的影响。对于实际基坑开挖深度为 11 m 的情况，液体高度提高为 14.3 cm，这个措施增加了坑内的侧向土压力，见图 2-12。为说明采用水玻璃作为代土液体对试验结果的影响可以忽略，同样在下文将利用数值模拟进行验证。

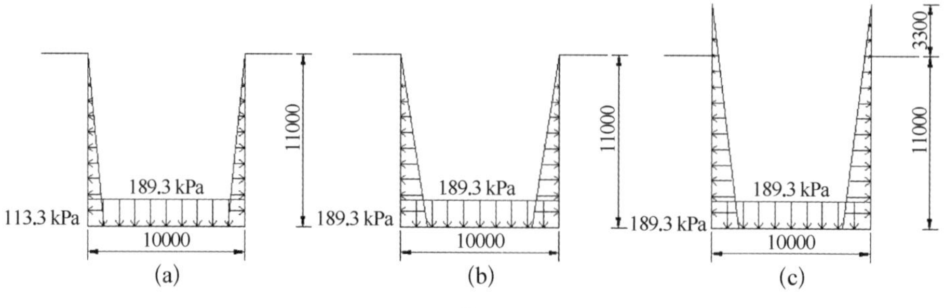

图 2-12 基坑内部压力

(a) 实际情况；(b) 与土体密度相同代土溶液；(c) 水玻璃溶液

3. 围护结构模型制作

在离心模型试验中要保证模型和原型的相似性应尽量采用原型材料制作模型，但在试验中由于模型尺寸的限制，无法保证模型和原型所有的参数都相似，于是在围护结构及隧道结构模型制作中就涉及根据结构受力来选取最优模拟参数的问题。

实际围护结构和下卧隧道结构均为钢筋混凝土结构，根据相似关系分析可知，如在试验过程中采用相同的材料，则模型中钢筋混凝土结构的厚度为原型的 $1/n$，其结果是墙体与隧道衬砌厚度只有几个毫米，给模型制作带来很大的困难。因此在试验中决定采用易于加工的金属材料制作结构，这也是离心机模型试验常用的方法。

基坑围护结构模型采用不锈钢制作。根据材料的抗弯刚度相似，且忽略剪切变形的影响，可得模型材料与原型材料抗弯刚度应满足如式(2-7)的关系：

$$\left[\frac{Et^3}{12(1-\nu^2)}\right]_{m1}=\left[\frac{Et^3}{12(1-\nu^2)}\right]_{m2} \tag{2-7}$$

式中，$m1$ 为与原型相同的模型材料：$\nu_{m1}=\nu_p$，$E_{m1}=E_p$，$t_{m1}=t_p/n$；$m2$ 为模型的替代材料。进而可计算得到替代材料板的厚度为：

$$t_{m2}=\frac{t_p}{n}\sqrt[3]{\frac{1-\nu_{m2}^2}{1-\nu_p^2}\cdot\frac{E_p}{E_{m2}}} \tag{2-8}$$

基坑的支撑构件采用不锈钢管来制作。根据材料的抗压刚度相似有类似推导：$E_{m1}A_{m1}=E_{m2}A_{m2}$，其中 A 为支撑的横断面面积。

经过计算，同时考虑工艺要求，最后采用的基坑模型主要几何参数如表 2-4 所示，基坑模型如图 2-13 所示，模型的具体尺寸可参见图 2-9。

表 2-4　基坑模型几何物理参数表

围护墙结构		支　撑	
侧墙厚度(mm)	3	混凝土支撑(mm)	Φ6×0.5
中隔墙厚度(mm)	3	钢支撑(mm)	Φ3×0.5
边墙厚度(mm)	2		

需要说明的是，本试验中基坑模型在基坑开挖深度的位置用橡胶膜封底，一方面要保证密封性，防止代土溶液外流；另一方面橡胶膜具有一定弹性，使坑底土体可以正常隆起。

图 2-13 基坑模型

4. 隧道结构模型制作

本次试验以延安东路隧道和上海地铁隧道为研究对象分别展开研究，本节以延安东路隧道为例说明隧道模型的制作过程，地铁隧道采用类似方法进行制作。

延安东路隧道原始断面尺寸为外径 11 m，内径 9.9 m。由于离心机试验的模型率 n 为 100，故若采用混凝土材料制作模型，则模型尺寸应为：外径 11 cm，内径 9.9 cm。由于混凝土材料制作模型不便，因此采用铝来制作模型。

由于隧道以纵向变形为主，因此根据混凝土模型与铝制模型的横断面纵向抗弯刚度相等来计算铝制模型的尺寸：$E_{m1}I_{m1}=E_{m2}I_{m2}$。其中 E_{m1} 是混凝土的弹性模量，I_{m1} 为混凝土模型的惯性矩；E_{m2} 为铝的弹性模量，I_{m2} 是铝模型的惯性矩。计算中取 $E_{m1}=3.45\times10^4$ MPa，$E_{m2}=7.2\times10^4$ MPa，得到结果 $I_{m2}=118.8\ \mathrm{cm}^4$，取铝模型内径为 9.9 cm，则外径为 10.5 cm。

盾构隧道的衬砌结构是由管片拼装而成，接缝的存在对隧道结构的力学性能有很大的影响，如何恰当地模拟隧道接缝也是试验的关键。本书采用切割法模拟盾构隧道的接缝，见图 2-14。以下分别介绍隧道结构纵缝与环缝的模拟方法。

1）隧道纵缝的模拟

隧道的纵缝采用在模型对应的位置将铝管割出一定深度的纵向槽来模拟。根据已有的对上海地区盾构隧道横向刚度有效率的研究，上海地区盾构隧道横向刚度有效率约为 0.6—0.8(徐凌，2005)。上海延安东路隧道管片采用通缝拼装，因此本试验认为只要铝管经过纵缝切割处理后的横向刚度为均质管段横向刚度的 70%即达到所要求的模拟效果。

隧道纵缝的切割深度通过对比有、无纵缝两种不同条件下隧道在相同荷载作用下的变形来确定。隧道的变形计算采用有限元分析软件 ANSYS 来进行，分析时将隧道底部固定，在隧道顶部施加一定的荷载。

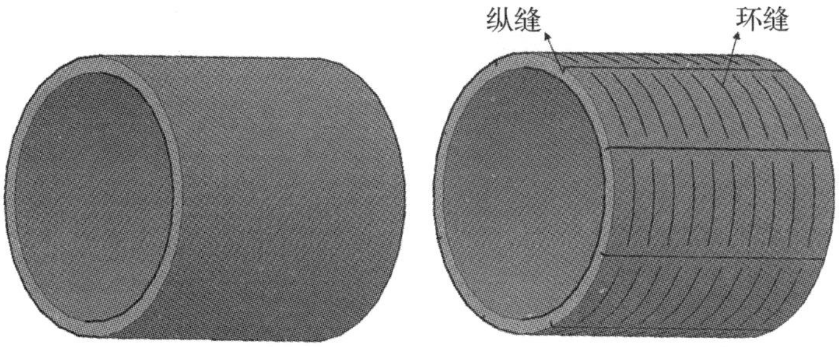

图 2-14　隧道接缝模拟示意图

具体步骤如下：

(1) 首先对隧道模型进行模拟，模型材料为铝，内径 9.9 cm，外径 10.5 cm，底部采用固定约束，顶部施加一定的外力。在模型不进行纵缝开槽时，测得的隧道模型拱顶位移为 δ_1；

(2) 在有限元中对纵缝所在的相应位置进行一定深度的开槽处理，保持材料特性、荷载以及边界条件等不变，计算得到隧道拱顶的位移为 δ_2；

(3) 计算 δ_1/δ_2 的数值，如果等于设定的横向刚度有效率 0.7，那么认为此时的切割方案是满足要求的；如果 δ_1/δ_2 不满足要求，那么逐次改变纵缝开槽的深度，进行多次试算，直到满足 δ_1/δ_2 的数值为 0.7，此时的开槽深度就是所求的纵缝深度。

针对延安东路隧道结构，通过以上方法计算，结果计算得到纵缝开槽深度约为 2 mm。

2) 隧道环缝的模拟

隧道的环缝采用在模型对应的断面上做一定范围的部分切割来模拟。在实际中，盾构隧道环缝两侧的管片通过纵向螺栓连接。采用部分切割的方法，实际上是将未切割的部分视为管片上螺栓连接的邻近部位，此处由于螺栓预紧力的作用，相邻管片连接紧密；而已切割的部分则是模拟距离螺栓较远的位置，管片之间的连接相对不够紧密。理论上可根据实际环间螺栓的位置及螺栓的影响范围确定切割部位的分布。然而实际操作时由于螺栓数量众多，间距过小，模型加工十分困难，因此可以对切割部位进行一定的简化，根据衬砌环管片数沿隧道环向采用均匀对称的切割方式。

根据对上海地铁盾构隧道纵向刚度有效率的研究，上海地区盾构隧道纵向刚度有效率约为 1/8—1/6(徐凌，2005)，本实验中取隧道纵向刚度有效率为

1/7。要使切割后的隧道模型满足试验要求，即按一定方式切割断面后使隧道纵向刚度为均质管段的 1/7 即达到所要求的模拟效果。环缝切割范围的确定流程与纵缝深度确定的流程类似，同样可通过有限元建模，将有、无环缝条件下的隧道变形进行对比来确定，具体过程此处不再赘述。环缝的宽度由加工中切割刀具决定，因此在加工中应尽量采用宽度小的刀具。环缝的切割深度理论上应穿透衬砌，然而在离心机试验中必须要保证隧道模型的密封性，因此环缝切割的深度必须小于隧道模型衬砌的厚度，本试验环缝切割处衬砌预留厚度为 0.3 mm。

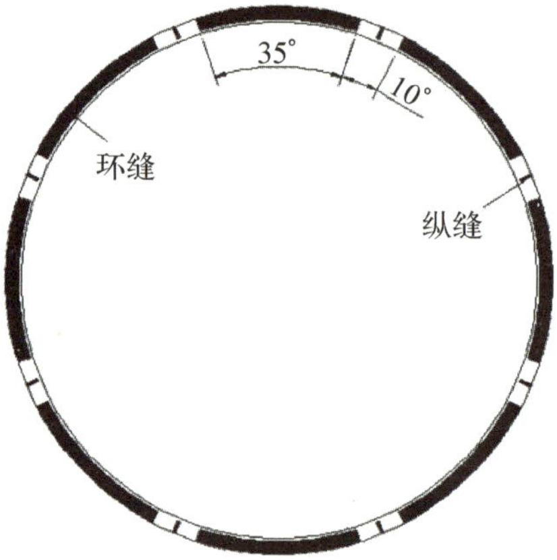

图 2-15 延安东路隧道模型切缝方法

综上所述，铝管的切割方式见图 2-15，阴影部分为环缝切割范围。经过切割加工后的隧道模型见图 2-16。

图 2-16 隧道模型照片

2.5.6 试验假设的验证

本试验中采用的某些假设将对土体位移场产生影响，包括模型制作时将基坑内的支撑和基坑围护结构整合安装以及采用水玻璃溶液作为代土溶液。为了验证以上假设对试验结果所产生的影响在可接受的范围内，本节将利用有限元软件 PLAXIS-GiD 进行两组工况的模拟，其中工况 A 为离心机试验工况一的模拟，工况 B 是实际施工情况的模拟。

采用 PLAXIS 土体硬化模型(Hardening Soilmodel，模型具体介绍见第 5

章)作为土体的本构模型,参数见表 2-5。试验中的水玻璃溶液采用 Mohr-Coulomb 模型来模拟,参数见表 2-6。

表 2-5　土体参数表

	Material type	E_{50}^{ref} (MPa)	E_{oed}^{ref} (MPa)	E_{ur}^{ref} (MPa)	m —	ν_{ur} —	p^{ref} (kPa)	c_{ref} (kPa)	φ (°)	ψ (°)
黏　土	Undrained	4.8	2.4	19.2	1	0.2	100	8	23	0
粉质黏土	Undrained	9.8	4.9	29.4	0.7	0.2	100	12	27	0
砂质粉土	Drained	12.5	10	37.5	0.6	0.2	100	3	30	0

表 2-6　液体参数表

	Model	Material Type	γ(kN/m^3)	E_{ref} (MPa)	ν
液体	Mohr-Coulomb	Non-porous	13.0	1.0E+7	0.499

工况 A 的模拟尽量体现试验中工况一的情况,围护墙的高度以及基坑内部液体的高度也与试验一致,从初始应力状态开始($K_0=1-\sin\varphi'$),首先在不排水的条件下进行隧道施工的模拟,在整个隧道长度内进行土体开挖以及衬砌施加,同时围护墙与坑内支撑得到激活。随后进行固结计算使超空隙水压力消散后,逐层进行液体的排放。作为比较,在工况 B 中坑内的液体用土体来取代,并且在每层土体开挖之前进行支撑的逐层加设。

基坑开挖到底时工况 A 与工况 B 隧道纵向隆起情况见图 2-17。两组工况隧道纵向变形的结果十分相近,隧道拱顶最大位移分别为 19.07 mm 以及 19.48 mm,差别仅为 2%左右。

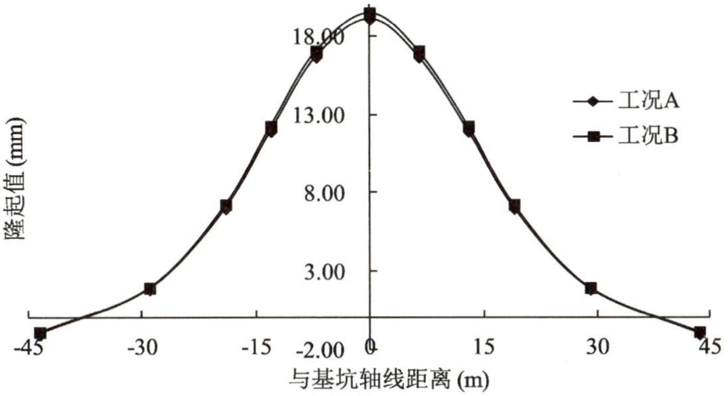

图 2-17　工况 A 与工况 B 隧道纵向隆起图

工况 A 与工况 B 由于基坑开挖引起的隧道中央断面衬砌附加弯矩数值见图 2－18。对于隧道上不同位置，试验中采取的假设对衬砌附加弯矩的影响均在 10%以内。

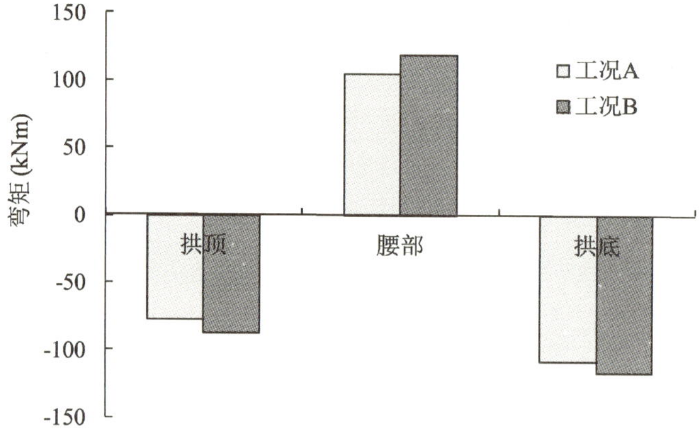

图 2－18　工况 A 与工况 B 隧道衬砌附加弯矩图

通过上述的数值模拟分析，证明在离心机试验中采取预设支撑的措施以及采用排出水玻璃溶液来模拟土体开挖的方法对隧道的响应影响不大，处于可以接受的范围之内。

2.5.7　试验测量

1. 测量内容及测量仪器

选择差动式位移传感器 LVDT(接触式)与电涡流式位移传感器(非接触式)测量隧道隆起，见图 2－19。其中 LVDT 共布置 4 个，量程为 30 mm；电涡流式位移传感器共布置 3 个，量程为 10 mm。

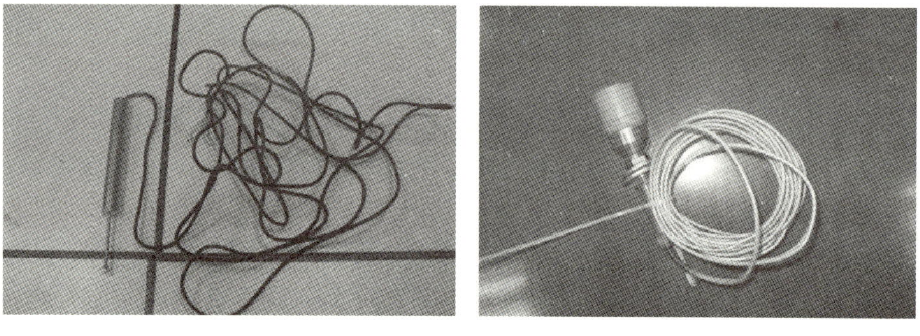

图 2－19　LVDT 与涡流式传感器

选择电阻应变计测量隧道结构的应变，应变片型号为 BX120 – 2BA。试验中共设置 10 枚应变片。

选用压力传感器（见图 2 – 20）来测量基坑内液面的变化，以便在排液过程中对基坑开挖进行动态的控制。在离心机开始运行之前，将压力传感器固定在坑底的特定位置，保证试验过程中传感器的位置不发生变化，另外在试验前还需要对压力传感器测得的压力与基坑内液体液面高度之间的关系进行标定。

图 2 – 20　固定于基坑坑底的压力传感器

2. 隧道隆起测量装置

由于隧道结构处于土体中，因此为了测量基坑开挖过程中的隧道隆起，在隧道顶部连接出若干根测量杆。测量杆为采用不锈钢制作的细长圆管，底部与隧道拱顶用环氧树脂胶固定。

隧道的中央测点位于基坑底部，为了测量到基坑开挖过程中的隧道隆起，必须使测量杆从隧道顶部一直延伸到地表上方，因此位移测量杆不得不穿越基坑坑底薄膜。如何处理测量杆穿过基坑坑底薄膜是隧道中央测点测量一个难点，一方面，基坑坑底薄膜变形应该不影响测量杆的自由移动；另一方面，测量杆穿过坑底薄膜，坑底的密封性仍然需要保证。为实现上述目的，采用将一根不锈钢中空的引导管跟坑底的薄膜连接，保证引导管跟坑底的密封性，测量杆从引导管内部穿过，一直延伸到基坑顶部位置，示意图见图 2 – 21。

3. 测点布置

1）隧道隆起测点布置

测量隧道竖向位移的传感器整体布置如图 2 – 22 所示，并进行了相应测点的编号，其中 D4 测点为位于基坑正下方隧道中点的中央测点。

上述测量隧道位移的传感器都需要通过专门设计的支架固定于模型箱上。支架的设计须做到刚度大、重量轻，既能将传感器牢固安装其上，同时要求在高离心场下支架自身不发生过大挠度。经出厂前测试本试验支架在 100 g 离心加速度场下中心最大挠度满足使用要求（图 2 – 23）。

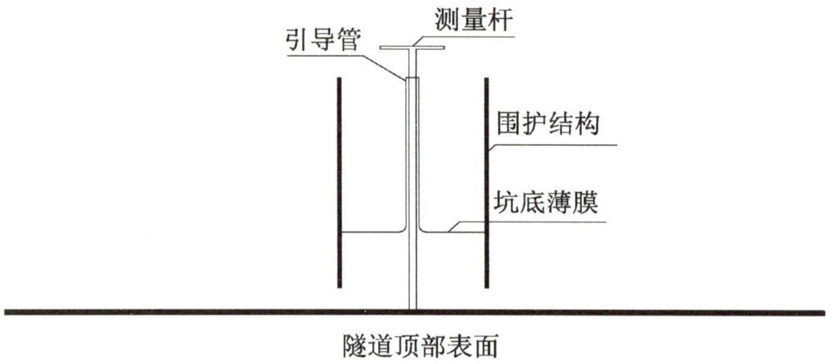

图 2-21　隧道中央测点测量方法示意图

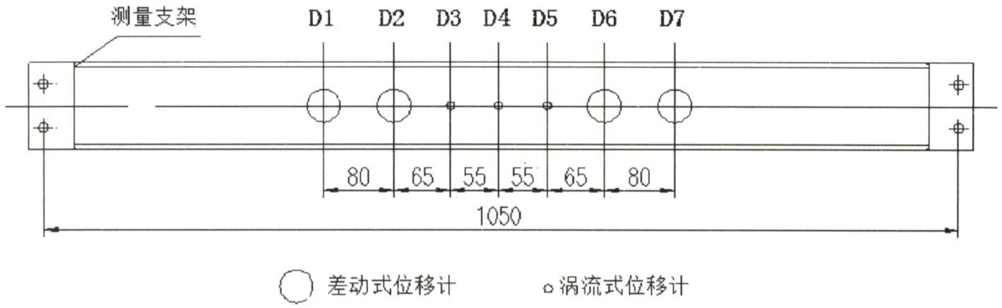

图 2-22　隧道竖向位移传感器布置图

2）隧道应变测量测点布置

隧道上设置两个应变测量断面，分别是位于基坑正下方（断面 1）以及 1.5 倍开挖深度以外的断面（断面 2）。每个断面按照半结构原则设置 5 个应变片。隧道横断面内应变片的布置见图 2-24。

2.5.8　试验步骤

离心机试验步骤包括模型安装、传感器连接、设备控制、数据采集等，以下主要针对模型安装进行说明。

模型安装阶段主要包括模拟开挖装置的装配及刚性板的吊装、重塑土装填、预固结以及隧道模型和基坑模型的安装，具体操作步骤如下。

1）模拟开挖装置装配及刚性板的吊装

首先将排液阀安装在刚性挡板上，并安装排夜阀管路。当所有管路与刚性板连接完成后，要将刚性板整体吊装入模型箱，刚性板和模型箱的接触部分

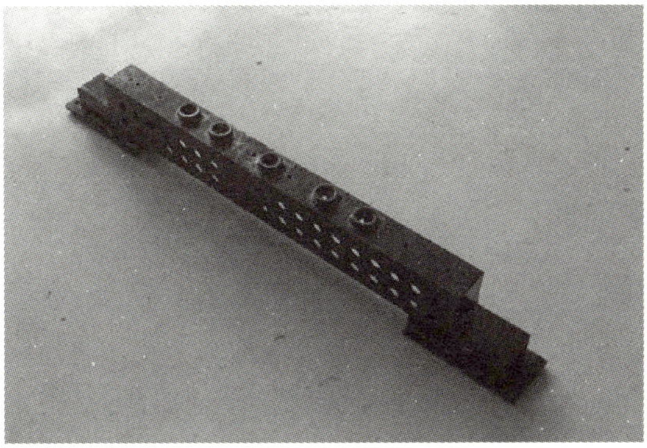

图 2－23　测量支架照片

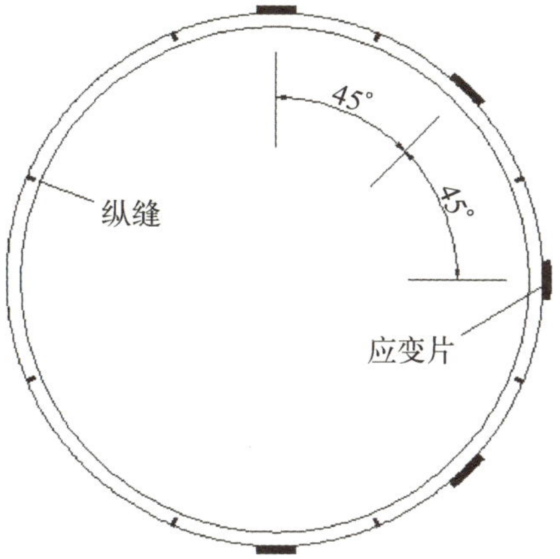

图 2－24　隧道横断面应变片布置图

用聚氨酯胶作密封防水处理。为检验刚性板与模型箱接触部分的防水功能，需进行预备试验：在刚性板前面部分的模型箱内装一定高度的水，在离心机中加速到要求的离心加速度。预备试验显示，刚性板后留用的排液空间是绝对密封的。

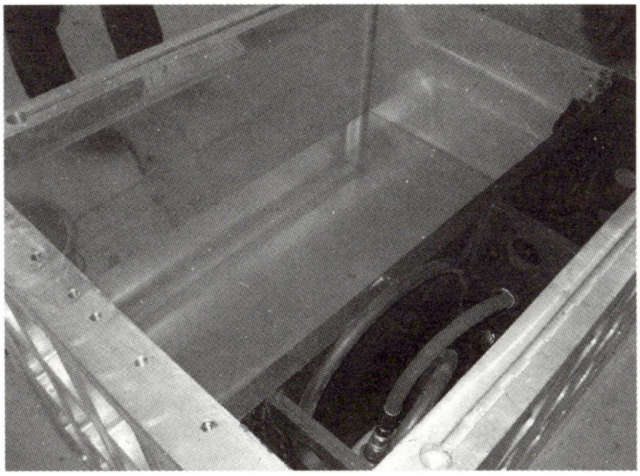

图 2－25　刚性板密封预备试验

2）重塑土装填以及预固结

首先将预先制备好的重塑土分层均匀装入模型箱内。第一层装填 16 cm 砂质粉土，第二层装填 30 cm 粉质黏土，第三层装填 18 cm 淤泥质黏土。装填时须保证土体均匀密实，避免出现空洞。

在装填土的过程中，同时将土体在 100 g 离心场下进行分层预固结。由于模型箱内排水条件与实际情况有差异，本试验根据以往对不同渗透系数、不同厚度土层的固结经验，在每层土铺完后分别进行固结，从下往上三层土的固结时间分别为 30 min、180 min 及 90 min(Xie 等，2010)。固结后取样试验结果证明该固结时间是合理的，填土过程如图 2-26 所示。

图 2-26 重塑土样装填

3) 隧道模型和基坑模型安装

基坑模型与隧道模型在土中垂直交叉，因此两个模型的安装与填土工作需穿插进行。在底层砂质粉土层预固结完毕后就可以将隧道放入模型箱中，然后安装基坑模型。为了防止隧道模型在土体固结过程中发生过大沉降，在隧道两端放置两个支架，对隧道端部进行类似铰接的约束。基坑模型在安装过程中，将其靠近刚性板一侧边墙的排液孔通过一个定做的螺栓与刚性板上的排液孔连接。在螺栓周围用密封垫圈及聚氨酯胶做好防水措施。两个模型安装就位后，

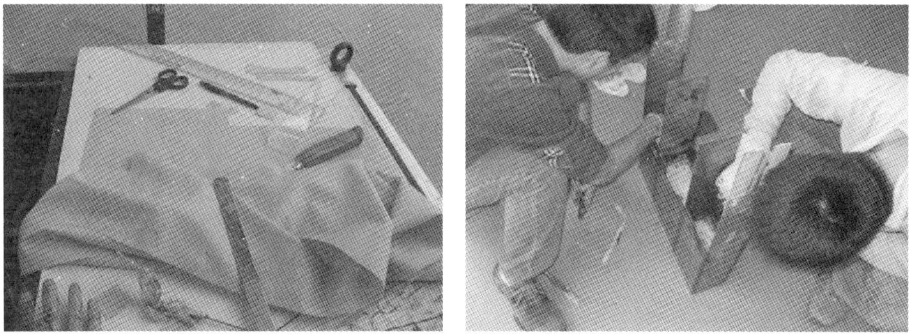

图 2-27 弹性橡胶模与基坑底板贴膜

可以按照预定的深度填入不同深度的土层。

基坑模型在开挖深度位置用橡胶膜封底，基坑模型底板的密封是本试验的另一个关键。由于试验设定离心加速度为 100 g，粘结面最大要承受相当于十几米水深的压强，对粘结材料和粘结工艺考验巨大。为保证坑底密封性满足试验要求，需按以下工艺操作：在粘胶前将粘结面打磨光滑，用丙酮去油污，粘结时顺次按压粘结面防止气孔产生，粘结后用临时固定夹具夹紧，至少保持 24 小时后才能进行后续操作。

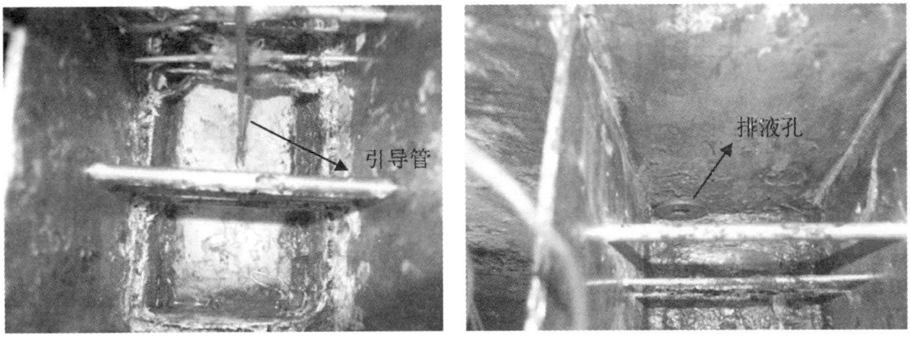

图 2－28　隧道中央位移测量引导管与基坑边墙排液孔

图 2－29　隧道模型安装

4）吊装模型箱

当上述工作完成后，首先要对目前状态下的模型箱进行称重，见图 2－30。根据模型箱的重量计算出配重端所需要的配重，吊装配重以确保离心机运行时转臂两侧对机器转轴的作用力一致。最后将模型箱吊入主机室离心机大臂吊篮并固定。

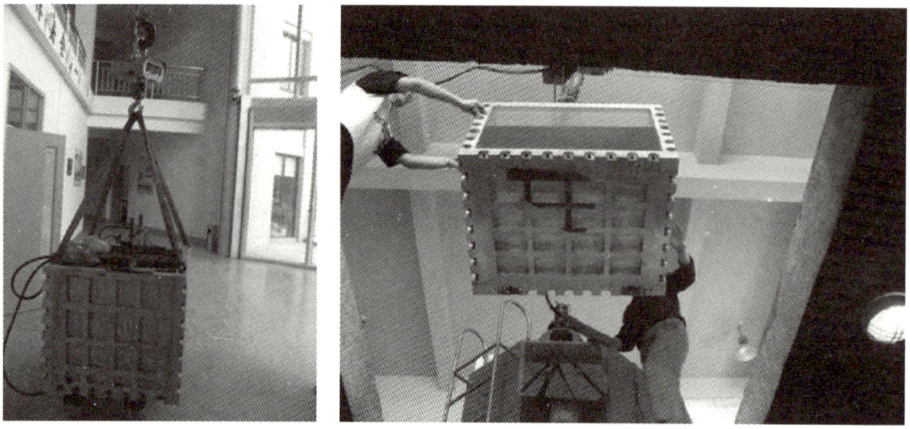

图 2-30　模型称重与吊装

2.6　试验结果与讨论

对试验结果的分析与讨论将分为三个层次进行：首先以工况一为例，总结基坑开挖引起的下卧隧道的变形与内力变化的总体规律；随后对比工况一、工况二与工况三的结果，分析隧道与基坑之间的距离变化对隧道响应的影响；最后讨论延安东路隧道与上海地铁隧道在相同基坑开挖作用下的不同响应。需要说明的是，以下讨论的结果都是换算到原型后的数值。

2.6.1　工况一结果

1. 隧道变形

本试验各个工况中，坑内液体排放速度控制得十分接近，图 2-31 显示了工况一基坑开挖深度随时间的变化，总体而言基坑开挖的速度维持得比较稳定。

工况一各测点隆起值随基坑开挖深度变化的趋势见图 2-32。随着基坑开挖深度的增加，各测点的隧道隆起都逐渐增加，在基坑开挖深度达到 9 m 之前，隧道的隆起速度均匀，与基坑开挖深度基本呈线性关系，然而在基坑开挖深度达到 9 m 之后，隧道隆起速度明显有所降低。造成这个现象的原因可能是由于采用橡胶薄膜来模拟坑底，当基坑开挖达到一定深度后，坑底土体隆起使坑底薄膜张拉到一定的程度，导致薄膜对坑底土体的位移产生一定的限制。隧道中央测点的最终隆起量约为 31.4 mm(2.8‰ D)。

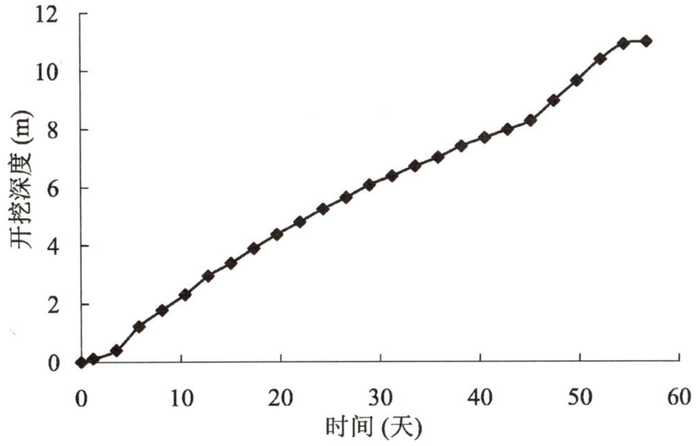

图 2-31　基坑开挖深度随时间变化图

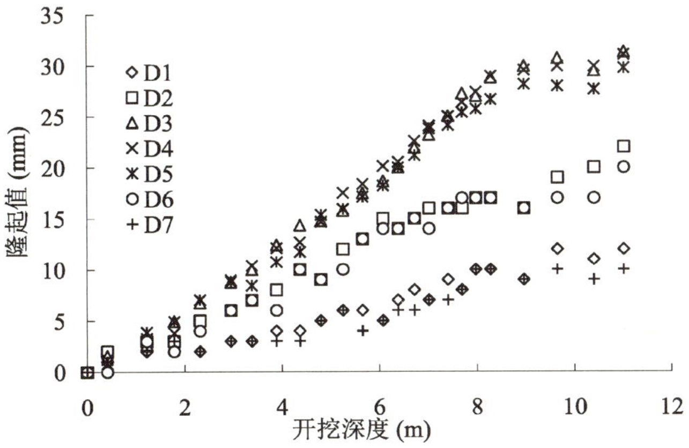

图 2-32　各测点隆起值变化图

事实上隧道上隆是由基坑坑底应力释放引起，坑底应力释放程度与基坑开挖深度相关，由图 2-32 可知，坑底应力释放与隧道拱顶隆起值基本呈线性关系，因此以下关系成立：

$$\sigma_u = E_{tu}\frac{\delta_h}{D} \tag{2-9}$$

其中，σ_u 为卸荷应力，其数值大小与基坑开挖深度、土体重度及坑底土体残余应力相关。经过刘国彬与侯学渊(1996)的研究，对上海地区而言，一般基坑开挖后坑底土体残余应力约为开挖面初始土体重度的 30%，即坑底卸荷应力约为土体重度的 70%。δ_h 为隧道拱顶隆起值，D 为隧道直径。E_{tu} 为与土体卸荷模量及隧道刚度相关的刚度参数，此处称之为隧道上方总体卸荷模量。以工况一隧道中央测点为例，E_{tu} 的数值约为 44 MPa，可以看到 E_{tu} 的数值比土体卸荷模量大，约为土体卸荷模量的两倍。

利用式(2-9)，在了解基坑开挖深度以及隧道直径的条件下，能够较方便地对下卧隧道隆起量进行预测。在预测过程中，关键是确定隧道上方总体卸荷模量 E_{tu} 的数值。E_{tu} 的数值与隧道、基坑之间距离以及隧道直径均相关，在以下分析中将进一步进行讨论。

基坑开挖过程中的隧道纵向变形见图 2-33，第一层、第二层与第三层分别指基坑开挖达到 3.8 m、7.1 m 与 11 m 的深度，W 表示基坑宽度，横坐标下方的刻度表示以基坑宽度为标准的距离标度，在下文中也将多次采用这种直观的标注方式，不再一一介绍。试验的结果表明在上方基坑开挖的影响下，下卧隧道的纵向隆起变形基本可以用形式如式(2-10)所示高斯曲线来表示。这与林永国(2001)通过现场监测数据总结的规律相同。

$$w = S_{\max}\exp\left(-\frac{x^2}{2i^2}\right) \tag{2-10}$$

其中，$S_{\max}$ 为隧道最大变形，出现在基坑正下方，i 为隧道纵向变形反弯点的位置。基坑开挖到第一层、第二层、第三层时，i 的数值分别为 12.9 m、13.3 m 及 13.5 m。随着隧道开挖深度的增加，i 的数值稍微有所增加，意味着反弯点逐渐远离隧道中点。总体而言，反弯点的位置在距离轴线约 1.3 倍的基坑宽度的位置。

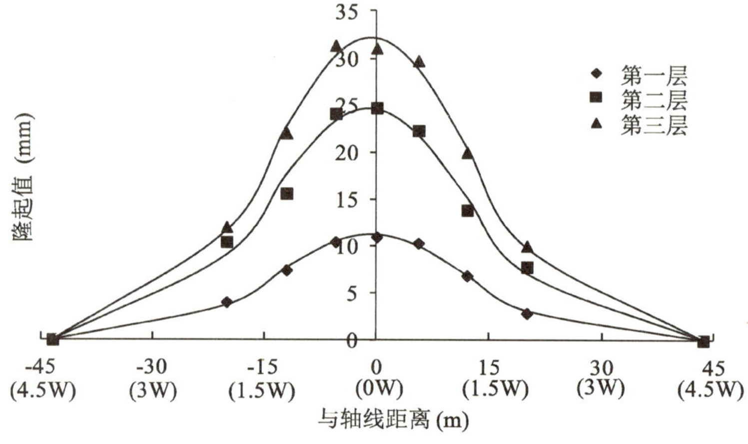

图 2-33　基坑开挖过程中隧道纵向变形图

隧道在纵向上受影响的范围随着基坑开挖深度的增加逐渐扩大，假定隧道隆起超过 5 mm 的范围为受影响范围，则基坑开挖到第一、二、三层时隧道受影响范围分别为 32 m、46 m 及 55 m。当基坑开挖完成后，其对隧道的影响范围在隧道纵向大约为 6 倍基坑宽度。

当隧道产生纵向变形时，隧道受力状态与隧道纵向弯曲曲率息息相关。图 2 - 34 是基坑开挖到底时隧道纵向弯曲曲率的分布图。曲率分布曲线存在三个极值点，在基坑轴线正下方 $x = 0$ 处，隧道最大曲率为 0.000 18，也即曲率半径为5 556 m。另两个极值点约位于 $x = \pm 24$ m(1.732i)处，此处隧道曲率半径为 12 500 m。

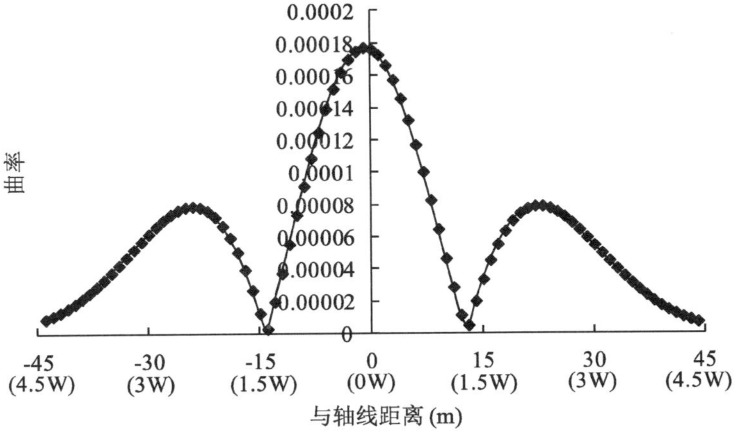

图 2 - 34　基坑开挖到底时隧道纵向弯曲曲率分布图

为了保护上海地铁隧道的运营安全，上海市市政工程管理局(1994)规定：由于邻近施工使地铁发生纵向变形时，隧道的最小曲率半径必须大于 15 000 m。对于大直径的延安东路隧道，若发生试验中所测得的隧道变形，显然不符合该条保护标准。

2. 隧道衬砌内力

基坑开挖过程中断面 1 附加应变见图 2 - 35。图中拉应变为正，压应变为负。隧道拱顶与拱底为正应变，而水平直径处为负应变，这说明隧道断面的附加变形呈“竖鸭蛋”形式。

隧道衬砌的附加弯矩可以通过测得的应变按照式(2 - 11)进行粗略估计：

$$M = \frac{2E\varepsilon I}{t} \tag{2-11}$$

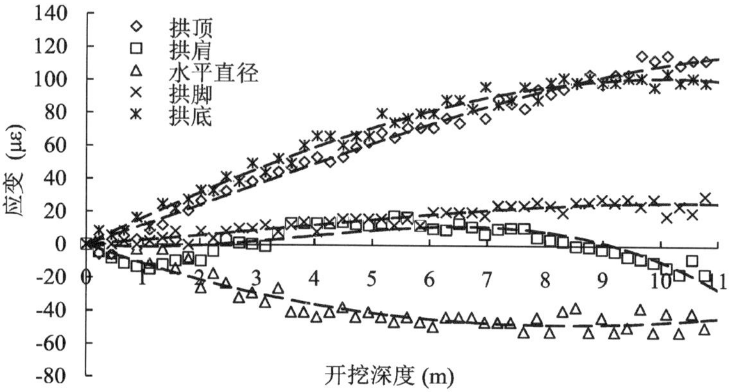

图 2-35　基坑开挖过程中隧道断面 1 应变变化图

其中，M 为弯矩；E 为模型材料的弹性模量；ε 为测得的应变；I 为衬砌的惯性矩；t 为衬砌的厚度。

图 2-36 显示了工况一由基坑开挖引起的隧道衬砌附加弯矩。当基坑开挖到底时，最大附加正弯矩出现在隧道拱顶，为 118.9 kN·m，而最大附加负弯矩出现在隧道水平直径处，为−49.8 kN·m。由基坑开挖引起的隧道附加弯矩十分显著，这对于隧道衬砌设计十分重要。

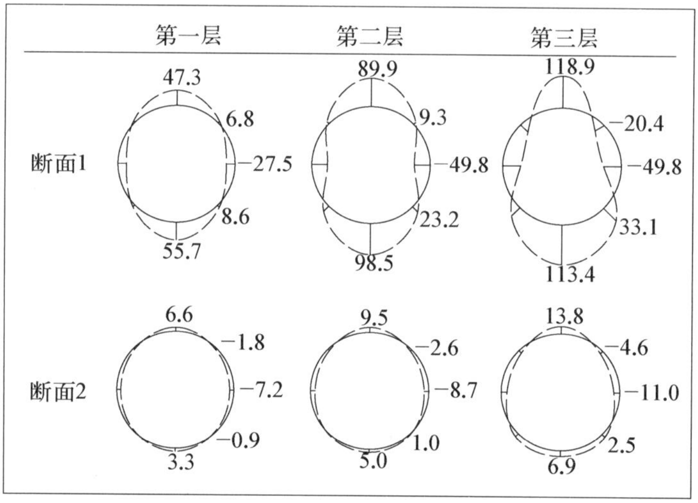

图 2-36　工况一隧道衬砌附加弯矩图(kN·m)

对比断面 1 及断面 2 的附加弯矩，随着断面离基坑轴线的水平距离增加，隧道衬砌附加弯矩迅速地减小，以基坑开挖到底时的隧道拱底弯矩为例，断面 2 仅为断面 1 的 11.6%。相对于弯矩，由基坑开挖引起的隧道纵向变形沿隧道轴线传递得更远，断面 2 的最终隧道隆起为断面 1 的 44.5%。

2.6.2　隧道与基坑之间距离的影响

基坑开挖到底时工况一、工况二与工况三隧道纵向变形见图 2-37。在工况二与工况三中，虽然隧道与基坑之间的距离有所增加，然而反弯点的位置仍与工况一接近。基坑开挖对隧道的影响范围随两者距离增加逐渐减小，在工况二中约为 45 m，而在工况三中约为 35 m。工况二中隧道最小曲率半径为 9 524 m，而工况三中为 13 568 m，可见在这两个工况中隧道的挠曲依旧比较明显。

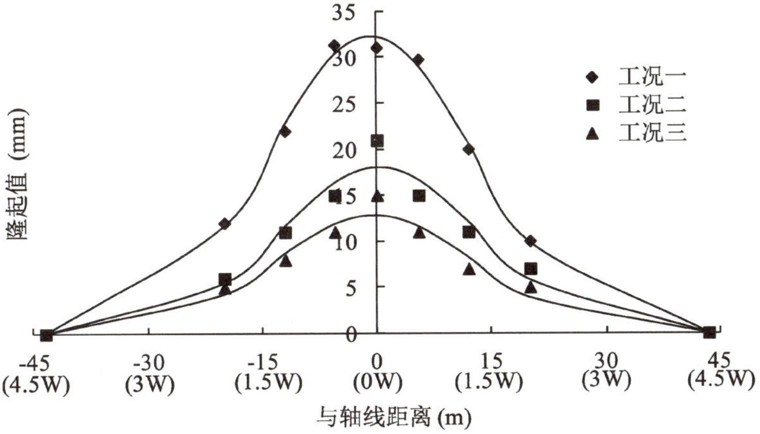

图 2-37　工况一、工况二和工况三隧道纵向变形图

图 2-38 显示了随着隧道与基坑坑底距离增加隧道拱顶最大隆起值的变化趋势，图中横坐标下方标度 D 表示延安东路隧道的外径。隧道隆起值随着距离的增加呈指数形式减小，而这种减小的趋势与基坑的开挖深度也相关，基坑开挖深度越大，隧道隆起减小的趋势越明显。

同样，根据工况二与工况三的试验结果可建立如式(2-9)所示的坑底应力释放量与坑底下方隧道拱顶隆起的关系。根据计算，工况二的隧道上方总体卸荷模量 E_{tu} 的数值约为 68 MPa，而工况三的 E_{tu} 的数值达到 111 MPa 左右。随着隧道与基坑之间竖向距离的增加，E_{tu} 的数值呈非线性增长。

工况一、工况二和工况三在断面 1 的衬砌附加弯矩见图 2-39。工况二与工况三中，基坑开挖过程中隧道衬砌附加弯矩的发展与工况一相似。显然，随着基坑与隧道之间的距离增加，隧道衬砌附加弯矩减小。

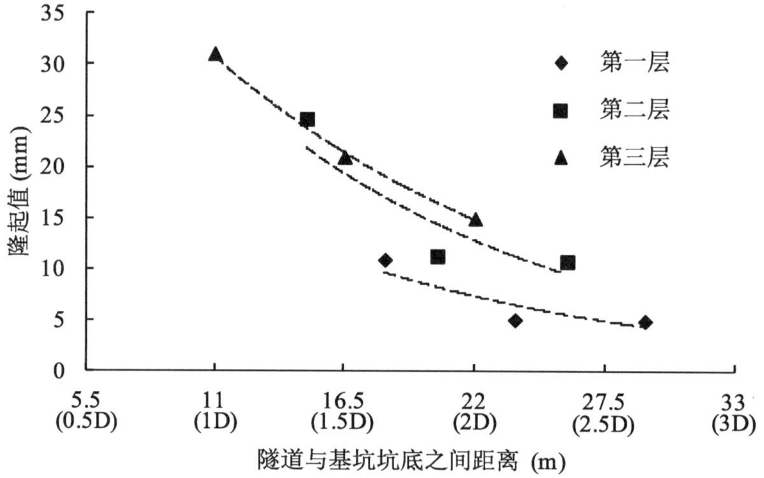

图 2-38 隧道拱顶隆起值与隧道、基坑相对位置的关系图

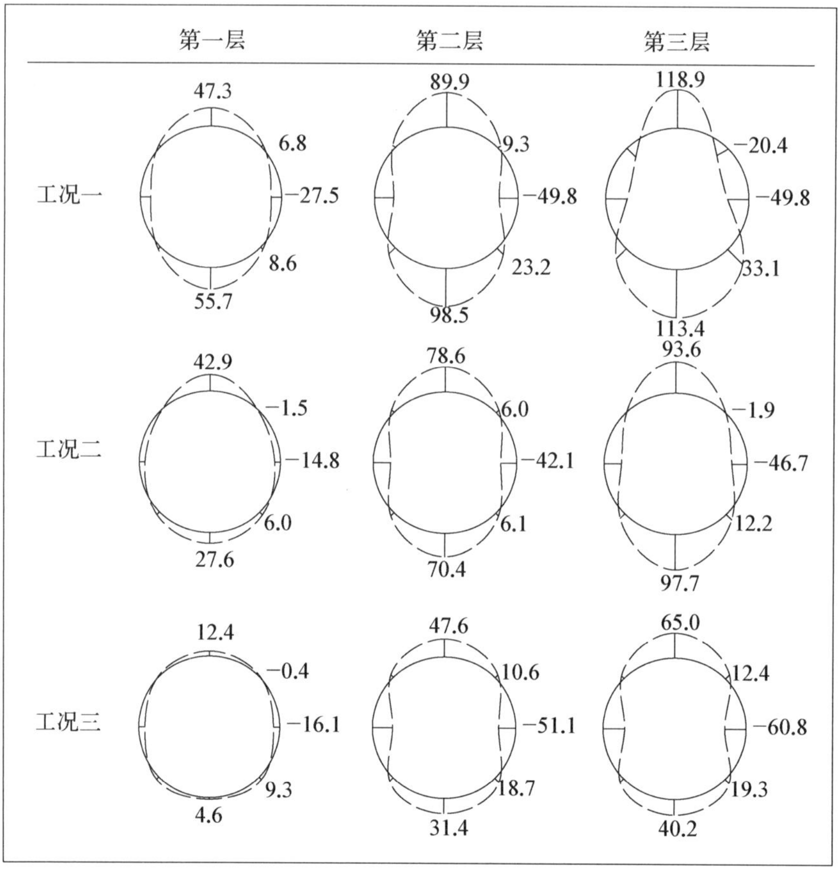

图 2-39 工况一、工况二和工况三隧道衬砌附加弯矩图(kN · m)

需要说明的是，对于工况三，基坑坑底到隧道中心的距离为 22 m，即两倍隧道直径，此时上方基坑开挖对隧道产生的影响仍然十分显著。

2.6.3　隧道尺寸的影响

工况四中上海地铁隧道中心的位置与工况一上海延安东路隧道相同，而地铁隧道的直径仅为延安东路隧道的 58%左右。通过比较这两个工况的结果，可以分析不同尺寸大小的隧道受相同基坑开挖卸荷作用的不同响应。

工况一与工况四隧道纵向变形见图 2－40，其中公路隧道指上海延安东路隧道。当基坑开挖到底时，两个隧道的最大隆起值接近，但是地铁隧道的挠曲更加明显：地铁隧道纵向变形反弯点与轴线距离大约为 12.5 m，同时地铁隧道的最小曲率半径为 4 400 m。

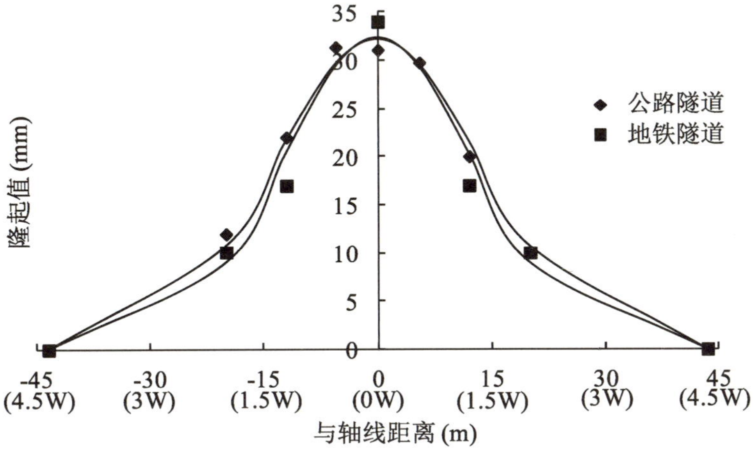

图 2－40　工况一和工况四隧道纵向变形图

同样，根据工况四的试验结果可建立坑底应力释放量与坑底下方隧道拱顶隆起的关系。经过计算，工况四的隧道上方总体卸荷模量 E_{tu} 的数值约为 24 MPa，该数值仅为工况一的 50%左右。事实上，由于此处讨论的隧道变形为拱顶隆起，隧道拱顶隆起同时反映了隧道的纵向变形与隧道横断面变形，由于地铁隧道纵向刚度与延安东路隧道相比小许多，因此反映到 E_{tu} 的数值就同样比相同位置的延安东路隧道小许多。

图 2－41 显示了工况一与工况四基坑开挖过程中隧道衬砌附加弯矩的变化。地铁隧道的附加弯矩显然比公路隧道小，以拱顶弯矩为例，地铁隧道仅为公路隧道的 1/3 左右。

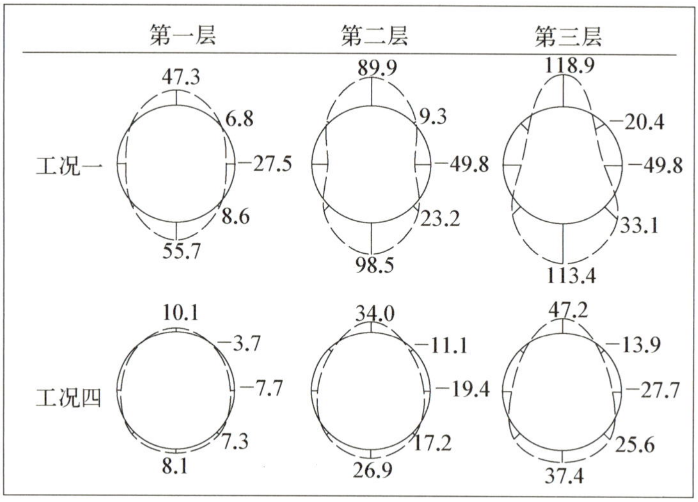

图 2-41　工况一和工况四隧道衬砌附加弯矩图(kN·m)

通过分析基坑开挖引起的作用力与隧道的抵抗力就不难解释上述结果。下卧隧道所承受的由基坑开挖引起的卸荷力与隧道尺寸相关,公路隧道由于直径大,因而所受卸荷力明显,衬砌上的附加弯矩数值更大,然而上海地铁隧道由于纵向刚度较小,其所受作用的荷载虽小,但是纵向隆起却与公路隧道接近。

2.7　本 章 小 结

本章采用离心机模型试验研究基坑开挖对下卧盾构隧道的影响,采用排液法模拟离心场中的基坑开挖,利用金属管切割法模拟盾构隧道接缝对隧道结构受力变形的影响,得到了以下一些主要的结论:

(1) 采用排液法能较好地在离心机试验中实现不停机基坑开挖模拟,本次试验采用无毒的"硅酸钠溶液"(俗称水玻璃)作为代土溶液,采用提高液体高度的方法消除液体密度不足的影响,有限元分析表明该措施是可行的。

(2) 上方基坑开挖将对下卧隧道产生显著的影响,以外滩通道对延安东路隧道影响的工况为例,隧道纵向受影响的范围可延伸到距离基坑中轴线约 3 倍基坑宽度之外。隧道最大隆起值约为 31.4 mm(2.8‰ D),隧道纵向变形最小曲率半径约为 5 600 m,必须采取保护隧道的措施。

(3) 基坑开挖将使下卧隧道横断面产生"竖鸭蛋"形的附加变形,同时衬砌产生明显的附加弯矩，然而附加弯矩随着隧道横断面与基坑中轴线之间的距离增大而迅速消减，当横断面与基坑轴线的距离大于 1.5 倍基坑开挖深度时，横断面的附加弯矩基本可以忽略。

(4) 当隧道与基坑坑底之间竖直距离增加时，隧道的最大隆起值呈指数形式减小。这种减小的趋势，与基坑的开挖深度也相关，基坑开挖深度越大，隧道隆起减小的趋势越明显。同时，隧道衬砌附加弯矩也随着隧道远离基坑而减小。基坑开挖在坑底下方的影响范围很大，即使当隧道中心与基坑坑底的距离超过隧道 2 倍直径时，基坑开挖对隧道的影响仍旧十分显著。

(5) 当不同尺寸大小的隧道位于相对于基坑的相同位置时，大直径隧道所受的卸荷荷载比较大，其衬砌附加弯矩也更加明显，然而小直径隧道由于纵向刚度较小，其纵向挠曲程度可能比大直径隧道更严重。

(6) 基坑开挖卸荷量与隧道拱顶隆起量近似呈线性关系，在了解基坑开挖深度及隧道直径的情况下，可根据下式估计隧道拱顶隆起：

$$\sigma_u = E_{tu}\frac{\delta_h}{D}$$

式中，E_{tu} 为与土体卸荷模量及隧道刚度相关的刚度参数，针对延安东路隧道，当隧道轴线与基坑坑底之间距离为一倍隧道直径时，E_{tu} 的数值约为隧道上方土体卸荷模量的 2 倍。随着隧道与基坑之间距离的增加，E_{tu} 的数值呈非线性增加。对于地铁隧道，位于相同位置时，E_{tu} 的数值仅为延安东路隧道的一半左右。

不过，值得说明的是，本次试验没有考虑实际工程中经常采用的隧道周围和坑底加固以及分块、分区开挖等措施，同时隧道模型制作时虽保证了隧道纵向刚度的相似性，模型的横向刚度却小于实际隧道，因此从这个意义上讲，试验结果在一定程度上高估了基坑开挖对下卧隧道的影响。

第3章 基坑开挖对下卧盾构隧道影响的解析分析

3.1 引　　言

隧道受上方基坑开挖作用将产生纵横向三维变形，在用理论解析方法分析基坑开挖对下卧隧道影响时，为简化问题，通常可将隧道三维变形分解为隧道纵向隆起变形及隧道横断面变形，见图 3－1。此时，隧道整体的三维问题可通过求解隧道纵向的一维问题及隧道横向的二维问题进行分析。

在考虑基坑开挖引起的隧道纵向响应时，通常采用两阶段法：第一阶段采用 Mindlin 解析解求得由于基坑开挖引起的在隧道轴线位置的附加应力；第二阶段将隧道视为弹性地基上的一根无限长梁，将第一阶段得到的附加应力作用于隧道上，求得隧道的变形以及内力。

在利用弹性地基梁理论分析隧道行为时，一个重要的问题是土-隧道结构共同作用的模拟，也即弹性地基模型选取的问题。最常用的地基模型是 Winkler 模型，在该模型中，地基由一系列相互独立的弹簧模拟，土体表面每一点的压力与该点竖向位移成正比。但是由于该模型无法考虑弹簧间的联系，也即无法考虑地基的剪切效应，导致其计算精度不够。

为了得到比较理想的结果，人们引入了双参数弹性地基模型，如 Pasternak 模型(Pasternak，1954)及 Vlasov 模型(Vlasov 与 Leontiev，1966)。随后为了使计算结果更加合理精确，学者们对双参数模型进一步深化，引入了三参数地基模型，其中，比较具有代表性的是 Kerr 地基模型(Kerr，1964)。已经有一些学者针对 Kerr 地基上的板与梁的弯曲进行分析(Kneifati，1985；Avramidis 与 Morfidis，2006)，然而盾构隧道与普通的地基梁有所区别，上方基坑开挖除了在隧道上产生附加荷载外，对隧道周围的土体也将产生作用，周围土体变形后将进

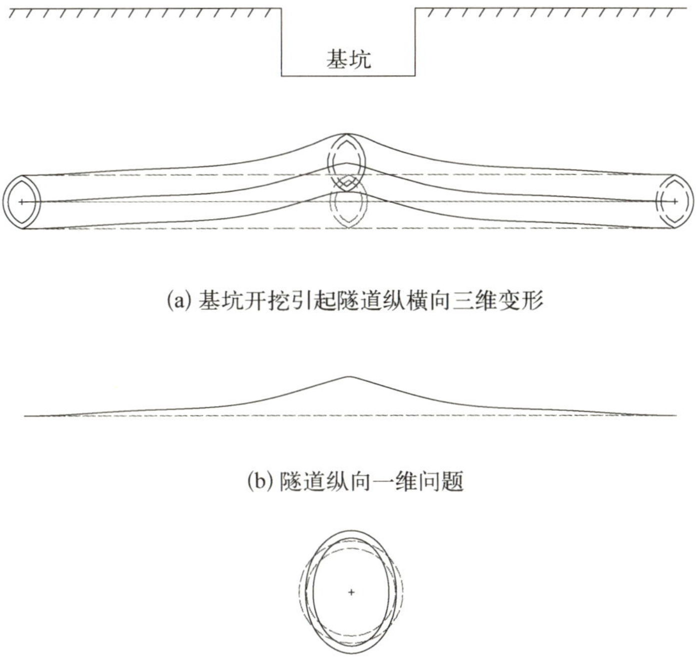

(a) 基坑开挖引起隧道纵横向三维变形

(b) 隧道纵向一维问题

(c) 隧道横向二维问题

图 3-1　基坑开挖引起盾构隧道三维变形的简化

而对隧道产生影响，这个效应应当在计算中进行考虑。

在采用弹性地基模型时，地基参数取值是否准确至关重要（Kerr，1985）。参数确定的方法主要有以下途径：一种是通过现场加载试验直接得到参数；另一种是将解析结果与较精确的结果（试验或数值模拟）对比来调整参数选取；另外也可以通过引入简化条件直接从弹性连续体方程推导出地基参数，即简化弹性空间法（Simplified Continuum Procedure，Horvath，1983）。此方法中地基参数可以表达为弹性模量 E、泊松比 υ 与地基厚度 H 的表达式，操作最为简便，然而得到的参数精度却不够。

而在考虑基坑开挖引起的隧道横向响应时，通常采用的也是两阶段法：假定隧道横断面中心不发生移动，第一阶段采用经验公式或者 Mindlin 解析解求得由于基坑开挖引起的隧道拱顶的附加应力；第二阶段将拱顶附加应力、拱底反力以及土体弹性抗力等荷载施加于隧道结构，求得隧道的变形以及内力。然而如何考虑土体抗力的分布与大小是采用该方法一个重要的问题。

本章分别从隧道纵向与横向出发分析基坑开挖对下卧隧道的影响。在纵向上，从 Mindlin 解出发获得了作用在隧道上的竖向附加应力，对附加应力的分布进行讨论；继而引入 Kerr 地基模型，建立 Kerr 地基模型上的无限长梁受荷的平衡微分方程；对通过简化弹性空间法得到地基模型参数进行讨论，提出了修正参数的方法；为获得更合理的结果，最后在考虑基坑开挖时隧道侧向土体对隧道作用的基础上，修改了平衡微分方程并进行求解。在横向上，对土体抗力采用三角形分布的假设，并考虑隧道拱顶与拱底不同的地基基床系数，分析了隧道横向响应的基本特征。

3.2 基坑开挖引起的隧道纵向响应

3.2.1 基坑开挖引起的隧道轴线上的附加应力

1. 竖向均布荷载作用下的隧道竖向附加应力

基坑开挖可以简化为土体内一定区域的卸荷，隧道轴线上附加应力的求解可以转化为土体中一定范围内 Mindlin 基本解的积分。根据 Mindlin 基本解，土体内深度 c 处作用一竖向集中力 Q 时，土体内任一点 $M(x, y, z)$处的竖向应力如式(3-1)所示(Mindlin，1936)：

$$\sigma_z = \frac{Q}{8\pi(1-\upsilon)}\left[\begin{aligned}&\frac{(1-2\upsilon)(z-c)}{R_1^3}+\frac{3(z-c)}{R_1^5}-\frac{(1-2\upsilon)(z-c)}{R_2^3}\\&+\frac{3(3-4\upsilon)z(z+c)^2-3c(z+c)(5z-c)}{R_2^5}\\&+\frac{30cz^3(z+c)}{R_2^7}\end{aligned}\right] \tag{3-1}$$

式中，$R_1=\sqrt{x^2+y^2+(z-c)^2}$，$R_2=\sqrt{x^2+y^2+(z+c)^2}$，$\upsilon$ 为土体的泊松比。

以下计算中假定(徐凌，2005)：

(1) 土体为弹性半空间内的均质体；

(2) 基坑开挖为局部区域的均布卸载，隧道纵轴线在空间上平行于荷载作用区域，且和荷载作用区域一边有一定夹角；

(3) 不考虑工程中的时间因素；

(4) 不考虑隧道存在对土体附加应力计算的影响；

(5) 不考虑工程措施等因素对附加荷载、地基内土体附加应力的影响。

考虑基坑为矩形的情况，基坑开挖的深度为 d，长度与宽度分别为 b 与 l，隧道埋深为 z_0，基坑卸荷荷载为 p（图 3－2 与图 3－3）。

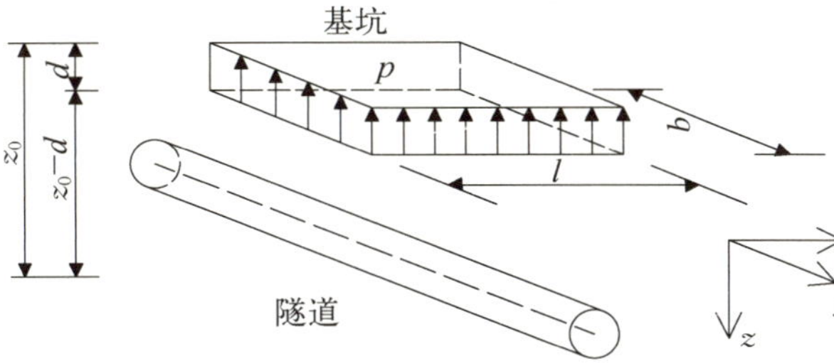

图 3－2　地基内局部区域竖向卸荷下的隧道竖向附加应力计算简图

以基坑坑底中心为原点建立坐标系 $\xi-\eta$，认为隧道轴线方向（x_1，y_1）为一直线，点（x_0，y_0，z_0）为隧道轴线方向与基坑坑底中心点距离最近点，则隧道轴线在坐标系 $\xi-\eta$ 下的方程为：

$$\frac{x_1-x_0}{\cos\alpha}=\frac{y_1-y_0}{\sin\alpha} \tag{3-2}$$

$$z=z_0 \tag{3-3}$$

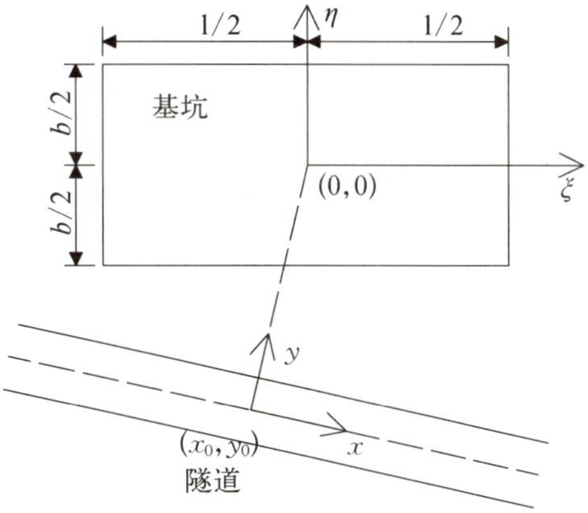

图 3－3　图 3－2 的 x－y 平面投影图

通过积分，可得基坑开挖引起隧道轴线处的附加应力（徐凌，2005），令：

$$A_1=\sqrt{\left(\frac{l}{2}-x_1\right)^2+\left(\frac{b}{2}-y_1\right)^2+(z_0-d)^2} \tag{3-4}$$

$$A_2=\sqrt{\left(\frac{l}{2}-x_1\right)^2+\left(\frac{b}{2}+y_1\right)^2+(z_0-d)^2} \tag{3-5}$$

$$A_3=\sqrt{\left(\frac{l}{2}+x_1\right)^2+\left(\frac{b}{2}-y_1\right)^2+(z_0-d)^2} \tag{3-6}$$

$$A_4=\sqrt{\left(\frac{l}{2}+x_1\right)^2+\left(\frac{b}{2}+y_1\right)^2+(z_0-d)^2} \tag{3-7}$$

$$A_5=\sqrt{\left(\frac{l}{2}-x_1\right)^2+\left(\frac{b}{2}-y_1\right)^2+(z_0+d)^2} \tag{3-8}$$

$$A_6=\sqrt{\left(\frac{l}{2}-x_1\right)^2+\left(\frac{b}{2}+y_1\right)^2+(z_0+d)^2} \tag{3-9}$$

$$A_7=\sqrt{\left(\frac{l}{2}+x_1\right)^2+\left(\frac{b}{2}-y_1\right)^2+(z_0+d)^2} \tag{3-10}$$

$$A_8=\sqrt{\left(\frac{l}{2}+x_1\right)^2+\left(\frac{b}{2}+y_1\right)^2+(z_0+d)^2} \tag{3-11}$$

隧道轴线方向上的附加应力计算公式如式(3-12)所示：

$$\begin{aligned}
\sigma_z=&\frac{p}{8\pi(1-\upsilon)}\Big\{2(1-\upsilon)\Big[\arctan\frac{(l/2-x_1)(b/2-y_1)}{(z_0-d)A_1}\\
&+\arctan\frac{(l/2-x_1)(b/2+y_1)}{(z_0-d)A_2}+\arctan\frac{(l/2+x_1)(b/2-y_1)}{(z_0-d)A_3}\\
&+\arctan\frac{(l/2+x_1)(b/2+y_1)}{(z_0-d)A_4}\Big]+2(1-\upsilon)\Big[\arctan\frac{(l/2-x_1)(b/2-y_1)}{(z_0+d)A_5}\\
&+\arctan\frac{(l/2-x_1)(b/2+y_1)}{(z_0+d)A_6}+\arctan\frac{(l/2+x_1)(b/2-y_1)}{(z_0+d)A_7}\\
&+\arctan\frac{(l/2+x_1)(b/2+y_1)}{(z_0+d)A_8}\Big]\\
&(z_0-d)\Big[\frac{(l/2-x_1)(b/2-y_1)}{[(b/2-y_1)^2+(z_0-d)^2]A_1}+\frac{(l/2-x_1)(b/2+y_1)}{[(b/2+y_1)^2+(z_0-d)^2]A_2}\\
&+\frac{(l/2+x_1)(b/2-y_1)}{[(b/2-y_1)^2+(z_0-d)^2]A_3}+\frac{(l/2+x_1)(b/2+y_1)}{[(b/2+y_1)^2+(z_0-d)^2]A_4}\\
&+\frac{(l/2-x_1)(b/2-y_1)}{[(l/2-x_1)^2+(z_0-d)^2]A_1}+\frac{(l/2-x_1)(b/2+y_1)}{[(l/2-x_1)^2+(z_0-d)^2]A_2}\\
&+\frac{(l/2+x_1)(b/2-y_1)}{[(l/2+x_1)^2+(z_0-d)^2]A_3}+\frac{(l/2+x_1)(b/2+y_1)}{[(l/2+x_1)^2+(z_0-d)^2]A_4}\Big]\\
&+[d+(3-4\upsilon)z_0]\Big[\frac{(l/2-x_1)(b/2-y_1)}{[(b/2-y_1)^2+(z_0+d)^2]A_5}\\
&+\frac{(l/2-x_1)(b/2+y_1)}{[(b/2+y_1)^2+(z_0+d)^2]A_6}+\frac{(l/2+x_1)(b/2-y_1)}{[(b/2-y_1)^2+(z_0+d)^2]A_7}\\
&+\frac{(l/2+x_1)(b/2+y_1)}{[(b/2+y_1)^2+(z_0+d)^2]A_8}+\frac{(l/2-x_1)(b/2-y_1)}{[(l/2-x_1)^2+(z_0+d)^2]A_5}
\end{aligned}$$

$$+\frac{(l/2-x_1)(b/2+y_1)}{[(l/2-x_1)^2+(z_0+d)^2]A_6}+\frac{(l/2+x_1)(b/2-y_1)}{[(l/2+x_1)^2+(z_0+d)^2]A_7}$$

$$\left.+\frac{(l/2+x_1)(b/2+y_1)}{[(l/2+x_1)^2+(z_0+d)^2]A_8}\right]$$

$$+2dz_0(z_0+d)\left[\frac{(l/2-x_1)(b/2-y_1)[3A_5^2-(l/2-x_1)^2]}{[(b/2-y_1)^2+(z_0+d)^2]^2A_5^3}\right.$$

$$+\frac{(l/2-x_1)(b/2+y_1)[3A_6^2-(l/2-x_1)^2]}{[(b/2+y_1)^2+(z_0+d)^2]^2A_6^3}$$

$$+\frac{(l/2+x_1)(b/2-y_1)[3A_7^2-(l/2+x_1)^2]}{[(b/2-y_1)^2+(z_0+d)^2]^2A_7^3}$$

$$+\frac{(l/2+x_1)(b/2+y_1)[3A_8^2-(l/2+x_1)^2]}{[(b/2+y_1)^2+(z_0+d)^2]^2A_8^3}$$

$$+\frac{(l/2-x_1)(b/2-y_1)[3A_5^2-(b/2-y_1)^2]}{[(l/2-x_1)^2+(z_0+d)^2]^2A_5^3}$$

$$+\frac{(l/2-x_1)(b/2+y_1)[3A_6^2-(b/2+y_1)^2]}{[(l/2-x_1)^2+(z_0+d)^2]^2A_6^3}$$

$$+\frac{(l/2+x_1)(b/2-y_1)[3A_7^2-(b/2-y_1)^2]}{[(l/2+x_1)^2+(z_0+d)^2]^2A_7^3}$$

$$\left.\left.+\frac{(l/2+x_1)(b/2+y_1)[3A_8^2-(b/2+y_1)^2]}{[(l/2+x_1)^2+(z_0+d)^2]^2A_8^3}\right]\right\} \tag{3-12}$$

如图 3-3 所示，式(3-12)是在以坑底中心为原点，矩形两边为ξ、η轴条件下建立的，其中坐标 x_1，y_1 均是 ξ，η 轴下的坐标。为了方便分析问题，可对坐标系进行转换，以点(x_0，y_0，z_0) 为原点，以隧道轴线方向为 x 轴，竖直方向为 z 轴，则在隧道轴线方向上 $y=0$，此时隧道轴线方向上的点在ξ、η轴下的坐标x_1，y_1 可按照下式得到：

$$x_1=x\cos\alpha+x_0 \tag{3-13}$$

$$y_1=x\sin\alpha+y_0 \tag{3-14}$$

且点 (x_0，y_0) 的坐标满足：

$$x_0=Y\sin\alpha \tag{3-15}$$

$$y_0=-Y\cos\alpha \tag{3-16}$$

其中，Y 为荷载中心点在 $x-y$ 坐标系下的纵坐标。

2. 基坑开挖卸荷量

通常意义上，基坑卸荷量 p 的大小应当为开挖深度处的竖向土体应力，计算公式如下：

$$p = \sum_{i=1}^{n} \gamma_i H_i \tag{3-17}$$

其中，γ_i 为第 i 层土体的重度，H_i 为第 i 层土体的厚度。

然而实际上当土体受荷再卸荷时，卸荷前后的应力并不相同，也即土体中存在残余应力(刘国彬与侯学渊，1996)。令残余应力系数 α_s = 残余应力 / 卸荷应力，对于上海地区软黏土，坑底的 α_s 约为 0.3，故基坑卸荷量可以认为大约是：

$$p = 0.7 \sum_{i=1}^{n} \gamma_i H_i \tag{3-18}$$

3. 隧道轴线上附加应力分布的参数敏感性分析

假设地层为均一土层，对影响隧道竖向附加应力分布的参数进行敏感性分析，分析的因素包括：基坑开挖深度、基坑长度、基坑宽度、隧道埋深、泊松比以及基坑与隧道之间的夹角。所采用基本参数见表 3-1，改变某一参数时，其余参数数值不变。

表 3-1　隧道轴线上附加应力分布敏感性分析采用的参数

基坑长度	基坑宽度	基坑深度	隧道埋深	土体重度	泊松比	隧道基坑夹角
20 m	10 m	11 m	22 m	16.9 kN/m^3	0.3	0°

1) 基坑开挖深度的影响

基坑开挖深度对隧道轴线竖向附加应力分布的影响见图 3-4。随着基坑开挖深度的增加，隧道中央最大附加应力呈指数形式增长，如图 3-5 所示，而附加应力向隧道纵向两侧衰减的速度也越快。不同开挖深度附加荷载整体分布的形式相似，主要集中在轴线附近约三倍基坑开挖宽度的范围内(30 m)。

2) 基坑长度的影响(垂直于隧道轴线)

基坑长度对隧道轴线竖向附加应力分布的影响见图 3-6。随着基坑开挖长度的增加，隧道中部的附加应力逐渐增加，然而长度增加部分基坑开挖所在的位置与隧道轴线的距离越来越远，因此附加应力趋于收敛，如图 3-7 所示。事实上当基坑长度超过 30 m 后，长度增加对附加应力分布的影响已经很小。

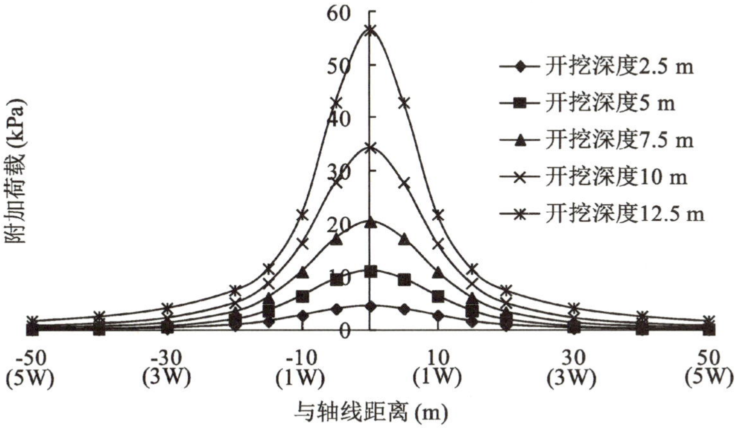

图 3－4　基坑开挖深度对隧道轴线竖向附加应力分布的影响

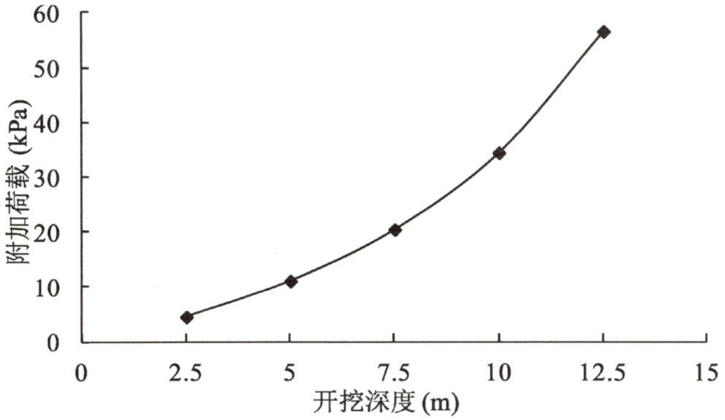

图 3－5　基坑开挖深度对轴线处附加应力的影响

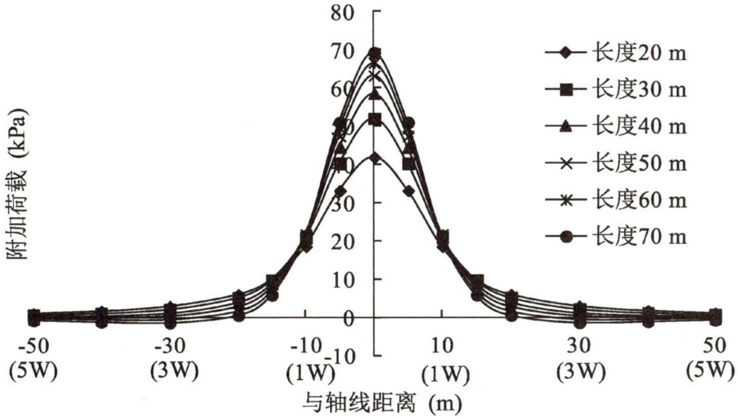

图 3－6　基坑开挖长度对隧道轴线竖向附加应力分布的影响

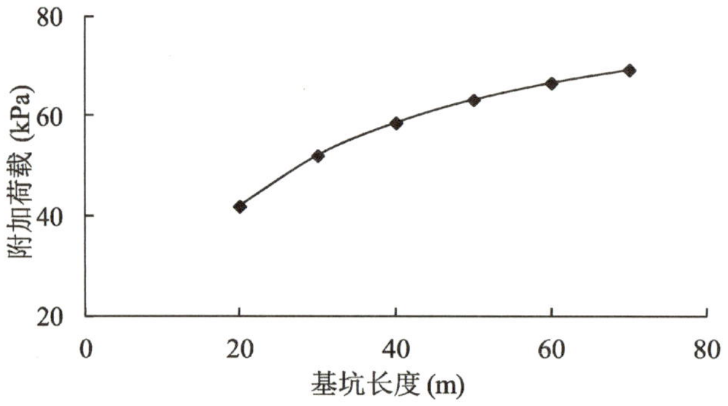

图 3-7 基坑长度对轴线处附加应力的影响

3）基坑宽度的影响（平行于隧道轴线）

图 3-8 显示了基坑宽度对隧道轴线竖向附加应力分布的影响。基坑的宽度大小对附加荷载的分布形式及数值都有较大影响。图 3-9 给出了不同基坑开挖宽度条件下附加荷载超过 20 kPa 的分布范围变化情况，可以看出，随着基坑开挖宽度的增加，附加荷载分布的范围近似呈线性增大，且超过 20 kPa 荷载分布范围的数值可近似用下式计算：

$$W_{\sigma} = 1.2W_d + 8 \tag{3-19}$$

式中，W_{σ} 为附加荷载分布的宽度；W_d 为基坑宽度。

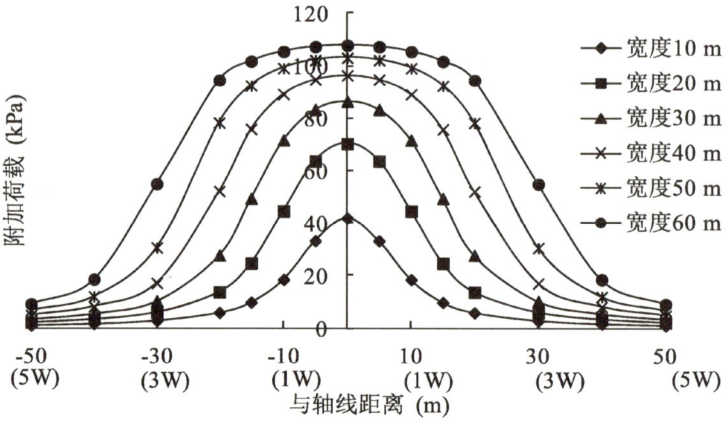

图 3-8 基坑开挖宽度对隧道轴线竖向附加应力分布的影响

图 3-9 同时也给出了不同基坑开挖宽度条件下隧道中部附加荷载数值变化的情况，随着基坑宽度增加，隧道中部最大附加荷载数值也逐渐增大，然而当基坑开挖宽度超过 60 m 后，最大附加荷载开始有较明显的收敛趋势。

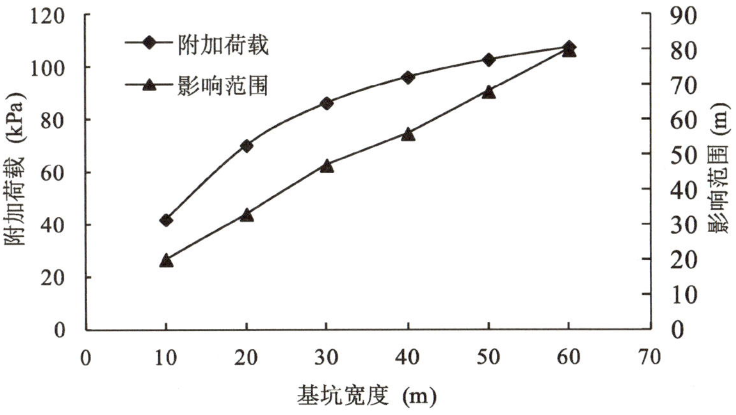

图 3-9　基坑宽度对轴线处附加应力的影响

4）隧道埋深的影响

隧道埋深对隧道轴线竖向附加应力分布的影响见图 3-10 与图 3-11。随着隧道埋深的增加，隧道最大附加应力值呈指数形式减小，然而附加荷载整体分布形式变化不大。

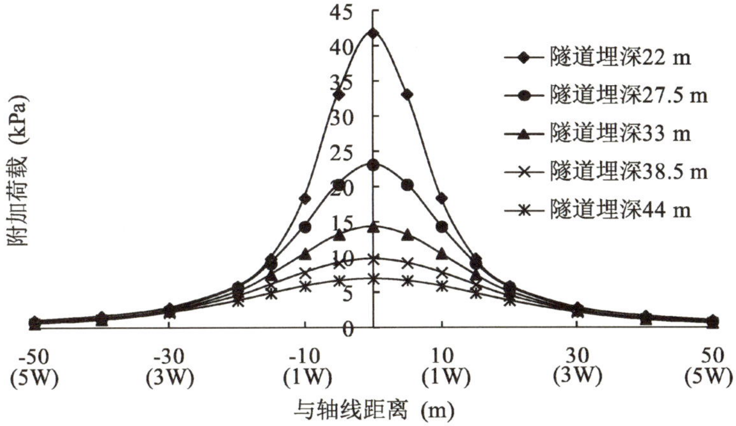

图 3-10　隧道埋深对隧道轴线竖向附加应力分布的影响

5）泊松比的影响

改变地基泊松比的数值，得到的竖向附加应力分布见图 3-12。显然，泊松比变化对竖向应力的分布影响不大。

6）基坑与隧道之间夹角的影响

不同基坑与隧道轴线之间的夹角对竖向附加应力分布的影响见图 3-13。事实上，基坑的平面形状在一定程度上决定了不同夹角对隧道纵向附加应力分

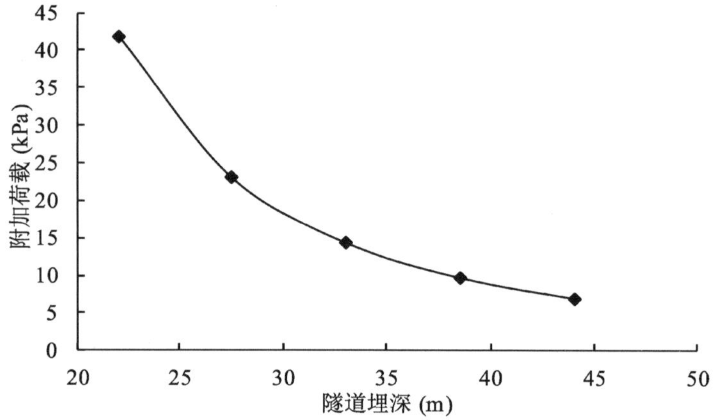

图 3－11　隧道埋深对轴线处附加应力的影响

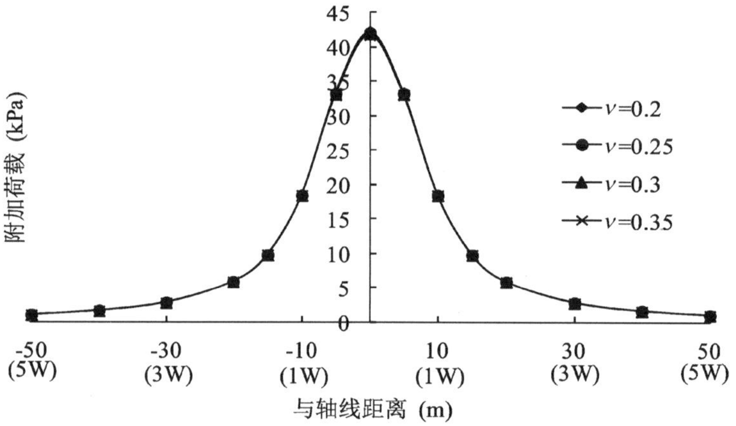

图 3－12　泊松比对隧道轴线竖向附加应力分布的影响

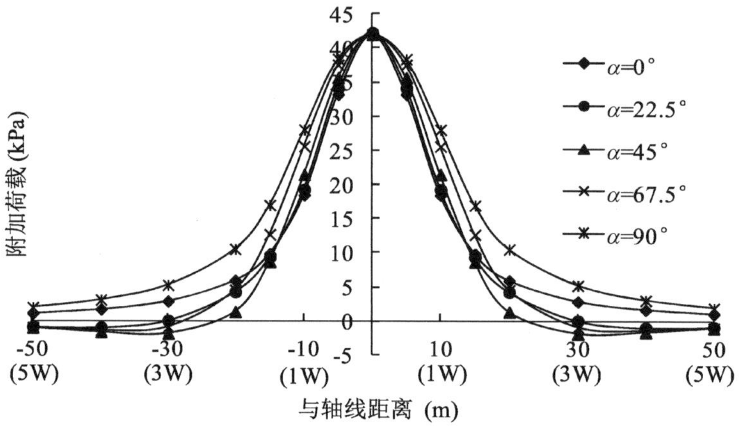

图 3－13　基坑与隧道间夹角对隧道轴线竖向附加应力分布的影响

布的影响。在基坑长宽比不大的条件下，不同夹角情况下隧道附加应力的分布有所变动，但是对于最大附加应力的数值以及附加应力的分布情况，基坑与隧道间夹角对其影响不大。

3.2.2　不考虑侧向力作用的 Kerr 地基上的盾构隧道受荷变形

1. 上方卸荷对隧道影响的弹性地基梁模型

由于基坑开挖，坑底将产生卸荷量 p，经过土体的传递，最终作用于隧道上部的荷载为 P，见图 3－14a。为计算简便，需对该过程进行抽象简化：在上部荷载 p 作用之前，隧道上下土层可以假设为处于压缩状态的弹簧，见图 3－14b；上部卸荷作用后，荷载经过上层土体的传递，对隧道产生作用 P；隧道发生变形的同时也将荷载向下层土体传递，见图 3－14c。由于上层土体刚度小于隧道，在相同荷载作用下上层土体变形大于隧道变形，因此可以认为上层土体对隧道的变形并无约束作用，上方卸荷对隧道作用的简化计算模型见图 3－14d。需要说明的是，下层土体由于卸荷而发生变形，因此在计算中土体刚度参数应当采用土体的卸荷模量。

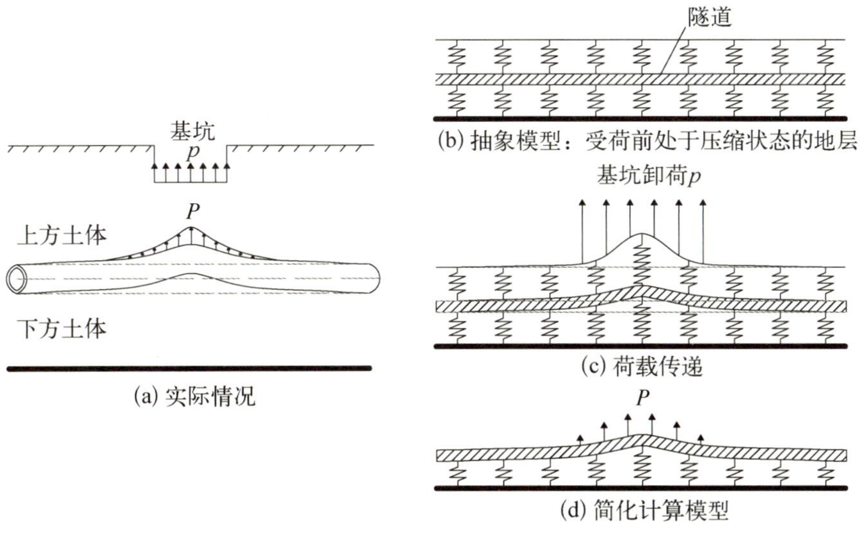

图 3－14　上方卸荷对隧道影响的弹性地基梁模型

2. 平衡微分方程的建立

Kerr 地基模型是对 Pasternak 模型的进一步发展，它包含了两个弹簧层（刚度分别为 c 与 k）以及一个剪切层（剪切刚度 G）。Kerr 地基上的隧道在集中荷载作用下的模型见图 3－15。

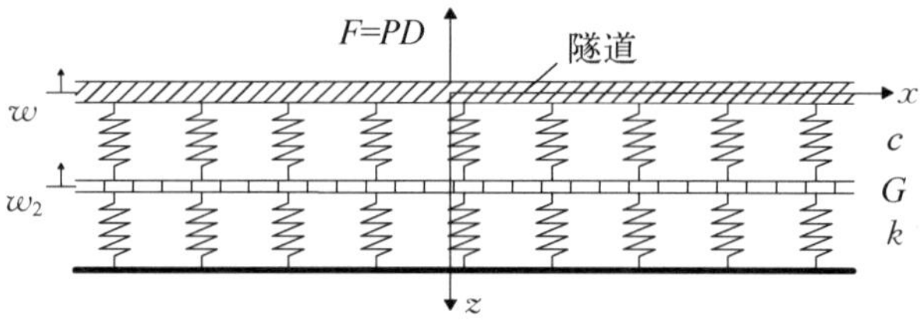

图 3-15　集中荷载作用下的隧道

在推导中做如下假定：① 盾构隧道由于纵向尺寸远大于横断面直径，因此在纵向上隧道可假定为一根矩形欧拉伯努利梁，宽度为 D，刚度为 EI（EI 需考虑由于接缝存在导致的刚度减弱，即引入盾构隧道纵向刚度有效率 ξ）；② 隧道底部与地基表面相贴，隧道变形与下方地基变形相等；③ 不考虑隧道与地基间摩擦力。若隧道上作用的荷载为 $P(x)$，在该荷载作用下隧道的挠度可以假设为：

$$w(x)=w_1(x)+w_2(x) \tag{3-20}$$

其中，w_1 为上层弹簧的变形量，w_2 为剪切层的变形量，若隧道以及剪切层下方的压力分别为 q_1 与 q_2：

$$q_1(x)=cw_1=c(w-w_2) \tag{3-21}$$

$$q_2(x)=kw_2 \tag{3-22}$$

对于剪切层有：

$$q_1(x)=-G\frac{\mathrm{d}^2w_2}{\mathrm{d}x^2}+kw_2 \tag{3-23}$$

通过式(3-21)与式(3-23)，可以得到 w 与 w_2 的关系：

$$w=\left(1+\frac{k}{c}\right)w_2-\frac{G}{c}\frac{\mathrm{d}^2w_2}{\mathrm{d}x^2} \tag{3-24}$$

地基梁的平衡微分方程为：

$$EI\frac{\mathrm{d}^4w}{\mathrm{d}x^4}+q_1D=PD \tag{3-25}$$

将式(3-23)与式(3-24)代入式(3-25)，得：

$$\frac{\mathrm{d}^6 w_2}{\mathrm{d}x^6} - \frac{c+k}{G}\frac{\mathrm{d}^4 w_2}{\mathrm{d}x^4} + \frac{Dc}{EI}\frac{\mathrm{d}^2 w_2}{\mathrm{d}x^2} - \frac{Dkc}{EIG}w_2 = -\frac{Dc}{EIG}P \tag{3-26}$$

式(3-26)为以剪切层变形 w_2 为未知量的六阶微分方程，解出 w_2 的表达式并代入式(3-24)即可得到隧道的变形 w。

3. 平衡微分方程的通解

为求解方程(3-26)，先求方程通解，令 $P=0$：

$$\frac{\mathrm{d}^6 w_2}{\mathrm{d}x^6} - \frac{c+k}{G}\frac{\mathrm{d}^4 w_2}{\mathrm{d}x^4} + \frac{Dc}{EI}\frac{\mathrm{d}^2 w_2}{\mathrm{d}x^2} - \frac{Dkc}{EIG}w_2 = 0 \tag{3-27}$$

式(3-27)可以表达为：

$$\left(\frac{\mathrm{d}^2}{\mathrm{d}x^2} - \psi_1\right)\left(\frac{\mathrm{d}^2}{\mathrm{d}x^2} - \psi_2\right)\left(\frac{\mathrm{d}^2}{\mathrm{d}x^2} - \psi_3\right)w_2 = 0 \tag{3-28}$$

展开式(3-28)，且由于其与式(3-27)恒等，故：

$$\psi_1 + \psi_2 + \psi_3 = (c+k)/G \tag{3-29}$$

$$\psi_1\psi_2 + \psi_2\psi_3 + \psi_1\psi_3 = Dc/EI \tag{3-30}$$

$$\psi_1\psi_2\psi_3 = Dkc/EIG \tag{3-31}$$

为求解 ψ_1，只需将式(3-29)乘以 ψ_1^2，式(3-30)乘以 $-\psi_1$，两式相加并代入式(3-31)，可得：

$$\psi_1^3 - \frac{c+k}{G}\psi_1^2 + \frac{Dc}{EI}\psi_1 - \frac{Dkc}{EIG} = 0 \tag{3-32}$$

对于 ψ_2 与 ψ_3 可采用类似方法得到相同的方程，因此 ψ_1、ψ_2 与 ψ_3 为方程(3-32)的三个根。对于形如：$ax^3+bx^2+cx+d=0$ 的一元三次方程，令：$A=b^2-3ac$，$B=bc-9ad$，$C=c^2-3bd$，则方程根的形式决定于判别式：$\Delta=B^2-4AC$。通常对于实际的隧道土体刚度比，$\Delta>0$，此时方程(3-32)有一个实根，两个虚根，令：$S=9abc-2b^2-27a^2d$，$T=4(3ac-b^2)^3$，则方程(3-32)的三个根为：

$$\psi_1 = \frac{c+k}{3G} + \frac{1}{3}\left[\sqrt[3]{\frac{1}{2}(S+\sqrt{S^2+T})} + \sqrt[3]{\frac{1}{2}(S-\sqrt{S^2+T})}\right] \tag{3-33}$$

$$\psi_{2,3} = \frac{c+k}{3G} - \frac{1}{6}\left[\sqrt[3]{\frac{1}{2}(S+\sqrt{S^2+T})} + \sqrt[3]{\frac{1}{2}(S-\sqrt{S^2+T})}\right]$$

$$\pm\frac{\sqrt{3}}{6}i\left[\sqrt[3]{\frac{1}{2}(S+\sqrt{S^2+T})}-\sqrt[3]{\frac{1}{2}(S-\sqrt{S^2+T})}\right] \tag{3-34}$$

方程(3-28)的解即为以下三个方程的解：

$$\frac{\mathrm{d}^2w_2}{\mathrm{d}x^2}-\psi_1w_2=0;\ \frac{\mathrm{d}^2w_2}{\mathrm{d}x^2}-\psi_2w_2=0;\ \frac{\mathrm{d}^2w_2}{\mathrm{d}x^2}-\psi_3w_2=0 \tag{3-35}$$

其特征方程分别为：

$$\alpha^2-\psi_1=0;\ \alpha^2-\psi_2=0;\ \alpha^2-\psi_3=0 \tag{3-36}$$

对于实际的隧道与土体刚度，通常 $\psi_1>0$，故：

$$\alpha_{1,2}=\pm\sqrt{\psi_1}=\pm\rho;\ \alpha_{3,4,5,6}=\pm(M\pm Ni) \tag{3-37}$$

其中，M 与 N 可根据 ψ_2 与 ψ_3 的值开方后得到。根据以上分析，剪切层位移通解可表示如下：

$$\begin{aligned}w_2(x)=&A_1e^{-\rho x}+A_2e^{\rho x}+e^{-Mx}(A_3\cos Nx+A_4\sin Nx)\\&+e^{Mx}(A_5\cos Nx+A_6\sin Nx)\end{aligned} \tag{3-38}$$

4. 集中荷载作用下的解

为了求解基坑开挖对下卧隧道的影响，先求解 Kerr 地基上的无限长梁受集中荷载作用的解(图 3-15)，根据问题的对称性，以下讨论仅针对 $x\geqslant0$ 的部分。

此时，方程(3-26)的特解为 $w_2^*=0$，同时考虑边界条件，当 x 趋近于 $+\infty$ 时，$w_2=0$，故 w_2 可化简为：

$$w_2(x)=A_1\mathrm{e}^{-\rho x}+\mathrm{e}^{-Mx}(A_3\cos Nx+A_4\sin Nx) \tag{3-39}$$

另外 $x=0$ 时：

$$\frac{\mathrm{d}w}{\mathrm{d}x}=0;\ \frac{\mathrm{d}w_2}{\mathrm{d}x}=0;\ EI\frac{\mathrm{d}^3w}{\mathrm{d}x^3}=PD/2 \tag{3-40}$$

通过以上边界条件即可解出 w_2 的表达式，进而求得隧道位移 w：

$$w(x)=B_1\mathrm{e}^{-\rho x}+\mathrm{e}^{-Mx}(B_3\cos Nx+B_4\sin Nx) \tag{3-41}$$

隧道纵向弯矩的表达式为：

$$Mo(x)=-EI\frac{\mathrm{d}^2 w}{\mathrm{d}x^2} \tag{3-42}$$

5. 基坑开挖引起的隧道纵向变形

假定由于基坑开挖引起隧道轴线(x 轴) 上任一点 ξ' 上作用的附加荷载为 $F(\xi')\mathrm{d}\xi'$,根据式(3-41),该荷载引起隧道轴线上任意点 x 的位移 $\mathrm{d}w(x)$ 为:

$$\begin{aligned}\mathrm{d}w(x)=&B_1\mathrm{e}^{-\rho|x-\xi|}\mathrm{d}\xi'+\mathrm{e}^{-M|x-\xi'|}(B_3\cos N\mid x-\xi'\mid\\&+B_4\sin N\mid x-\xi'\mid)\mathrm{d}\xi'\end{aligned} \tag{3-43}$$

对式(3-43)在隧道附加荷载分布范围内积分,即可得到由于基坑开挖引起的下卧已建隧道纵向变形:

$$w(x)=\int_{-\infty}^{+\infty}\mathrm{d}w(x) \tag{3-44}$$

3.2.3　地基模型的应用

1. 简化弹性空间法

在确定地基模型参数时,简化弹性空间法概念清晰,参数获取容易,适宜推广应用(Horvath,1983)。

在弹性空间中,应力张量为:

$$\sigma_{ij}=\begin{bmatrix}\sigma_x & \tau_{xy} & \tau_{xz}\\ \tau_{yx} & \sigma_y & \tau_{yz}\\ \tau_{zx} & \tau_{zy} & \sigma_z\end{bmatrix} \tag{3-45}$$

x, y, z 方向的位移分别为 u, v, w;正应变为 ε_x, ε_y, ε_z;剪应变为 γ_{yz}, γ_{xz}, γ_{xy},弹性模量为 E,泊松比为 v, 则平衡微分方程为:

$$\frac{\partial\sigma_x}{\partial x}+\frac{\partial\tau_{yx}}{\partial y}+\frac{\partial\tau_{zx}}{\partial z}+X=0 \tag{3-46}$$

$$\frac{\partial\tau_{xy}}{\partial x}+\frac{\partial\sigma_y}{\partial y}+\frac{\partial\tau_{zy}}{\partial z}+Y=0 \tag{3-47}$$

$$\frac{\partial\tau_{xz}}{\partial x}+\frac{\partial\tau_{yz}}{\partial y}+\frac{\partial\sigma_z}{\partial z}+Z=0 \tag{3-48}$$

位移方程为:

$$\varepsilon_x = \frac{\partial u}{\partial x},\ \gamma_{yz} = \frac{\partial w}{\partial y} + \frac{\partial v}{\partial z} \tag{3-49}$$

$$\varepsilon_y = \frac{\partial v}{\partial y},\ \gamma_{xz} = \frac{\partial u}{\partial z} + \frac{\partial w}{\partial x} \tag{3-50}$$

$$\varepsilon_z = \frac{\partial w}{\partial z},\ \gamma_{xy} = \frac{\partial v}{\partial x} + \frac{\partial u}{\partial y} \tag{3-51}$$

物理方程为：

$$\varepsilon_x = \frac{1}{E}[\sigma_x - \upsilon(\sigma_y + \sigma_z)],\ \gamma_{yz} = \frac{2(1+\upsilon)}{E}\tau_{yz} \tag{3-52}$$

$$\varepsilon_y = \frac{1}{E}[\sigma_y - \upsilon(\sigma_x + \sigma_z)],\ \gamma_{xz} = \frac{2(1+\upsilon)}{E}\tau_{xz} \tag{3-53}$$

$$\varepsilon_z = \frac{1}{E}[\sigma_z - \upsilon(\sigma_x + \sigma_y)],\ \gamma_{xy} = \frac{2(1+\upsilon)}{E}\tau_{xy} \tag{3-54}$$

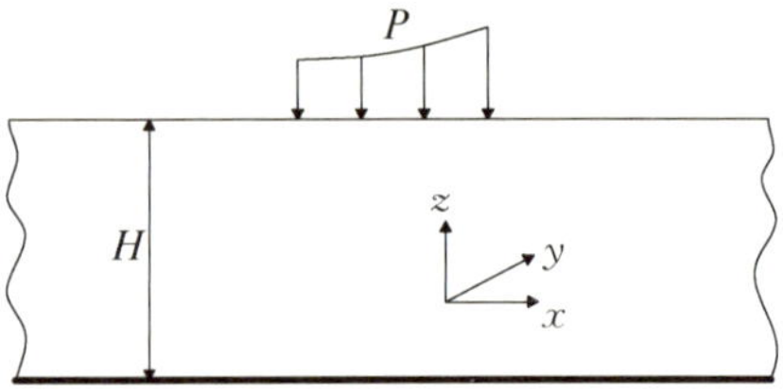

图 3-16　Reissner 模型示意图

为通过简化弹性空间法获得 Kerr 地基模型的参数，需从 Reissner 模型出发，模型基本情况见图 3-16。引入基本假设：不考虑体力的影响；在 xy 平面中，$\sigma_x = \sigma_y = \tau_{xy} = 0$；对于地基底部，即 $z = H$ 处，有 $u = v = w = 0$；对于地表，即 $z = 0$ 处，有 $\sigma_z(x, y) = -P(x, y)$，$W = w(x, y, 0)$，$u(x, y, 0) = v(x, y, 0) = 0$。

以下推导中假定：$\sigma = \sigma_z$；$\tau_x = \tau_{xz}$；$\tau_y = \tau_{yz}$。

通过物理方程与几何方程：

$$\frac{\partial w}{\partial z} = \frac{\sigma}{E} \tag{3-55}$$

$$\frac{\partial u}{\partial z} + \frac{\partial w}{\partial x} = \frac{\tau_x}{G} \tag{3-56}$$

$$\frac{\partial v}{\partial z} + \frac{\partial w}{\partial y} = \frac{\tau_y}{G} \tag{3-57}$$

此时，平衡微分方程化简为：

$$\frac{\partial \tau_x}{\partial z} = 0 \tag{3-58}$$

$$\frac{\partial \tau_y}{\partial z} = 0 \tag{3-59}$$

$$\frac{\partial \tau_x}{\partial x} + \frac{\partial \tau_y}{\partial y} + \frac{\partial \sigma}{\partial z} = 0 \tag{3-60}$$

为推导简便，此处假定：

$$Q = \frac{\partial \tau_x}{\partial x} + \frac{\partial \tau_y}{\partial y} \tag{3-61}$$

式(3-58)和式(3-59)说明竖向剪应力随深度增加不发生变化。由式(3-60)：

$$\partial \sigma = -Q \partial z \tag{3-62}$$

$$\sigma = -Qz + c + f(x, y) \tag{3-63}$$

其中，c 为常数，而 $f(x, y)$ 为仅仅与 x, y 相关的函数。当 $z=0$ 时，$\sigma=-P$，故：

$$c + f = -P \tag{3-64}$$

$$\sigma = -P - Qz \tag{3-65}$$

根据式(3-55)：

$$\partial w = \frac{\sigma}{E} \partial z \tag{3-66}$$

$$w = \frac{1}{E}\int(-P - Qz)\partial z \tag{3-67}$$

$$w = \frac{1}{E}\left(-Pz - Q\frac{z^2}{2}\right) + c + f(x, y) \tag{3-68}$$

由于 $z=H$ 时，$w=0$，故：

$$c + f = \frac{1}{E}\left(PH + Q\frac{H^2}{2}\right) \tag{3-69}$$

$$w = P\left(\frac{H}{E} - \frac{z}{E}\right) + Q\left(\frac{H^2}{2E} - \frac{z^2}{2E}\right) \tag{3-70}$$

又由于 $w(x, y, 0) = W$，故：

$$W = P\frac{H}{E} + Q\frac{H^2}{2E} \tag{3-71}$$

$$Q = \frac{2E}{H^2}W - \frac{2}{H}P \tag{3-72}$$

由式(3-56)：

$$\frac{\partial u}{\partial z} = \frac{\tau_x}{G} - \frac{\partial w}{\partial y} \tag{3-73}$$

$$u = \frac{\tau_x}{G}z - \frac{\partial P}{\partial x}\frac{H}{E}z + \frac{\partial P}{\partial x}\frac{z^2}{2E} - \frac{\partial Q}{\partial x}\frac{H^2}{2E}z + \frac{\partial Q}{\partial x}\frac{z^3}{6E} + c + f(x, y) \tag{3-74}$$

由于 $z = H$ 时，$u = 0$，故：

$$u = \frac{\tau_x}{G}(z-H) + \frac{\partial P}{\partial x}\left(\frac{H^2}{2E} - \frac{H}{E}z + \frac{z^2}{2E}\right) + \frac{\partial Q}{\partial x}\left(\frac{z^3}{6E} - \frac{H^2}{2E}z + \frac{H^3}{3E}\right) \tag{3-75}$$

同样，根据式(3-57)：

$$v = \frac{\tau_y}{G}(z-H) + \frac{\partial P}{\partial y}\left(\frac{H^2}{2E} - \frac{H}{E}z + \frac{z^2}{2E}\right) + \frac{\partial Q}{\partial y}\left(\frac{z^3}{6E} - \frac{H^2}{2E}z + \frac{H^3}{3E}\right) \tag{3-76}$$

通过式(3-75)和式(3-76)，当 $z = 0$ 时，有：

$$\tau_x = \frac{2G}{3}\frac{\partial W}{\partial x} - \frac{GH}{6E}\frac{\partial P}{\partial x} \tag{3-77}$$

$$\tau_y = \frac{2G}{3}\frac{\partial W}{\partial y} - \frac{GH}{6E}\frac{\partial P}{\partial y} \tag{3-78}$$

将以上两式代入公式(3-60)，得：

$$\frac{E}{H}W - \frac{GH}{3}\nabla^2 W = P - \frac{GH^2}{12E}\nabla^2 P \tag{3-79}$$

而对于 Kerr 地基模型有：

$$kW - G\nabla^2 W = \left(1 + \frac{k}{c}\right)P - \frac{G}{c}\nabla^2 P \tag{3-80}$$

对比式(3－79)与式(3－80)，令 $c = 3k$，则有 $k = 4E/3H$，$G = 4HG_S/9$，$G_S = E/2(1+\upsilon)$。

2. Kerr 地基模型的参数选取

上一节介绍了通过简化弹性空间法得到 Kerr 地基模型计算参数的过程。简化弹性空间法虽然操作简便，然而由于引入许多假设，导致计算精度并不高。Avramidis 与 Morfidis(2003)提出：为了获得较精确的计算结果，在采用 Kerr 地基模型时可将上层弹簧刚度 c 的取值调整为 $c = nk_k$，其中 n 为调整系数。对于 n 的取值，以下针对集中荷载作用下隧道的变形进行试算，采用的参数见表 3－2。其中 D 与 EI 的取值为参考上海延安东路隧道获得，取隧道纵向刚度有效率为 1/7(徐凌，2005)。

表 3－2　计算参数表

H	E	υ	D	EI	P
25 m	19 200 kPa	0.3	10.45	1.218E+9	100 kN/m

不同 n 值隧道的纵向变形如图 3－17 所示。显然当 n 值较小时，不同取值对结果影响较大，然而随着 n 逐渐增大，隧道变形逐渐减小且趋于收敛。

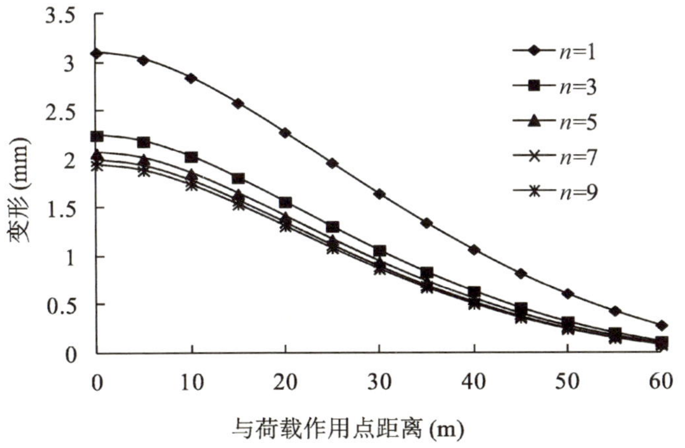

图 3－17　不同 n 值隧道纵向变形图

为确定合理的 n 值，将解析计算得到的隧道中部最大变形和最大弯矩与对应的有限元模拟(FEM)结果进行对比，其中有限元模拟采用 PLAXIS 程序。这里需要指出，对于此处这种最为简单的弹性地基上隧道受荷的情况，数值模拟的结果相对于解析结果来说更为准确。解析结果与数值解的偏差见图 3－

18，偏差＝(解析结果－数值解)/数值解。随着 n 增大，隧道变形解析解与数值解逐渐靠近。对于隧道最大纵向弯矩，当 $n=5$ 时两者最为接近，随着 n 继续增大，解析解与数值解的偏差逐渐增大。由于隧道纵向弯矩的数值较大，为了使其与数值解的偏差尽量小，同时保证隧道位移的精确度，$n=7$ 是比较合适的选择，此时隧道最大位移与数值解的偏差为 5.6%，而隧道最大弯矩与数值解的偏差为－1.5%。

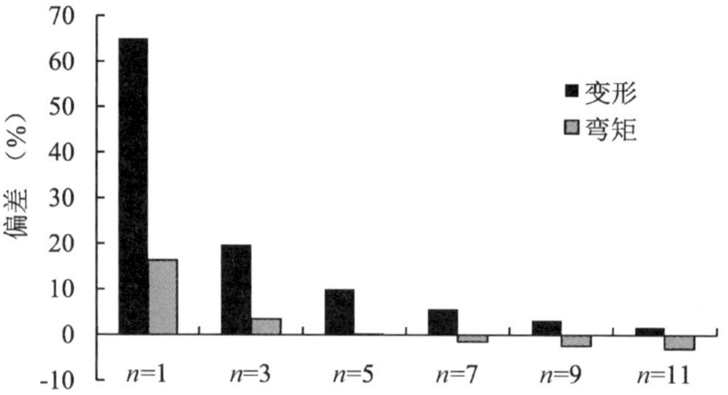

图 3－18　解析结果与有限元结果的偏差

3. Kerr 地基模型的参数敏感性分析

本节将针对集中荷载作用下隧道的变形对 Kerr 模型的地基厚度 H、地基弹性模量 E 以及地基泊松比 υ 进行参数敏感性分析，当一个参数变化时，其余参数均按照表 3－2 取值，$n=7$。

不同地基厚度的隧道纵向变形如图 3－19 所示，图 3－20 则给出了荷载作

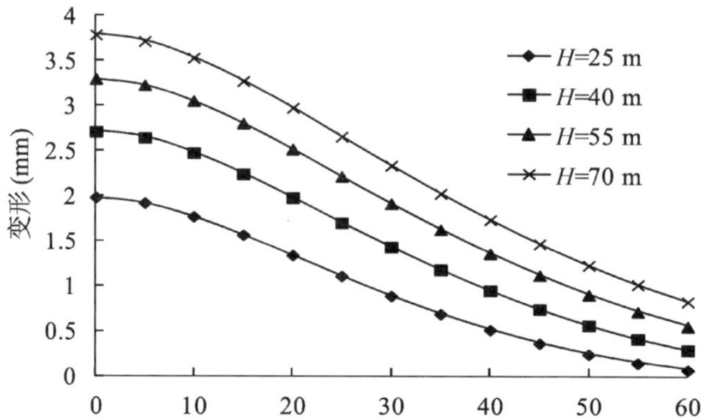

图 3－19　不同地基厚度 H 值隧道纵向变形图

用点处随地基厚度增加隧道变形变化的趋势。随着 H 的增加，隧道变形逐渐增加，然而增加的幅度有所减缓。不同泊松比与弹性模量的隧道纵向变形见图 3－21 与图 3－22，而图 3－23 给出了荷载作用点处地基弹性模量变化对隧道变形的影响。可以看出，泊松比变化基本不对隧道变形产生影响，而弹性模量变化对隧道变形有较大影响。随着弹性模量增大，隧道变形逐渐减小，且趋于收敛。

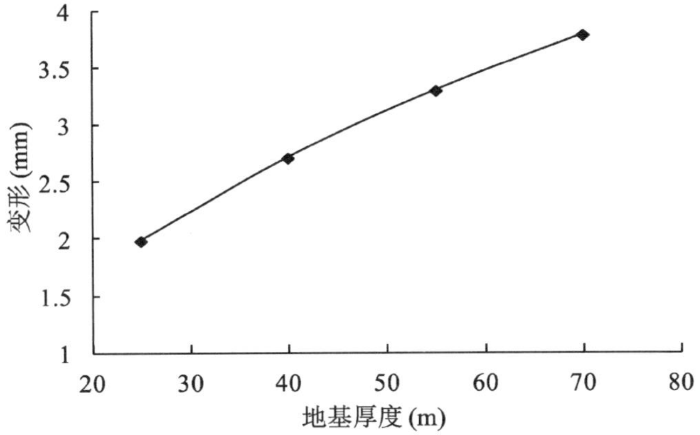

图 3－20　地基厚度 *H* 对隧道变形的影响

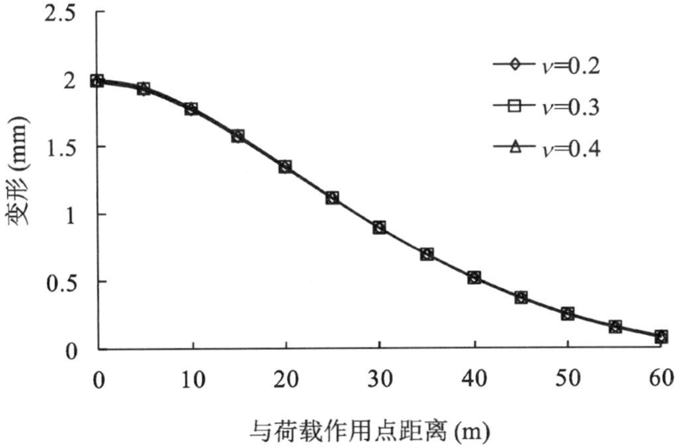

图 3－21　不同地基泊松比 υ 值隧道纵向变形图

总体而言，地基弹性模量与厚度是较为敏感的参数，在计算 Kerr 地基上无限长梁的变形与受力时，应当谨慎选择这两个参数，而泊松比在一定范围内变化对结果的影响不大。

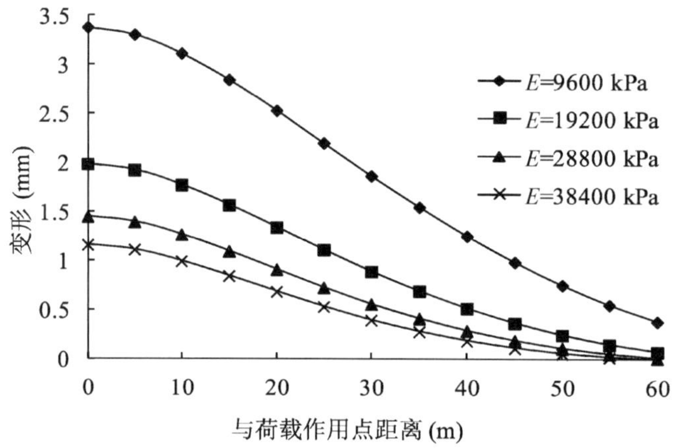

图 3-22　不同地基弹性模量 E 值隧道纵向变形图

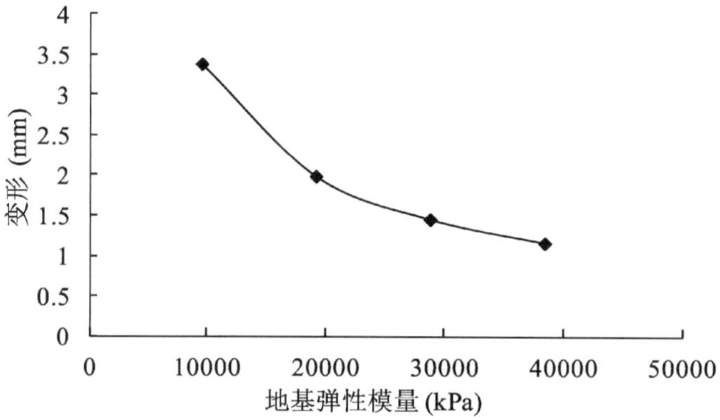

图 3-23　地基弹性模量 E 对隧道变形的影响

4. 地基模型的比较与选择

此节将对 Winkler、Pasternak 和 Kerr 地基模型进行对比。Winkler 与 Pasternak 地基梁的平衡微分方程分别为：

$$EI\frac{\mathrm{d}^4 w}{\mathrm{d}x^4}+k_w Dw=pD \tag{3-81}$$

$$EI\frac{\mathrm{d}^4 w}{\mathrm{d}x^4}-G_p D\frac{\mathrm{d}^2 w}{\mathrm{d}x^2}+k_p D_w=pD \tag{3-82}$$

考虑集中荷载作用，Winkler 地基的解为：

$$w_w(x)=P\lambda\,\mathrm{e}^{-\lambda x}(\cos\lambda x+\sin\lambda x)/4k_w \tag{3-83}$$

$$\lambda=\sqrt[4]{k_w D/4EI} \tag{3-84}$$

Pasternak 地基的解为：

$$w_p(x) = \frac{PD}{4EI\alpha(\alpha^2+\beta^2)}e^{-\alpha x}\left(\cos\beta x + \frac{\alpha}{\beta}\sin\beta x\right) \tag{3-85}$$

$$\alpha,\ \beta = \sqrt[4]{\frac{k_p D}{4EI}}\cdot\sqrt{1 \pm \frac{G_p D}{2EI}\sqrt{\frac{EI}{k_p D}}} \tag{3-86}$$

根据简化弹性空间法，Winkler 地基的参数 $k_w = E/H$；Pasternak 地基的参数 $k_p = E/H$，$G_p = G_s H/3$。不同地基模型计算的隧道变形以及弯矩分布与有限元模拟(FEM)结果对比见图 3-24 与图 3-25。对于隧道纵向变形，Winkler 地基由于无法考虑地基弹簧之间的联系，其计算结果与数值解的差别相当大，最大变形的偏差为 24.0%。对于 Pasternak 模型，计算得到的最大变形比数值解大 18.1%。对于隧道纵向弯矩，三种模型的计算结果与数值解均较为接近，Winkler 模型与 Pasternak 模型与数值解的偏差分别为 7.0%与 1.9%。Kerr 模型的计算结果与数值解最接近。

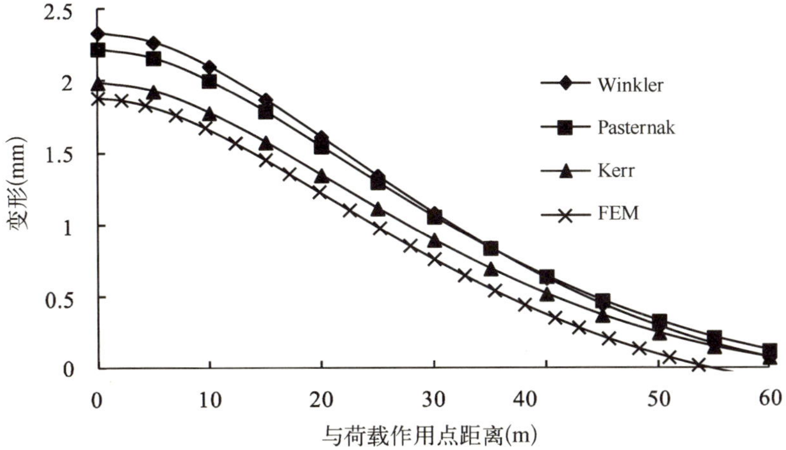

图 3-24　不同地基模型隧道的纵向变形

5. 地基模型参数的修正

在采用简化弹性空间法时，计算结果的精度主要由两个参数决定，即地基厚度与地基的弹性模量。为了使通过地基模型计算得到的结果更加精确，可以考虑对输入参数进行调整，由于地基厚度一般比较明确，因此以下介绍对土体弹性模量 E 进行修正的方法。

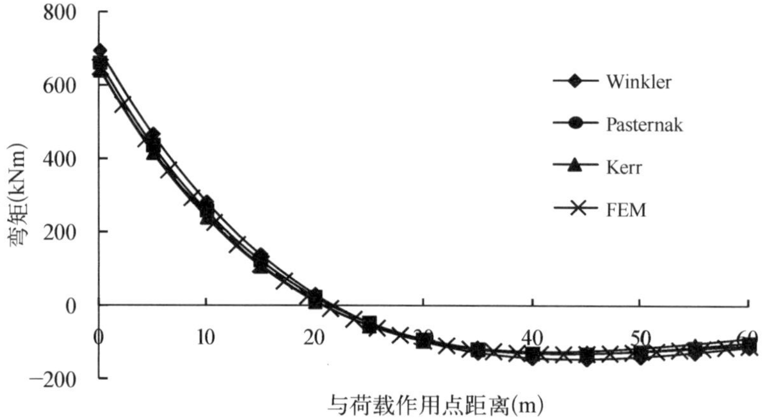

图 3-25　不同地基模型隧道的纵向弯矩分布

重复上一节的计算，调整 E 值为 $E\eta_a$，使各模型计算的最大位移与数值解相同，计算结果如图 3-26。对于 Winkler 模型，隧道最大位移虽然与数值解相同，但是隧道整体变形仍与数值解有较大差别。对于 Pasternak 与 Kerr 模型，参数调整后两者的结果相近，且在距离荷载作用点小于 25 m 的范围内隧道位移与数值解相当接近。

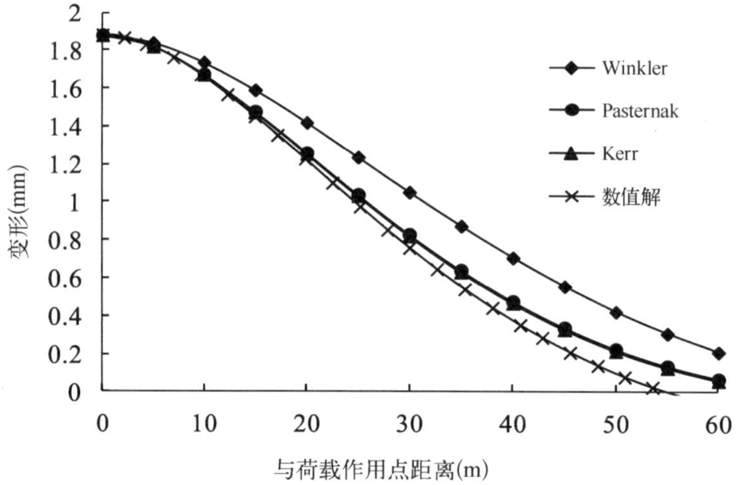

图 3-26　参数调整后的隧道纵向变形

对于隧道最大弯矩，参数调整后 Winkler、Pasternak 和 Kerr 地基模型与数值解的偏差分别为：25.5%、-3.9%和-3.2%。不同模型的弯矩偏差均有增大，Pasternak 与 Kerr 模型的弯矩偏差数值较小，仍在可以接受范围内。

参数调整系数 η_a 与初始弹性模量 E 以及土层厚度 H 有关，见表 3－3 与表 3－4（表 3－3 中 H 为 25 m，表 3－4 中 E 为 19 200 kPa）。随着 E 的增加，各模型调整系数值总体上略有减小，且减小的幅度逐渐变缓；H 值增加使 Winkler 模型的调整系数增加，Pasternak 模型的调整系数降低，而 Kerr 模型的调整系数值比较稳定。

表 3－3　不同地基弹性模量 E 值条件下的调整系数值

E(kPa)	10 000	30 000	50 000	70 000
Winkler	1.080	1.054	1.062	1.066
Pasternak	1.289	1.215	1.196	1.182
Kerr	1.113	1.105	1.042	1.032

表 3－4　不同地基厚度 H 值条件下调整系数值

H(m)	25	40	55	70
Winkler	1.058	1.098	1.170	1.242
Pasternak	1.240	1.207	1.196	1.181
Kerr	1.074	1.056	1.060	1.061

综上所述，Kerr 地基模型的计算结果最为精确，另外参数调整后的 Pasternak 模型也可以作为一种选择，而对于 Winkler 模型，参数调整前的隧道变形结果与参数调整后隧道纵向内力计算结果不够理想。

3.2.4　考虑侧向土体对隧道作用的 Kerr 地基上盾构隧道受荷变形

1. 平衡微分方程的建立与求解

在实际工程中，上方基坑开挖引起的附加荷载除了作用在隧道上进而传递到隧道下部地基外，同时也作用在隧道侧向地层上。侧向土体的变形与隧道变形不一致，因而将对隧道产生作用。以下从 Kerr 地基模型出发，推导在隧道纵向上集中荷载作用条件下（图 3－27a）侧向土体对隧道的作用，对模型做如下假定以简化问题：隧道下方以及侧向地层参数相同；侧向土体对隧道作用力通过剪切层传递，并作用于隧道两侧（T_1 与 T_2，见图 3－27b、图 3－27c 及图 3－27d）；外荷载 P 以均布荷载形式作用在隧道与侧向地层上，且其作用宽度相当大。

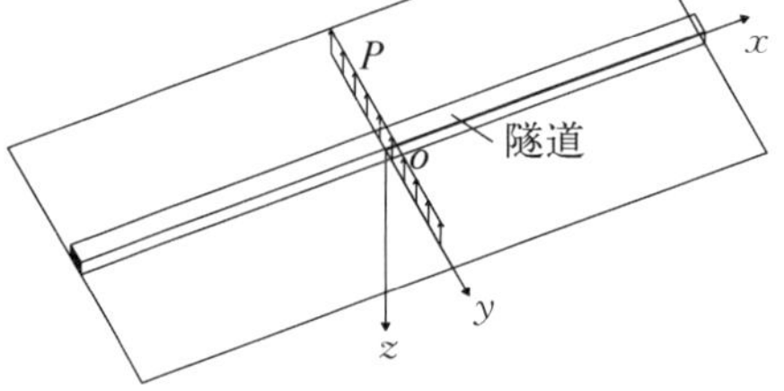

(a) 荷载同时作用于隧道与侧向地层

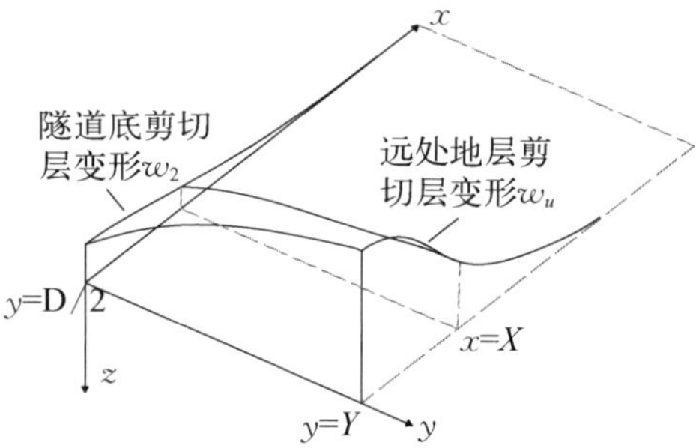

(b) 侧向地层剪切层变形图

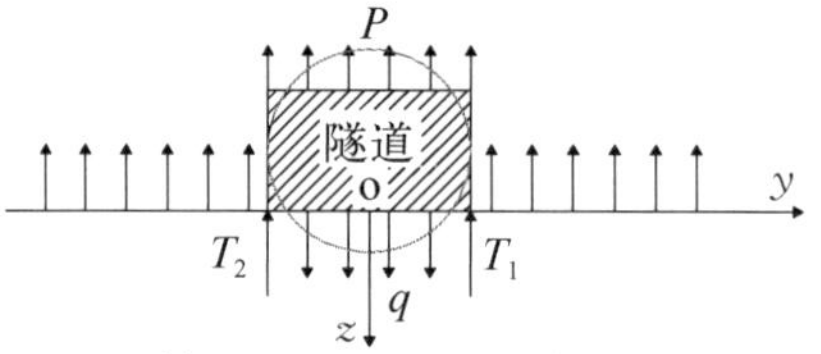

(c) 侧向地层对隧道的作用力

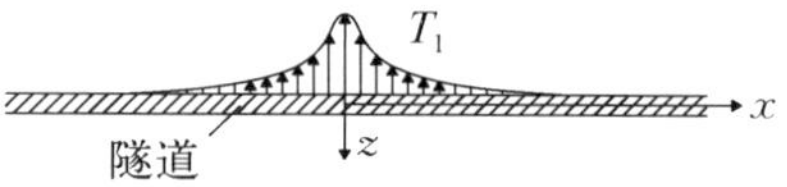

(d) 侧向地层对隧道作用力的分布

图 3－27　侧向土体对隧道的作用

为简化分析，此处将三维问题视为两个方向的平面问题($x=X$平面与$y=Y$平面)进行考虑(图 3－27b，图 3－28)。对于任意与 yoz 平面平行的 $x=X$ 平面，侧向地层剪切层的平衡方程为：

$$0=-G\frac{\mathrm{d}^2\bar{w}_2}{\mathrm{d}y^2}+k\bar{w}_2 \tag{3-87}$$

对于 $y\geqslant D/2$，方程(3－87)的通解为：

$$\bar{w}_{21}=C_1\mathrm{e}^{-\sqrt{k/G}(y-D/2)} \tag{3-88}$$

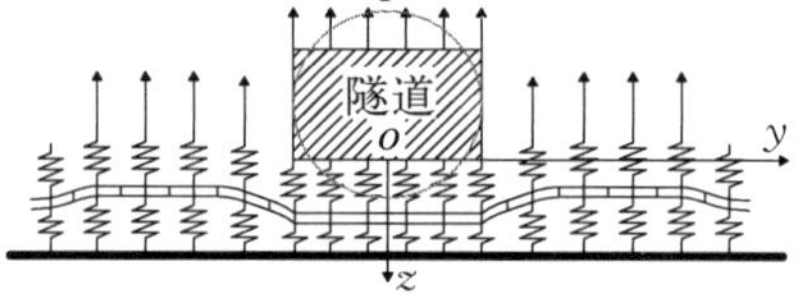

(a) yoz平面地层变形图

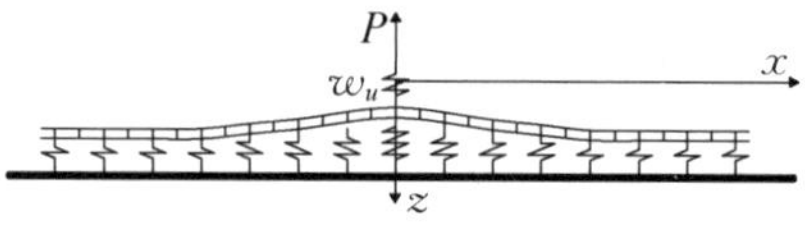

(b) $y=Y$平面侧向地层变形图

图 3－28　侧向地层变形图

假设距离隧道足够远处 $y=Y$ 平面中剪切层变形为 w_u，w_u 即为方程(3－87)的特解，即方程(3－87)的解为：

$$\bar{w}_2=w_u+C_1\mathrm{e}^{-\sqrt{k/G}(y-D/2)} \tag{3-89}$$

利用边界条件：当 $y=D/2$，侧向地层剪切层与隧道下方剪切层变形 w_2 相等，可以得到：

$$C_1=w_2-w_u \tag{3-90}$$

$$\bar{w}_2=w_u+(w_2-w_u)e^{-\sqrt{k/G}(y-D/2)} \tag{3-91}$$

在 $x=X$ 平面中，侧向地层对隧道的作用力：

$$T_1=T_2=G\frac{\mathrm{d}\bar{w}_2}{\mathrm{d}y}\bigg|_{y=\frac{D}{2}}=(w_u-w_2)\sqrt{Gk} \tag{3-92}$$

侧向地层对隧道的作用力 T_1 沿隧道纵向的分布见图 3-27d。以下在 $y=Y$ 平面中求解 w_u（图 3-28b）。集中荷载 P 直接作用在地层上，地层剪切层平衡方程为：

$$0=-G\frac{\mathrm{d}^2w_u}{\mathrm{d}x^2}+kw_u \tag{3-93}$$

对于 $x\geqslant 0$，其解为：

$$w_u=w_0e^{-\sqrt{k/G}x} \tag{3-94}$$

利用边界条件：当 $x=0$ 时，

$$-G\frac{\mathrm{d}w_u}{\mathrm{d}x}\bigg|_{x=0}=P/2 \tag{3-95}$$

解得：

$$w_u=\frac{P}{2\sqrt{Gk}}\mathrm{e}^{-\sqrt{k/G}x} \tag{3-96}$$

通过以上分析，考虑侧向土体对隧道的作用，又根据集中荷载作用的工况，隧道受荷的平衡方程为：

$$EI\frac{\mathrm{d}^4w}{\mathrm{d}x^4}+q_1D=2T_1 \tag{3-97}$$

将式(3-23)、式(3-24)、式(3-92)与式(3-96)代入式(3-97)，得：

$$\frac{\mathrm{d}^6w_2}{\mathrm{d}x^6}-\frac{c+k}{G}\frac{\mathrm{d}^4w_2}{\mathrm{d}x^4}+\frac{Dc}{EI}\frac{\mathrm{d}^2w_2}{\mathrm{d}x^2}-\frac{c(Dk+2\sqrt{Gk})}{EIG}w_2=-\frac{Pc}{EIG}\mathrm{e}^{-\sqrt{k/G}x} \tag{3-98}$$

方程(3-98)通解的解法与方程(3-26)相似,另外方程(3-98)具有形式如下的特解:

$$w_2^* = b_0 e^{-\sqrt{k/G}x} \tag{3-99}$$

将特解代入原方程,可求得 b_0 的值,则:

$$w_2(x) = b_0 e^{-\sqrt{k/G}x} + A_1 e^{-\rho x} + e^{-Mx}(A_3 \cos Nx + A_4 \sin Nx) \tag{3-100}$$

根据 $x = 0$ 处的边界条件(见式(3-40))以及式(3-24)可以求得隧道的变形。得到隧道变形的解后,只需按照式(3-44)在附加荷载分布范围内积分即可得到最终的由开挖引起的下卧隧道纵向变形。

2. 外荷载 P 作用宽度的影响

假定外荷载 P 作用的宽度为 $2L$。则 yoz 平面中,在 P 的作用范围内,即 $D/2 \leqslant y \leqslant L$,隧道侧向地层剪切层的平衡微分方程为:

$$P = -G\frac{d^2 \bar{w}_2}{dy^2} + k\bar{w}_2 \tag{3-101}$$

方程(3-101)的通解为:

$$\bar{w}_{21} = C_1 e^{-\sqrt{k/G}(y-D/2)} + C_2 e^{\sqrt{k/G}(y-D/2)} \tag{3-102}$$

假设方程(3-101)的特解为 w_0,则该方程的解为:

$$\bar{w}_2 = w_0 + C_1 e^{-\sqrt{k/G}(y-D/2)} + C_2 e^{\sqrt{k/G}(y-D/2)} \tag{3-103}$$

在 yoz 平面中,对于 $y > L$,侧向地层剪切层平衡方程为:

$$0 = -G\frac{d^2 \bar{\bar{w}}_2}{dy^2} + k\bar{\bar{w}}_2 \tag{3-104}$$

其解为:

$$\bar{\bar{w}}_2 = C_3 e^{-\sqrt{k/G}(y-D/2)} \tag{3-105}$$

利用边界条件,当 $y = D/2$:

$$\bar{w}_2 = w_2 \tag{3-106}$$

当 $y = L$:

$$\bar{w}_2 = \bar{\bar{w}}_2;\ \frac{\bar{w}_2}{dy} = \frac{\bar{\bar{w}}_2}{dy} \tag{3-107}$$

可以得到：

$$\bar{w}_2 = w_0 + \left(w_2 - w_0 + \frac{w_0}{2} e^{-\sqrt{k/G}(L-D/2)} \right) e^{-\sqrt{k/G}(y-D/2)} - \frac{w_0}{2} e^{\sqrt{k/G}(y-L)} \tag{3-108}$$

当 P 作用的宽度足够大时，则 y 趋近于 L 的条件下，方程(3-101)的解必须满足：

$$\bar{w}_2 = w_u \tag{3-109}$$

通过式(3-108)与式(3-109)可解得：

$$w_0 = 2w_u \tag{3-110}$$

则侧向地层对隧道的作用力：

$$T_1 = T_2 = G \left. \frac{\mathrm{d}\bar{w}_2}{\mathrm{d}y} \right|_{y=\frac{D}{2}} = [J w_u - w_2]\sqrt{Gk} \tag{3-111}$$

$$J = 1 - e^{-\sqrt{k/G}(L-D/2)} \tag{3-112}$$

由式(3-111)可知，侧向地层对隧道作用力的大小、方向与外荷载作用宽度 L 相关。其中系数 J 由荷载作用的宽度决定，在文中称为荷载宽度系数。考虑表 3-2 所列的地基情况，以延安东路隧道与上海地铁隧道(外径 6.2 m，衬砌厚度 0.35 m)为例的系数 J 随着 L 的变化见图 3-29。

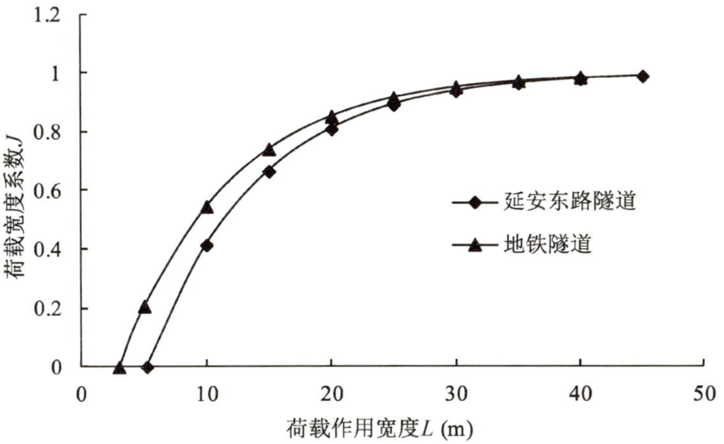

图 3-29　随着荷载作用宽度 L 增加荷载宽度系数 J 的变化

当 $L = D/2$：

$$T_1 = T_2 = -w_2\sqrt{Gk} \tag{3-113}$$

此时外荷载仅仅作用在隧道上，侧向地层作用力与隧道变形方向相反，表现为阻碍隧道变形。随着 L 增大，系数 J 迅速增大，侧向地层作用力改变方向，表现为促进隧道变形。实际工程中，上方开挖卸荷经过扩散后的作用范围往往比较大，因此侧向地层作用力增加隧道变形的效应更常见。当 L 值超过 30 m 后，J 的数值基本接近 1，式(3－111)可简化为式(3－92)，此即上一节讨论的情况。

3. 基坑开挖引起的外荷载 P 作用宽度的讨论

在上一节的计算中，为了简化模型假设基坑开挖引起的外荷载是均匀分布的(图 3－27a)。事实上，由基坑开挖引起的垂直于隧道轴线的附加荷载并非均布，其分布形式与沿隧道轴线的附加应力分布(图 3－4)相似。

本书提出一种将附加荷载简化为均布荷载的方法：认为均布荷载的数值与附加荷载最大值相同，根据总荷载相等原则，调整荷载作用的宽度。

根据表 3－1 的参数进行计算，图 3－30 给出不同基坑开挖长度(垂直于隧道轴线)条件下垂直于隧道轴线方向的土体竖向附加应力分布图。当基坑开挖长度 l 分别为 20 m、30 m 及 40 m 时，根据总荷载相等原则，计算得到的均布荷载等效分布宽度分别约为 36 m、54 m 以及 72 m。等效分布宽度的数值均大于基坑开挖的长度。这也验证了，在实际工程中侧向地层作用力增加隧道变形的效应更常见。

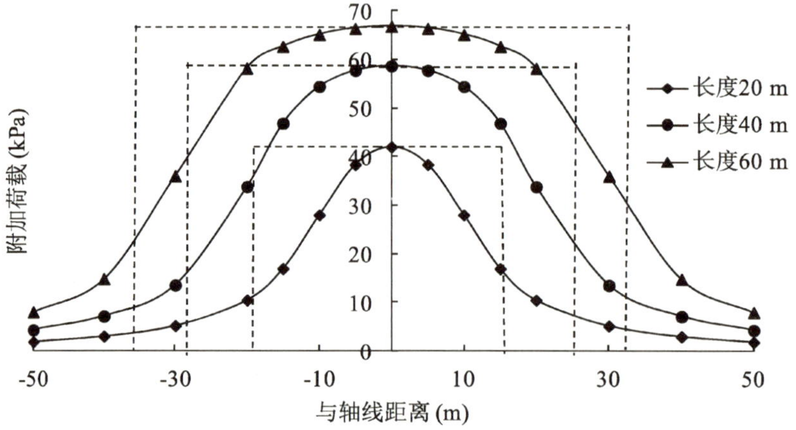

图 3－30　不同基坑长度条件下垂直于隧道轴线的外荷载分布图

4. 侧向土体对隧道作用的验证

采用表 3 - 2 相同的计算参数，根据 3.2.3 节的 5 的结果对参数 E 进行修正，并假设外荷载作用的宽度 L 相当大。图 3 - 31 与图 3 - 32 显示了不考虑侧向土体作用的计算结果、考虑侧向土体作用的结果以及数值模拟结果。在数值模拟中相应地将荷载作用的范围增加到较大的数值(此处为 100 m)。

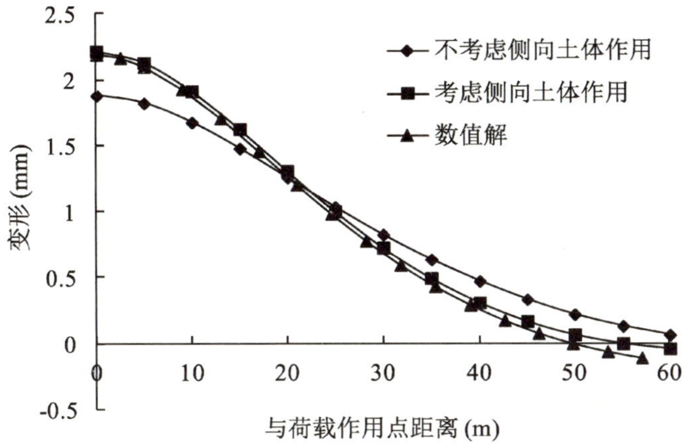

图 3 - 31　考虑侧向土体作用的隧道纵向变形

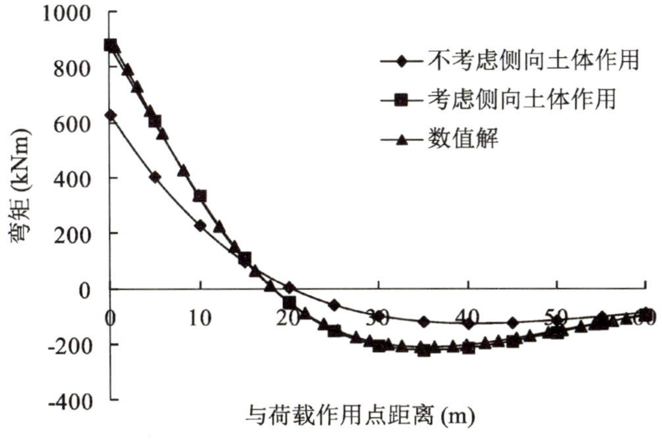

图 3 - 32　考虑侧向土体作用的隧道纵向弯矩分布图

考虑了隧道侧向土体作用后，隧道的最大变形与最大弯矩分别增加了 17.7%与 40.1%，说明侧向土体作用引起的效应相当显著，在计算时应该进行考虑。另外考虑侧向土体作用后的隧道变形与弯矩结果与数值模拟的结果相当吻合，验证了本书提出方法的可靠性。针对侧向土体对隧道的作用，在实际工程施工中除考虑隧道上方地层加固外，也可考虑从隧道内部或外部对隧道侧向一定范围内的地层进行加固，这也有助于减小上方卸荷引起的隧道纵向变形。

5. 侧向土体加固的效果

通过上一节的分析发现，上方基坑开挖在引起隧道隆起的同时也导致侧向土体变形，侧向土体进而可能加剧隧道变形。为了减小由这种效应引起的隧道变形，对隧道侧向土体进行加固是一种可行的办法。假设已对隧道侧向土体进行加固，以下分析该情况下侧向土体对隧道的作用。

假定经过加固后侧向土体的弹性模量提高为 E_{imp}，土体泊松比变化不大，加固土层的 Kerr 地基模型参数为 c_{imp}、k_{imp} 以及 G_{imp}。以下推导过程与 3.2.4 节的第 1 点相似，采用的模型同样可参见图 3 - 27 与图 3 - 28。侧向土体加固后，在任意与 yoz 平面平行的 $x=X$ 平面，侧向地层剪切层的平衡方程为：

$$0=-G_{imp}\frac{\mathrm{d}^2\bar{w}_2}{\mathrm{d}y^2}+k_{imp}\bar{w}_2 \tag{3-114}$$

对于 $y\geqslant D/2$，方程(3 - 114)的通解为：

$$\bar{w}_{21}=C_1\mathrm{e}^{-\sqrt{k_{imp}/G_{imp}}(y-D/2)} \tag{3-115}$$

为简化问题，假设土体加固的范围足够广，此时距离隧道足够远处 $y=Y$ 平面中剪切层变形为 w_u 为方程(3 - 114) 的特解，即方程(3 - 114)的解为：

$$\bar{w}_2=w_u+C_1\mathrm{e}^{-\sqrt{k_{imp}/G_{imp}}(y-D/2)} \tag{3-116}$$

同样利用边界条件：当 $y=D/2$ 时，侧向地层剪切层与隧道下方剪切层变形 w_2 相等，可以得到：

$$C_1=w_2-w_u \tag{3-117}$$

$$\bar{w}_2=w_u+(w_2-w_u)\mathrm{e}^{-\sqrt{k_{imp}/G_{imp}}(y-D/2)} \tag{3-118}$$

在 $x=X$ 平面中，侧向地层对隧道的作用力：

$$T_1=T_2=G\frac{\mathrm{d}\bar{w}_2}{\mathrm{d}y}\bigg|_{y=\frac{D}{2}}=(w_u-w_2)\sqrt{G_{imp}k_{imp}} \tag{3-119}$$

下一步将求解 w_u，求解的过程可参见 3.2.4 节的第 1 点，此处不再赘述，结果可求得：

$$w_u = \frac{P}{2\sqrt{G_{imp}k_{imp}}}e^{-\sqrt{k_{imp}/G_{imp}}x} \tag{3-120}$$

通过以上分析，根据隧道受荷的平衡方程(3－97)可得：

$$\frac{d^6w_2}{dx^6} - \frac{c+k}{G}\frac{d^4w_2}{dx^4} + \frac{Dc}{EI}\frac{d^2w_2}{dx^2} - \frac{c(Dk+2\sqrt{G_{imp}k_{imp}})}{EIG}w_2 = -\frac{Pc}{EIG}e^{-\sqrt{\frac{k_{imp}}{G_{imp}}}x} \tag{3-121}$$

方程(3－121)的解法与方程(3－98)相似，其剪切层变形 w_2解的形式为：

$$w_2(x) = b_0e^{-\sqrt{k_{imp}/G_{imp}}x} + A_1e^{-\rho x} + e^{-Mx}(A_3\cos Nx + A_4\sin Nx) \tag{3-122}$$

得到剪切层的变形后可进一步求得隧道的变形。

依旧针对上一节的例子进行计算，分别考虑侧向土体刚度提高 10%(侧向土体加固 1)、30%(侧向土体加固 2)以及 50%(侧向土体加固 3)，隧道纵向变形结果如图 3－33 所示。从计算结果可以看出，通过提高侧向土体的刚度，隧道竖向隆起明显减小，当侧向土体刚度提高 10%、30%以及 50%时，隧道最大变形比无土体加固的情况分别减小了 4.6%、12.5%以及 19.0%。另外需要注意，侧向土体刚度提高 50%的情况中隧道最大变形值小于不考虑侧向土体对隧道作用的情况。出现这种现象的原因是：当侧向土体刚度提高到一定程度时，在同样的上部卸荷作用下，侧向土体的变形反而小于隧道的竖向变形值，此时侧向土体对隧道的作用表现为约束隧道变形。

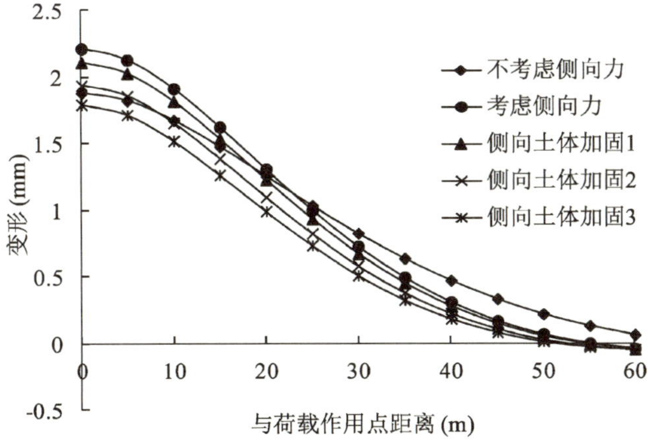

图 3－33　考虑侧向土体加固的隧道纵向变形

3.3 基坑开挖引起的隧道横向响应

3.3.1 隧道横向响应的简化计算模型

隧道受到邻近基坑开挖影响所产生的是一个三维的响应，在纵向上发生变形的同时，在横向上也产生变形与附加内力，见图 3-34a。在基坑开挖卸荷的过程中，隧道管片上下方的土压力产生明显变化，短时间内其侧向水土压力可以视为不发生变化(黄爱军，2008)。由于卸荷作用，隧道竖向直径伸长，产生“竖鸭蛋”状的变形，其横向响应的简化计算模型如图 3-34b 所示。

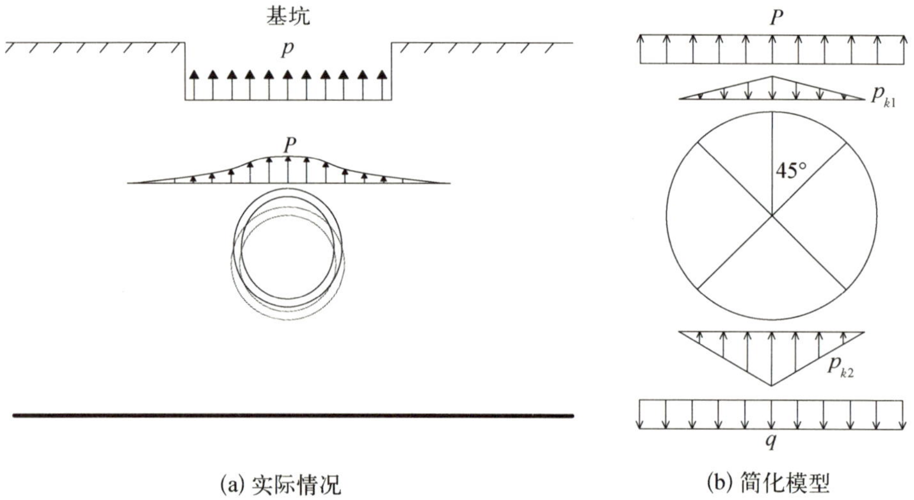

图 3-34　隧道横向响应简化计算模型

对计算模型中的各参数说明如下：

(1) P 为由基坑开挖引起的作用于隧道上方的卸荷量，应为基坑开挖引起的隧道横断面上下方附加荷载的差值。P 的数值可通过 Mindlin 解或者经验方法计算。采用 Mindlin 解计算基坑开挖引起土体内部附加应力的分布已在前文进行介绍，图 3-30 显示了基坑正下方垂直于隧道轴线方向的土体附加应力的分布，隧道顶部附加荷载可近似认为均布，且数值可取为附加应力的最大值。

(2) P 的数值也可以采用经验法确定。前文已经介绍，基坑开挖坑底的卸荷量并非简单的开挖深度处土体的自重应力，考虑土体的残余应力，坑底的卸载可由式(3-18)来计算。根据上海地区经验(刘国彬、侯学渊，1996)，基坑开挖的影响深度为：

$$h_r = f(H) = \frac{H}{0.061\,2H + 0.19} \tag{3-123}$$

其中，h_r 为卸荷影响深度，H 为基坑开挖深度。

坑底以下任意深度 h 处的土体残余应力系数 α_s 可按下式计算：

$$\alpha_s = \begin{cases} \alpha_0 + \dfrac{0.95 - \alpha_0}{h_r^2} h^2 & (0 \leqslant h \leqslant h_r) \\ 1.0 & (h > h_r) \end{cases} \tag{3-124}$$

假设基坑下方隧道拱顶与坑底的距离为 h_1，拱底与基坑坑底距离为 h_2，对应的土体残余应力系数分别为 α_1 与 α_2，则作用在隧道上的卸荷值为：

$$P = (\alpha_2 - \alpha_1) \sum_{i=1}^{n} \gamma_i H_i \tag{3-125}$$

(3) p_{k1} 与 p_{k2} 为隧道发生变形后隧道上下方的土体抗力。由上方卸荷引起的隧道变形可近似为竖椭圆，因此土体抗力的分布也应限于隧道拱顶与拱底附近。本书假定土体抗力的模式如图 3-34 所示，分布在与竖直方向夹角小于 45°的范围内。若拱顶与拱底的变形分别为 y_1、y_2，基床系数分别为 k_1 与 k_2，则：

$$p_{k1} = y_1 k_1;\ p_{k2} = y_2 k_2 \tag{3-126}$$

对于土体的地基基床系数，通常可以给出如表 3-5 所示的建议值(《地下建筑结构》,2005)：

表 3-5　地基基床系数推荐值

土的种类	$k(\mathrm{kN/m^3})$	土的种类	$k(\mathrm{kN/m^3})$
固结密实黏性土	30 000—50 000	中等黏性土	5 000—10 000
极坚实砂质土	30 000—50 000	松散砂质土	0—10 000
密实砂质土	10 000—30 000	软弱黏性土	0—5 000
硬黏性土	10 000—30 000	非常软弱黏性土	0

实际上地基基床系数的取值与地基的厚度、土体的应力状态相关，对于隧道拱顶上方的土体，一方面由于土层厚度有限，另一方面土体本身处于卸荷状态，

因此 k_1 的值应远小于 k_2，当隧道上方覆土较浅时，k_1 甚至可以认为为 0。

（4）q 为隧道底部地基的反力，其计算公式如下：

$$q = P + \frac{\sqrt{2}}{4}(p_{k2} - p_{k1}) \tag{3-127}$$

3.3.2 基坑开挖引起的隧道横断面变形及内力

1. 力法计算模型与求解

可通过力法计算 P、q 及 P_k 等荷载作用于隧道横断面而产生的变形与内力，此处对本书的隧道横断面内力方向定义为：隧道衬砌内部受拉弯矩为正；衬砌受压轴力为正；剪力使截面产生顺时针转动趋势为正。以 P 的作用为例，简化的力法模型如图 3－35，衬砌上点的位置通过参数 α 确定，拱顶处 $\alpha=0°$，隧道水平直径处 $\alpha=90°$。

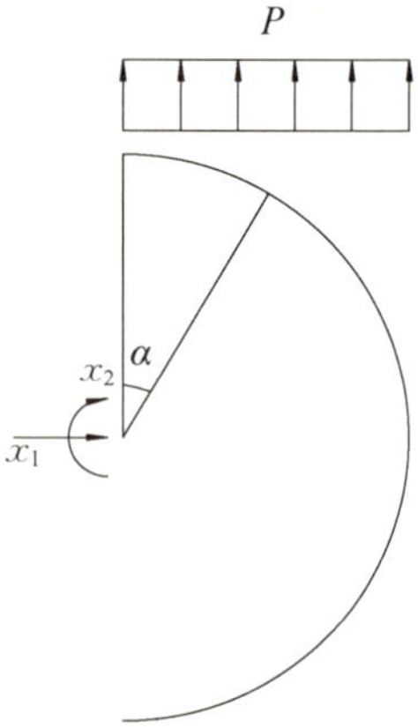

图 3－35　隧道横向响应简化力法计算模型

解除隧道中心的多余水平约束与转动约束，X_1 与 X_2 即为隧道中心处的约束力，在卸荷力 P 的作用下：

$$X_1 = \frac{1}{3\pi}Pr \tag{3-128}$$

$$X_2 = -\left(\frac{1}{\pi} - \frac{1}{8}\right)Pr^2 \tag{3-129}$$

其中，r 为隧道半径，P 引起的作用于隧道衬砌上的弯矩、轴力与剪力分别为：

$$M = -Pr^2(0.193 + 0.106\cos\alpha - 0.5\sin^2\alpha) \quad 0 \leqslant \alpha \leqslant \pi/2 \tag{3-130}$$

$$M = -Pr^2(0.693 + 0.106\cos\alpha - \sin\alpha) \quad \pi/2 < \alpha \leqslant \pi \tag{3-131}$$

$$N = -Pr(\sin^2\alpha - 0.106\cos\alpha) \quad 0 \leqslant \alpha \leqslant \pi/2 \tag{3-132}$$

$$N = -Pr(\sin\alpha - 0.106\cos\alpha) \quad \pi/2 < \alpha \leqslant \pi \tag{3-133}$$

$$Q = Pr(\sin\alpha\cos\alpha + 0.106\sin\alpha) \quad 0 \leqslant \alpha \leqslant \pi/2 \tag{3-134}$$

$$Q = Pr(\cos\alpha + 0.106\sin\alpha) \quad \pi/2 < \alpha \leqslant \pi \tag{3-135}$$

由 P 引起的隧道水平直径处位移为(背离隧道中心)：

$$\delta_{hp}=\frac{Pr^4}{EI}\left(\frac{5}{24}-\frac{1}{\pi}\right)=-0.11\frac{Pr^4}{EI} \tag{3-136}$$

假定隧道中心竖向变形为 0，则可得到拱顶与拱底相对于隧道中心的竖向位移(背离隧道中心)：

$$\delta_{vpc}=\frac{Pr^4}{EI}\left(\frac{11}{24}-\frac{7}{6\pi}\right)=0.087\frac{Pr^4}{EI} \tag{3-137}$$

$$\delta_{vpi}=\frac{Pr^4}{EI}\left(-\frac{3}{8}+\frac{\pi}{4}-\frac{5}{6\pi}\right)=0.145\frac{Pr^4}{EI} \tag{3-138}$$

同样，可以得到隧道底部反力 q 作用下的隧道内力与位移：

$$M=-qr^2(0.057-0.106\cos\alpha)\quad 0\leqslant\alpha\leqslant\pi/2 \tag{3-139}$$

$$M=qr^2(0.443-\sin\alpha+0.106\cos\alpha+0.5\sin^2\alpha)\quad \pi/2<\alpha\leqslant\pi \tag{3-140}$$

$$N=-0.106qr\cos\alpha\quad 0\leqslant\alpha\leqslant\pi/2 \tag{3-141}$$

$$N=-qr(\sin^2\alpha-\sin\alpha+0.106\cos\alpha)\quad \pi/2<\alpha\leqslant\pi \tag{3-142}$$

$$Q=-0.106qr\sin\alpha\quad 0\leqslant\alpha\leqslant\pi/2 \tag{3-143}$$

$$Q=qr(\sin\alpha\cos\alpha-\cos\alpha-0.106\sin\alpha)\quad \pi/2<\alpha\leqslant\pi \tag{3-144}$$

$$\delta_{hq}=\frac{qr^4}{EI}\left(\frac{1}{\pi}-\frac{7}{24}\right)=0.0266\frac{qr^4}{EI} \tag{3-145}$$

$$\delta_{vqc}=\frac{qr^4}{EI}\left(\frac{7}{6\pi}-\frac{3}{8}\right)=-0.00364\frac{qr^4}{EI} \tag{3-146}$$

$$\delta_{vqi}=\frac{qr^4}{EI}\left(\frac{11}{24}-\frac{\pi}{4}+\frac{5}{6\pi}\right)=-0.062\frac{qr^4}{EI} \tag{3-147}$$

土体抗力 p_k 作用下的隧道内力与位移：

$$M_{pk}=(0.1465+0.0094\cos\alpha-0.5\sin^2\alpha+0.2357\sin^3\alpha)p_{k1}r^2 + (-0.0094\cos\alpha+0.0048)p_{k2}r^2\quad 0\leqslant\alpha\leqslant\pi/4 \tag{3-148}$$

$$M_{pk}=(0.2298+0.0094\cos\alpha-0.3535\sin\alpha)p_{k1}r^2+(-0.0094\cos\alpha+0.0048)p_{k2}r^2\quad \pi/4\leqslant\alpha\leqslant 3\pi/4 \tag{3-149}$$

$$M_{pk}=(0.2298+0.0094\cos\alpha-0.3535\sin\alpha)p_{k1}r^2+(-0.0785-0.0094\cos\alpha+0.3535\sin\alpha-0.5\sin^2\alpha+0.2356\sin^3\alpha)p_{k2}r^2\quad 3\pi/4\leqslant\alpha\leqslant\pi \tag{3-150}$$

$$N_{pk}=(-0.0094\cos\alpha+\sin^2\alpha-0.707\sin^3\alpha)p_{k1}r+0.0094\cos\alpha p_{k2}r\quad 0\leqslant\alpha\leqslant\pi/4 \tag{3-151}$$

$$N_{pk}=(-0.0094\cos\alpha+0.3535\sin\alpha)p_{k1}r+0.0094\cos\alpha p_{k2}r\quad \pi/4\leqslant\alpha\leqslant 3\pi/4 \tag{3-152}$$

$$N_{pk}=(-0.0094\cos\alpha+0.3535\sin\alpha)p_{k1}r+(0.0094\cos\alpha-0.3535\sin\alpha+\sin^2\alpha-0.707\sin^3\alpha)p_{k2}r\quad 3\pi/4\leqslant\alpha\leqslant\pi \tag{3-153}$$

$$Q_{pk}=(-0.0094\sin\alpha-\sin\alpha\cos\alpha+0.707\sin^2\alpha\cos\alpha)p_{k1}r+0.0094\sin\alpha p_{k2}r\quad 0\leqslant\alpha\leqslant\pi/4 \tag{3-154}$$

$$Q_{pk}=(-0.0094\sin\alpha-0.3535\cos\alpha)p_{k1}r+0.0094\sin\alpha p_{k2}r\quad \pi/4\leqslant\alpha\leqslant 3\pi/4 \tag{3-155}$$

$$Q_{pk}=(-0.0094\sin\alpha-0.3535\cos\alpha)p_{k1}r+(0.0094\sin\alpha+0.3535\cos\alpha-\sin\alpha\cos\alpha+0.707\sin^2\alpha\cos\alpha)p_{k2}r\quad 3\pi/4\leqslant\alpha\leqslant\pi \tag{3-156}$$

$$\delta_{hk}=\frac{r^4}{EI}(0.0457p_{k1}-0.0025p_{k2}) \tag{3-157}$$

$$\delta_{vkc}=\frac{r^4}{EI}(-0.0453p_{k1}+0.0001p_{k2}) \tag{3-158}$$

$$\delta_{vki}=\frac{r^4}{EI}(-0.0525p_{k1}+0.0073p_{k2}) \tag{3-159}$$

在 P、q 与 p_k 共同作用下拱顶与拱底的变形分别为 y_1 与 y_2，即：

$$\delta_{vpc}+\delta_{vqc}+\delta_{vkc}=y_1 \tag{3-160}$$

$$\delta_{vpi}+\delta_{vqi}+\delta_{vki}=y_2 \tag{3-161}$$

通过方程(3-160)与(3-161),可以解得:

$$y_1=\frac{0.2Pr^4(69\ 841k_2r^4+5\ 210\ 000EI)}{7\ 571k_1k_2r^8+550\ 000k_1r^4EI+182\ 500k_2r^4EI+12\ 500\ 000E^2I^2} \tag{3-162}$$

$$y_2=\frac{0.8Pr^4(17\ 206k_1r^4+1\ 296\ 875EI)}{7\ 571k_1k_2r^8+550\ 000k_1r^4EI+182\ 500k_2r^4EI+12\ 500\ 000E^2I^2} \tag{3-163}$$

若拱顶土体抗力为 0,也即 $k_1=0$ 时,拱顶与拱底变形可以化简为:

$$y_1=\frac{0.2Pr^4(69\ 841k_2r^4+5\ 210\ 000EI)}{182\ 500k_2r^4EI+12\ 500\ 000E^2I^2} \tag{3-164}$$

$$y_2=\frac{Pr^4}{0.176k_2r^4+12.048EI} \tag{3-165}$$

隧道收敛变形为:

$$y=y_1+y_2=\frac{Pr^4(13\ 968.2k_2r^4+2\ 079\ 500EI)}{182\ 500k_2r^4EI+12\ 500\ 000E^2I^2} \tag{3-166}$$

在计算基坑开挖引起坑底隆起时,当坑底存在已建隧道时,可以认为隧道对土体有加固的作用。通过变形一致原则,可以将隧道等效为特殊土层,隧道的等效回弹模量 E_{teq} 为:

$$\begin{aligned}E_{teq}&=\frac{P}{y_1+y_2}\\&=\frac{7\ 571k_1k_2r^8+550\ 000k_1r^4EI+182\ 500k_2r^4EI+12\ 500\ 000E^2I^2}{1\ 397k_2r^8+13\ 765k_1r^8+2\ 079\ 500r^4EI}\end{aligned} \tag{3-167}$$

2. 计算结果讨论

以下针对可能影响隧道横断面内力与变形的参数进行敏感性分析,基本的计算背景见表 3-6。利用经验法计算隧道拱顶卸荷 P,根据表 3-6 的参数可以得到隧道拱顶与拱底的土体残余应力系数 α_1、α_2分别为 0.432、1。

表 3-6　基坑开挖引起隧道横断面响应分析采用的参数表

基坑深度	隧道埋深	土体重度	k_1	k_2	隧道半径	衬砌厚度	横向刚度有效率
11 m	22 m	16.9 kN/m^3	0 kN/m^3	5 000 kN/m^3	5.225 m	0.55 m	0.7

1）拱顶地基基床系数 k_1 的影响

本节通过对比 k_1 分别为 0 kN/m^3、2 500 kN/m^3 与 5 000 kN/m^3 的不同情况来分析参数 k_1 的影响。当 k_1 为 0 kN/m^3 时，隧道拱顶隆起为 17.1 mm，而拱底往下变形 16.8 mm，拱顶变形稍大于拱底。当 k_1 为 2 500 kN/m^3 时，隧道拱顶与拱底变形均减小，分别为 15.6 mm 与 14.5 mm，拱顶变形依旧大于拱底。当 k_1 为 5 000 kN/m^3 时，拱顶与拱底的变形相同，且数值减小为 13.0 mm。

不同 k_1 条件下，隧道衬砌弯矩、轴力及剪力分布见图 3-36、图 3-37 与图 3-38。由基坑开挖引起的隧道横向衬砌附加弯矩最大值出现在隧道水平直径处，同时隧道拱顶与拱底的附加弯矩值也相当大；附加轴力的最大值也出现在隧道水平直径处；附加剪力的最大值大约出现在衬砌上 $\alpha=45°$ 与 $\alpha=135°$ 位置附近。

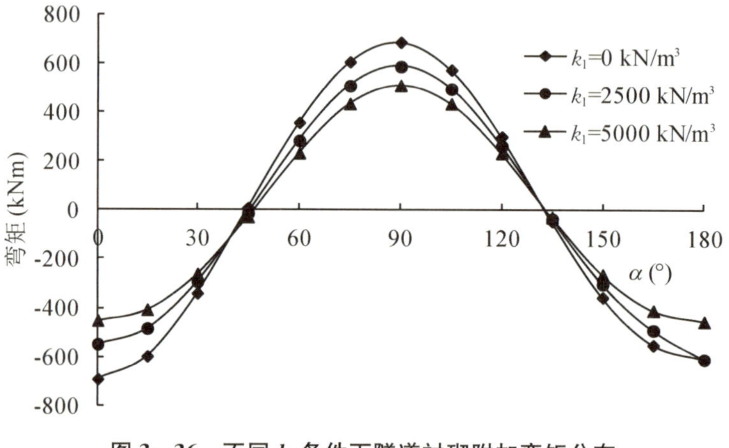

图 3-36　不同 k_1 条件下隧道衬砌附加弯矩分布

k_1 的数值变化对衬砌内力有一定的影响，当 k_1 由 0 增加到 5 000 kN/m^3 时，隧道水平直径处附加弯矩减小 25.7%，附加轴力减小 21.8%，而隧道最大剪力减小了 28.5%。

2）拱底地基基床系数 k_2 的影响

不同 k_2 条件下隧道拱顶与拱底变形见图 3-39。随着 k_2 的增加，拱顶与拱底的变形逐渐减小，且两者之间的差别逐渐增大。

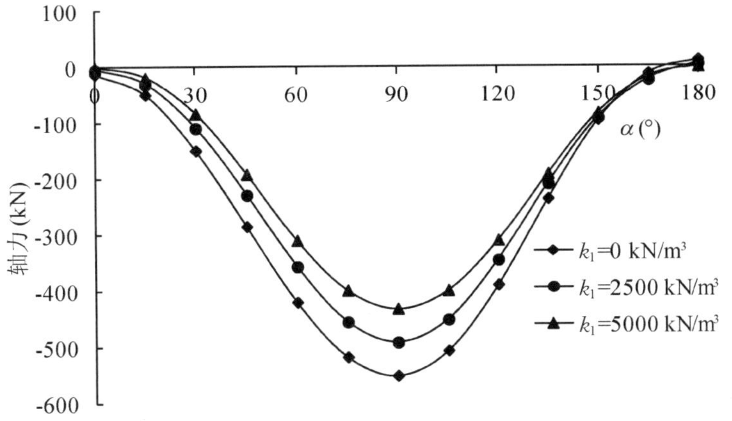

图 3-37　不同 k_1 条件下隧道衬砌附加轴力分布

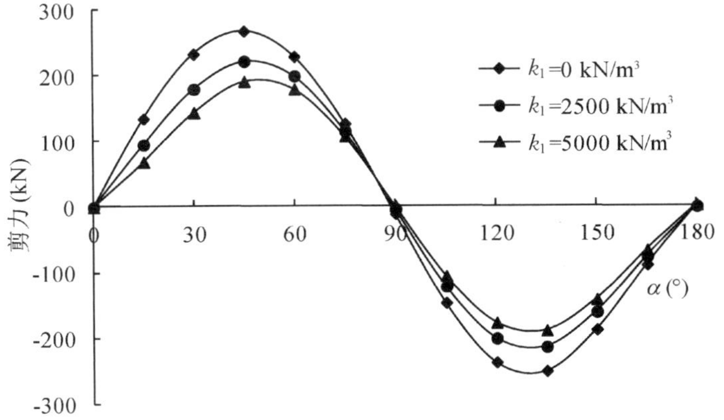

图 3-38　不同 k_1 条件下隧道衬砌附加剪力分布

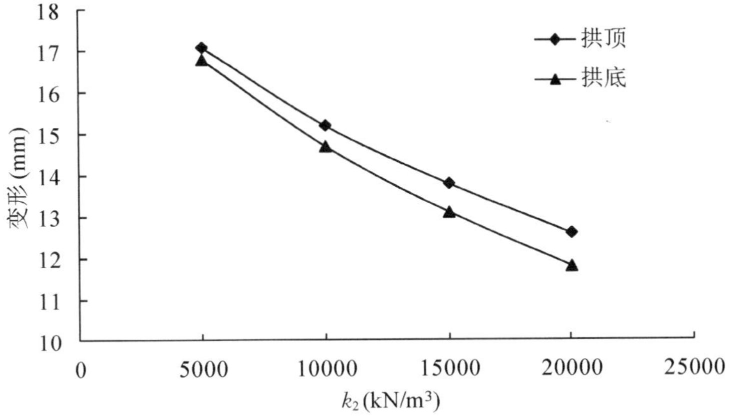

图 3-39　不同 k_2 条件下隧道拱顶与拱底的变形

不同 k_2 条件下隧道衬砌附加弯矩、轴力及剪力见图 3－40、图 3－41 与图 3－42。总体上 k_2 数值的变化对隧道附加内力分布的影响不大。相对来讲，在 k_2 作用的范围内，也即在 $\alpha>135°$ 的范围内其变化对附加内力的影响略大。

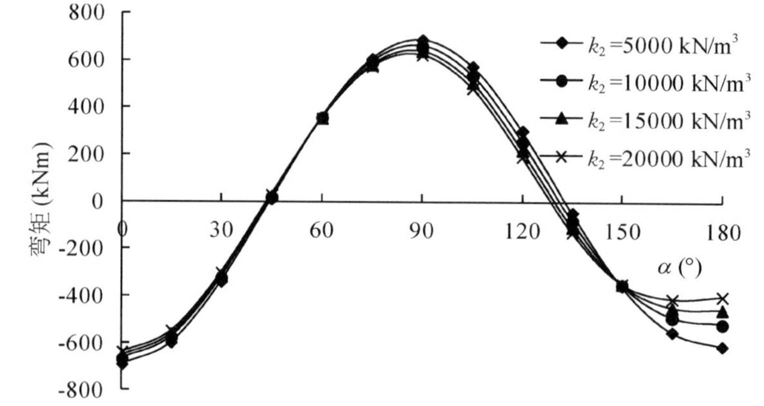

图 3－40　不同 k_2 条件下隧道衬砌附加弯矩分布

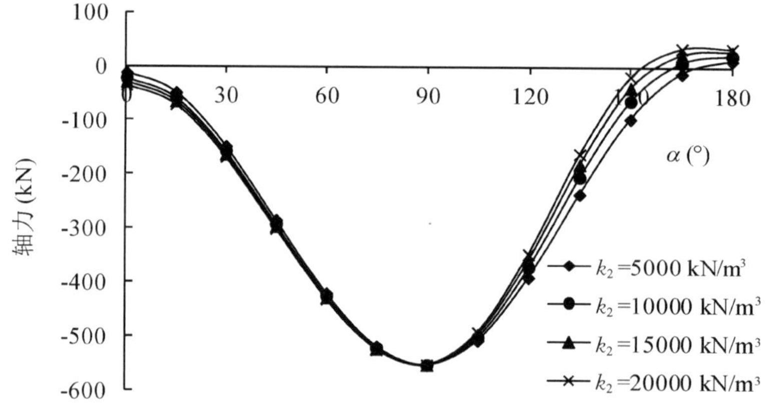

图 3－41　不同 k_2 条件下隧道衬砌附加轴力分布

通过以上的分析，拱顶与拱底土体基床系数增加均能使隧道横向变形减小。总体上拱顶土体基床系数变化对隧道附加内力影响较大，弯矩、轴力、剪力的影响幅度均为 25％左右；拱底土体基床系数变化对隧道附加内力分布的影响不大。

3）隧道半径 r 的影响

假定隧道拱顶所受荷载相同，不同隧道半径条件下隧道拱顶与拱底变形见图 3－43。随着隧道半径的增加，拱顶与拱底的变形逐渐增加，且增加的趋势越来越明显，而两者在数值上差别不大。

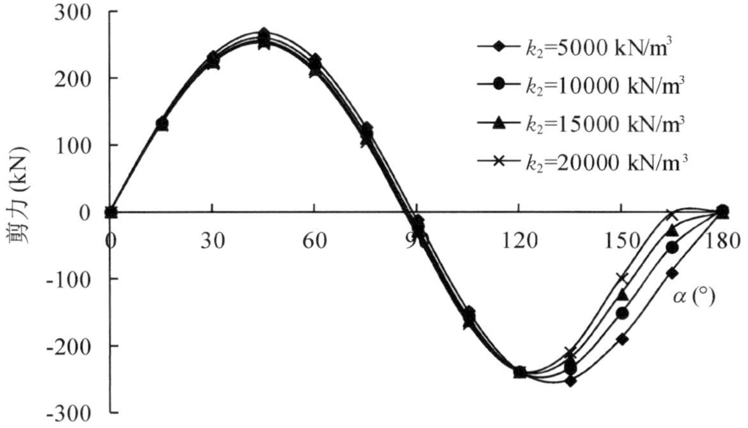

图 3 - 42　不同 k_2 条件下隧道衬砌附加剪力分布

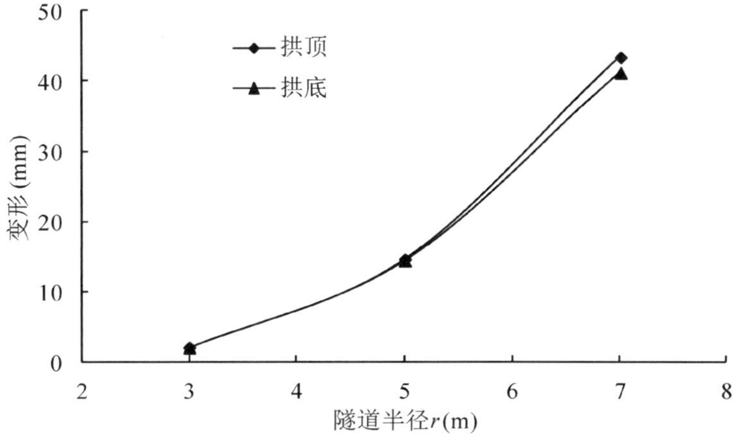

图 3 - 43　不同隧道半径条件下隧道拱顶与拱底的变形

不同隧道半径条件下隧道附加内力分布见图 3 - 44、图 3 - 45 及图 3 - 46。可以看出隧道半径对隧道衬砌附加内力有较大影响。当隧道半径从 3 m 增加到 5 m 时，隧道水平直径处附加弯矩增加到原来的 2.7 倍，而隧道最大附加轴力与附加剪力分别增加到原来的 1.67 倍以及 1.63 倍。从这个角度讲，大直径隧道受上方基坑开挖影响的横断面内力变化要比小直径隧道大得多，在工程中更需要予以重视。

4) 隧道衬砌厚度 t 的影响

隧道拱顶与拱底变形在不同隧道衬砌厚度条件下的数值见图 3 - 47。随着隧道衬砌厚度增加，衬砌刚度增大，拱顶与拱底的变形逐渐减小，两者之间的差别随着衬砌厚度增加逐渐减小。

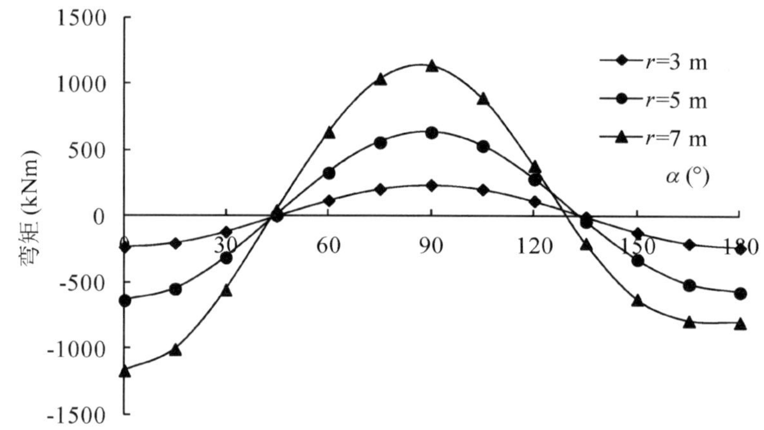

图 3-44　不同隧道半径条件下隧道衬砌附加弯矩分布

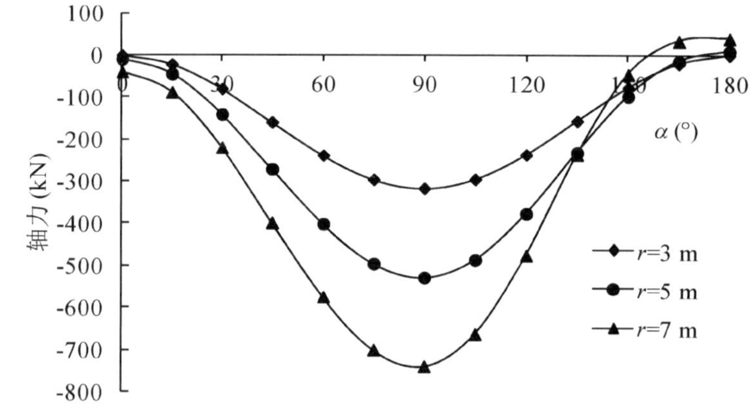

图 3-45　不同隧道半径条件下隧道衬砌附加轴力分布

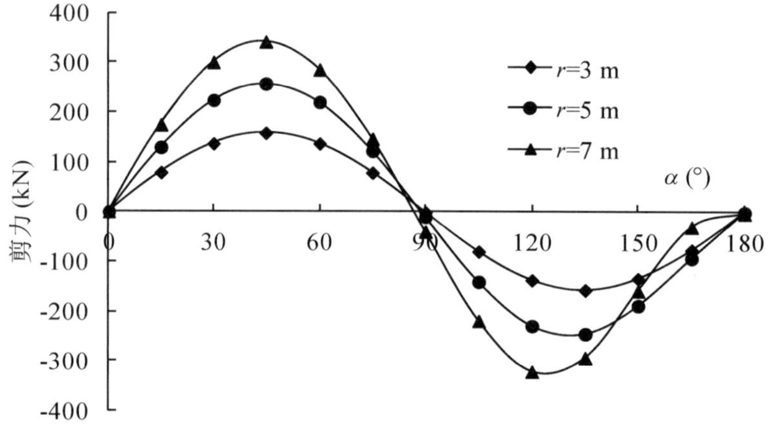

图 3-46　不同隧道半径条件下隧道衬砌附加剪力分布

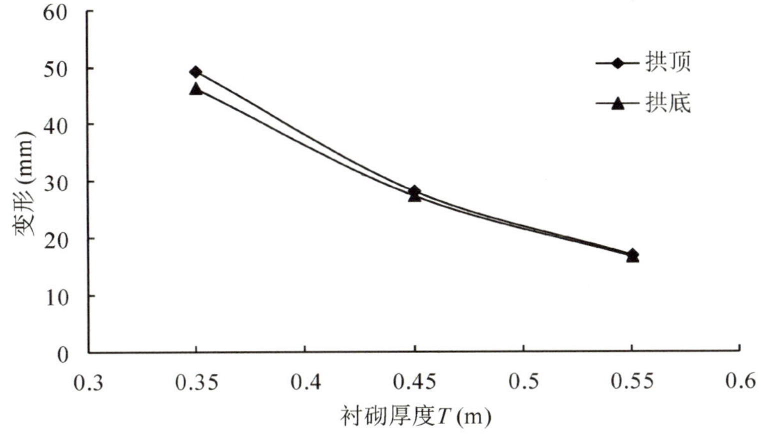

图 3－47　不同隧道衬砌厚度条件下隧道拱顶与拱底的变形

不同隧道衬砌厚度条件下隧道附加内力分布见图 3－48、图 3－49 及图 3－50。除了隧道拱底弯矩外，隧道衬砌厚度变化对隧道衬砌附加内力影响并不大。当衬砌厚度由 0.35 m 增加到 0.55 m 时，隧道拱底附加弯矩值由－400 kNm 增加到－608 kNm，增加了约 50%。

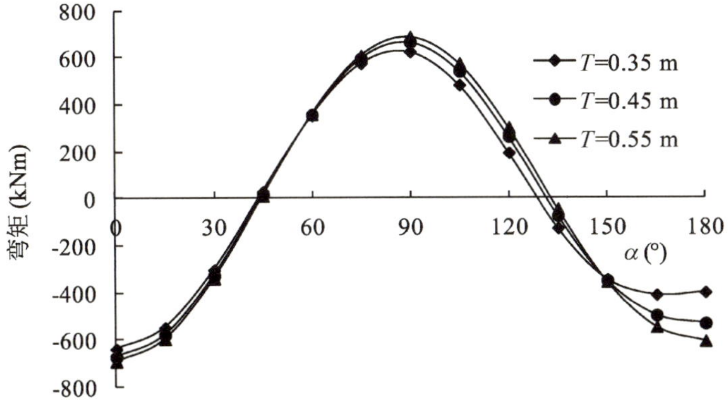

图 3－48　不同衬砌厚度条件下隧道衬砌附加弯矩分布

前一节与本节分别分析了上方基坑卸荷条件下，隧道半径与衬砌厚度对隧道横向变形与衬砌内力分布的影响。然而在工程实际中，隧道直径与衬砌厚度需要相互匹配，即隧道直径较大时，设计的隧道衬砌厚度也越厚。为使分析更贴近工程实际，以下针对上海地区的地铁 2 号线隧道、大连路隧道、延安东路隧道、上中路隧道及上海长江隧道这五条盾构隧道进行分析，各隧道的具体情况见表

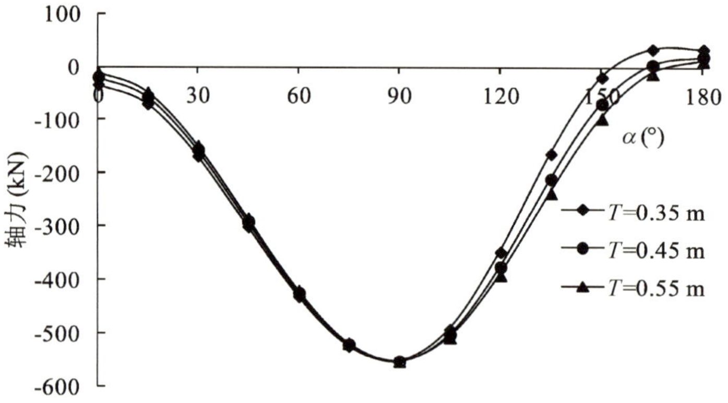

图 3-49　不同衬砌厚度条件下隧道衬砌附加轴力分布

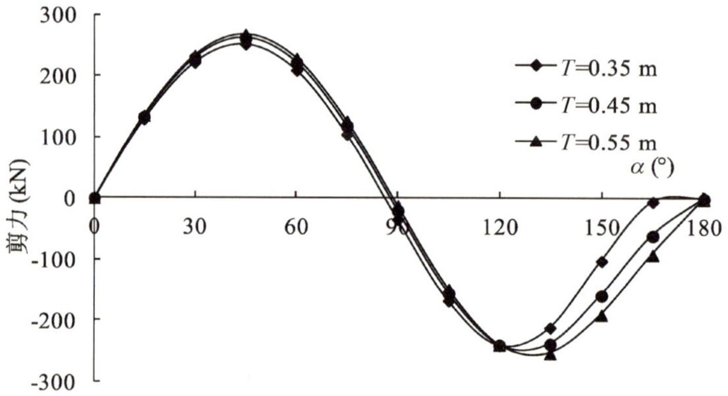

图 3-50　不同衬砌厚度条件下隧道衬砌附加剪力分布

3-7。从表中可以看出，在实际工程中直径较大的隧道，其衬砌厚度与隧道外径的比值 T/D 反而通常较小。

表 3-7　上海地区典型隧道基本情况表

隧道名称	隧道外径 D(m)	衬砌厚度 T(m)	衬砌厚度/隧道外径 T/D
上中路隧道	14.5	0.55	3.79%
上海长江隧道	15	0.65	4.33%
大连路隧道	11	0.48	4.36%
延安东路隧道	11	0.55	5.00%
上海地铁隧道	6.2	0.35	5.64%

典型隧道受上方基坑开挖影响产生的隧道拱顶、拱底变形及衬砌特定位置处的弯矩（水平直径处）、轴力（水平直径处）及剪力（$\alpha=45°$处）数值见图 3－51 与图 3－52。对于隧道变形而言，总体上 T/D 的数值越小隧道的变形越大，随着 T/D 的增加，隧道拱顶与拱底变形近似呈线性下降。从图 3－52 看出，T/D 的数值与衬砌内力数值相关性并不大。事实上，隧道衬砌内力的大小主要与隧道外径相关，而衬砌厚度对其影响不大。图 3－53 给出了隧道外径对以上各特定位置处衬砌内力的影响，随着隧道外径增加，衬砌内力近似呈线性变化趋势。

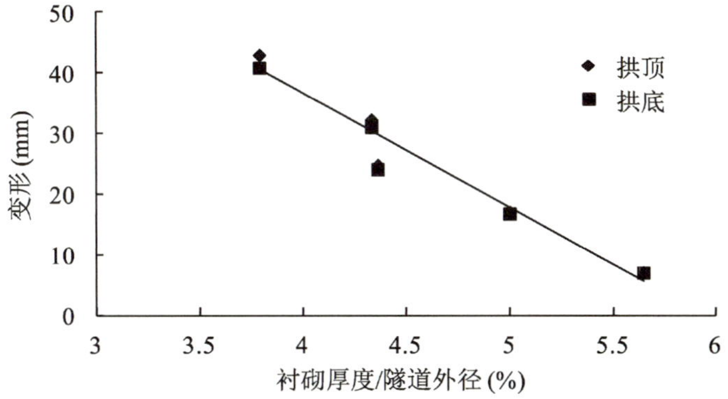

图 3－51　典型隧道受上方基坑开挖影响的隧道拱顶与拱底变形

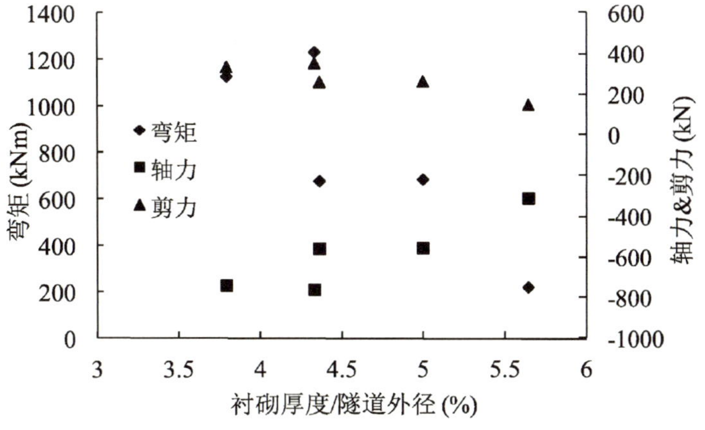

图 3－52　典型隧道受上方基坑开挖影响的衬砌内力变化

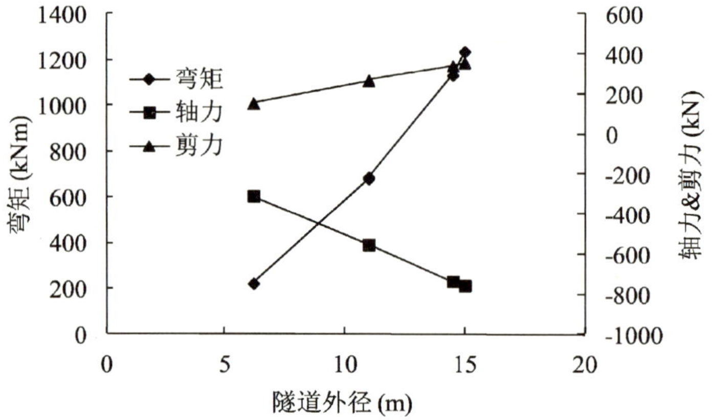

图 3-53　典型隧道外径对衬砌内力的影响

3.4 本章小结

本章利用解析方法分析了基坑开挖对下卧盾构隧道的影响。为简化问题，分别从纵向以及横向两个角度考虑隧道在基坑开挖作用下的响应。

在纵向上，假设隧道为一维无限长弹性地基梁，采用 Kerr 地基模型体现土与隧道作用，同时考虑了隧道侧向土体对隧道的作用，得到了以下一些主要的结论：

（1）可以采用 Mindlin 解析解计算基坑开挖在下卧隧道轴线上产生的附加应力，基坑长度、基坑宽度、基坑开挖深度、隧道埋深等因素对附加应力的分布有较大影响，而泊松比及隧道与基坑之间的夹角变化对附加应力的分布影响不大。

（2）应用 Kerr 地基模型分析上方开挖卸荷对隧道影响时，采用简化弹性空间法比较容易获得地基参数，$c=7k$ 是较好的选择；地基弹性模量与厚度是较为敏感的参数，而泊松比变化对结果的影响不大。

（3）采用 Winker、Pasternak 及 Kerr 地基模型计算隧道纵向变形时，Kerr 地基模型的计算结果最为精确，Pasternak 模型次之，而 Winkler 模型的结果最不理想。

（4）通过参数调整可以使 Kerr 模型与 Pasternak 模型的计算结果更为精确，然而 Winkler 模型的结果与数值解偏差仍然较大，参数调整系数与地层弹性模量以及地层厚度相关。

(5) 基坑开挖时，隧道侧向土体对隧道的作用相当显著，在计算时应该进行考虑。为减小由于侧向土体作用导致的隧道变形增加，在实际工程施工在对隧道上方土体进行加固的同时，可考虑对隧道侧向一定范围内的土体也进行加固。

另外，本章也提出了基坑开挖引起下卧隧道横向响应的简化计算模型，采用 Mindlin 解或经验法得到隧道拱顶的卸荷量，假设隧道上下方土体抗力为三角形分布，利用力法求解了隧道变形与内力，得到了以下结论：

(1) 基坑开挖影响下，隧道横向发生“竖鸭蛋”形式的附加变形，基坑开挖引起的隧道衬砌附加弯矩最大值出现在隧道水平直径处，同时隧道拱顶与拱底的附加弯矩值也相当大；附加轴力的最大值也出现在隧道水平直径处；附加剪力的最大值大于出现在衬砌上 $\alpha=45°$ 与 $\alpha=135°$ 位置附近。由于隧道顶部土体抗力小于隧道底部，因此隧道拱顶变形稍大于拱底变形。

(2) 拱顶与拱底土体基床系数增加均能使隧道横向变形减小。总体上拱顶土体基床系数变化对隧道衬砌附加弯矩、轴力、剪力的影响幅度均为 25%左右；拱底土体基床系数变化对隧道附加内力分布的影响不大。

(3) 保持其他条件不变，随着隧道半径的增加，拱顶与拱底的变形逐渐增加，且增加的趋势越来越明显。隧道半径对隧道衬砌附加内力有较大影响。以本书所给的基本条件为例，当隧道半径从 3 m 增加到 5 m 时，隧道水平直径处附加弯矩增加到原来的 2.7 倍，而隧道最大附加轴力与附加剪力分别增加到原来的1.67倍以及 1.63 倍。从这个角度讲，在实际工程中更需要注意基坑开挖对下卧大直径隧道的影响。

(4) 保持其他条件不变，随着隧道衬砌厚度增加，拱顶与拱底的变形逐渐减小。除了隧道拱底弯矩外，隧道衬砌厚度变化对隧道衬砌附加内力影响不大。

(5) 通过对上海地区几条典型隧道进行分析，隧道受上方基坑开挖影响时，对于隧道横断面变形而言，衬砌厚度与隧道外径的比值是关键因素，总体上随衬砌厚度与隧道外径的比值减小，隧道变形呈线性增加。对于衬砌内力而言，隧道外径是关键因素，两者近似线性相关。

在本章的解析分析中采用了较多的假定，如在采用 Mindlin 解析解计算上方基坑开挖引起的隧道轴线处的附加应力时，认为：土体为弹性半空间的均质体；隧道轴线在空间上与基坑坑底平行；不考虑时间因素；不考虑工程中采取的各种措施对基坑卸荷及土体附加应力的影响。受这些假定的约束，本书给出隧道轴线处附加应力计算方法适用于基坑形状较规则的情况，且计算结果与实际情况有一定的差别。

在分析隧道受上方基坑开挖引起的纵向变形与内力时,采用整体刚度减弱考虑隧道纵向接头存在对隧道刚度的影响。实际上,隧道在纵向上刚度呈不均匀分布,连接管片环的接头处的刚度要明显小于混凝土管片环。通过整体刚度减弱的假设,能在一定程度上使计算得到的隧道纵向变形与实际接近,然而对接头变形特性及纵向弯矩分布的实际情况均无法反映。

在推导上方基坑开挖作用下隧道的横向响应时,不考虑隧道侧向水土压力的变化,同时也没有考虑实际基坑工程中经常采用的降水措施,因此推导的结果能够总体上反映隧道受上方卸荷作用产生的横断面变形与内力变化特征,然而结果的精确度仍需提高。

第4章 盾构隧道纵向变形引起的横向效应

4.1 引　　言

盾构隧道结构在纵向上刚度较小，不论是在施工阶段由于曲线推进、纠偏、土体扰动等因素的影响，或者是在隧道运营期间由于长期沉降、邻近基坑开挖等的影响，隧道都有可能发生纵向变形。纵向变形将进一步对隧道横向产生作用，表现为隧道横断面的变形与受力。总体而言，隧道在纵向变形条件下的结构反应可以归纳为以下几种效应的组合：

（1）纵向结构挠曲

隧道在纵向可近似为一根长梁，产生纵向结构弯曲受力，隧道横断面上下部纵向纤维分别处于拉伸或压缩状态，容易导致受拉侧环缝张开，引起渗漏。

（2）纵向结构剪切

由于隧道纵向变形，隧道纵向产生不均衡剪力，使隧道横断面产生剪切变形和横向弯曲。纵向剪切使环缝接头承受相对集中的剪切，可能发生较大错动变形，对接头受力、防水不利。

（3）横断面压扁

对于一根受弯的管段，管段横断面有椭圆化的趋势，这种现象在管道工程中很常见。盾构隧道发生纵向弯曲变形时，其横断面也将存在压扁效应，并由此产生横向变形与内力。

（4）横断面翘曲

具有足够纵向刚度的隧道，由于受荷方向及分布与纵缝的分布不一致，隧道沿周向各纵向纤维的拉伸与压缩并不与截面转角呈线性关系。隧道横断面各点发生不同的非线性纵向位移，且变形后不在同一平面，隧道横断面发生翘曲。

针对以上四种盾构隧道纵向变形引起的结构效应，本章主要推导了隧道纵向弯曲情况下横断面压扁效应引起的隧道变形与内力。同时针对典型的盾构隧道纵向变形模式，将压扁效应与纵向结构剪切效应进行对比讨论。对于隧道横断面翘曲，由于情况复杂，本书不做考虑。

4.2 盾构隧道纵向变形引起的横断面压扁效应

4.2.1 Brazier 效应

对于一根受弯的管段，管段横截面上下方将产生纵向的应力以平衡外荷载作用，纵向应力的方向与管段中心线相同，由于管段发生弯曲，因此任一横截面上的纵向应力将产生一个指向截面水平直径的合力，导致横截面椭圆化，见图 4-1。英国人 Brazier 第一次对该现象进行了研究，因此这种现象又称为 Brazier 现象（Brazier，1927），本书称之为压扁效应。

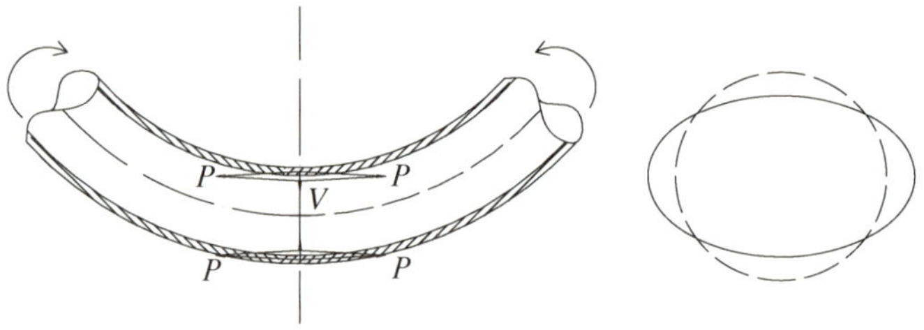

图 4-1 Brazier 效应示意图

针对工业管道工程，许多学者对 Brazier 效应进行了研究（Munz 及 Mattheck，1982；Calladine，1983；Mackenizie 及 Boyle，1992；Tang，2000）。然而盾构隧道与工业管道有不同之处：工业管道的弯曲一般十分严重，材料将由于弯曲而进入塑性，并且产生比较明显的管壁厚度变化，而对于盾构隧道的纵向变形，隧道衬砌一般仍在弹性范围内工作；工业管道一般是均匀的管段，而盾构隧道是采用管片拼装而成，衬砌接头的存在使隧道结构更具特性；工业管道内部受气液压力作用，外部则一般置于空气中，盾构隧道埋置于土层中，受到土层的约束作用。因此在分析隧道纵向变形引起的压扁效应时，不能直接将工业管道椭圆化效应的成果直接使用，必须建立适用于盾构隧道的计算方法。

4.2.2　盾构隧道横断面压扁效应推导

1. 推导思路

本节的推导思路如图 4-2 所示：首先假设隧道为一根均质的圆管，忽略接缝的存在，得到隧道纵向弯曲时由压扁效应引起的横向变形及衬砌内力；第二步在隧道横断面内引入环向接头(纵缝)，得到考虑环向接头的隧道横断面变形及内力；第三步考虑隧道变形后周围土体对隧道的作用，也即土体抗力引起的隧道变形与内力；第四步引入纵向接头(环缝)，推导环缝影响范围内的隧道压扁效应；最后考虑隧道的初始形态，推导隧道纵向初始曲率对隧道压扁效应的影响。

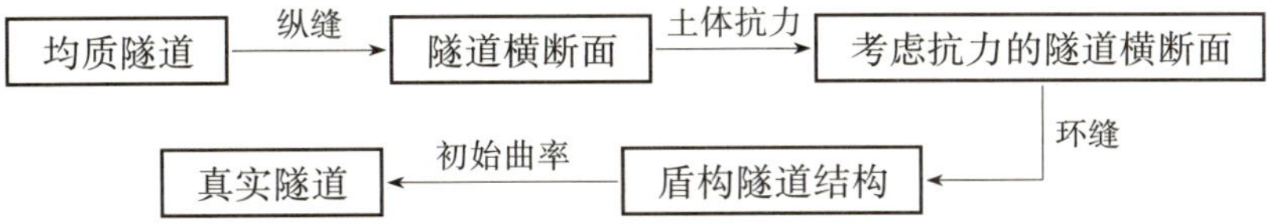

图 4-2　盾构隧道纵向变形引起横断面压扁效应推导思路图

2. 均质隧道的压扁效应

首先，假定盾构隧道为一根均质圆管，在纵向弯矩 M 的作用下，上下方衬砌将产生纵向的内力 P，见图 4-3。假定隧道衬砌厚度为 T，纵向应力为 σ_x，则：

$$P = \sigma_x T \tag{4-1}$$

由于压扁效应的存在，纵向内力 P 将合成一个指向隧道横断面水平直径的力 V：

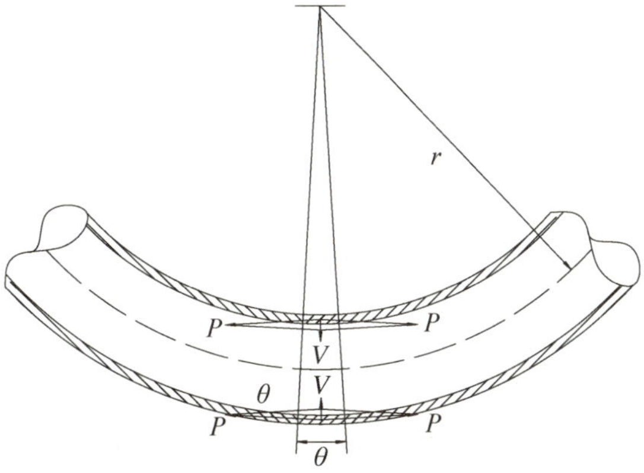

图 4-3　隧道弯曲衬砌纵向应力图

$$V = 2P\sin\frac{\theta}{2} \tag{4-2}$$

其中，θ 为隧道纵向单位长度的弯曲角度，对于微小角度有：

$$2\sin\frac{\theta}{2} \approx \sin\theta \approx \theta \tag{4-3}$$

故：

$$V = 2P\sin\frac{\theta}{2} = \sigma_x T\theta \tag{4-4}$$

曲率的定义为单位长度的弯曲角度：

$$\kappa = \frac{d\theta}{dx} \tag{4-5}$$

对于单位长度：

$$\kappa = \theta \tag{4-6}$$

且在纯弯的情况下：

$$\sigma_x = \frac{My}{I_l} = E\kappa y \tag{4-7}$$

其中，I 为隧道横截面惯性矩，y 为计算点与中性轴的距离，E 为弹性模量。将式(4-6)、式(4-7)代入式(4-4)得：

$$V = TE\kappa^2 y = TE\kappa^2 r\cos\alpha \tag{4-8}$$

其中，α 为确定衬砌上各点位置的参考角度，其具体定义同第 3 章。由压扁效应引起的作用在隧道横断面的荷载，本书称之为压扁荷载，其分布形式可见图 4-4。隧道拱顶与拱底由于在弯曲情况下纵向应力较大，因此这两处压扁荷载最大，而隧道水平直径处压扁荷载为 0。压扁荷载 V 的出现是隧道产生压扁效应的原因。

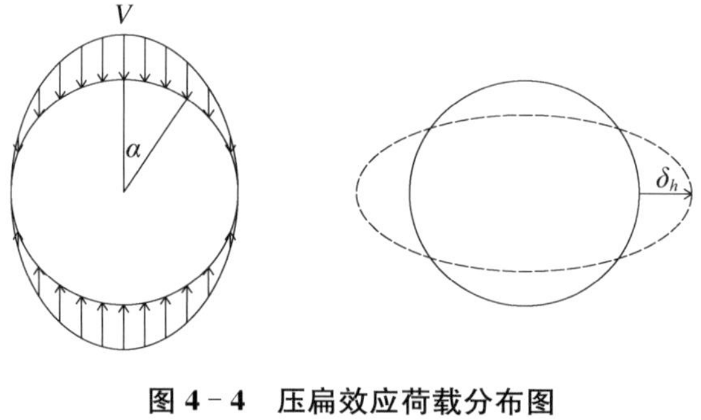

图 4-4　压扁效应荷载分布图

可根据力法求解压扁荷载作用下的隧道横断面内力与变形，计算简图见图 4-5a。以隧道中心处无水平位移与转动为条件，建立力法方程：

$$\delta_{11}x_1 + \delta_{12}x_2 + \Delta_{1\nu} = 0 \tag{4-9}$$

$$\delta_{21}x_1 + \delta_{22}x_2 + \Delta_{2\nu} = 0 \tag{4-10}$$

其中，x_1 与 x_2 为隧道中心去除多余约束后的水平向作用力以及弯矩，δ_{ii} 为 $x_i =$

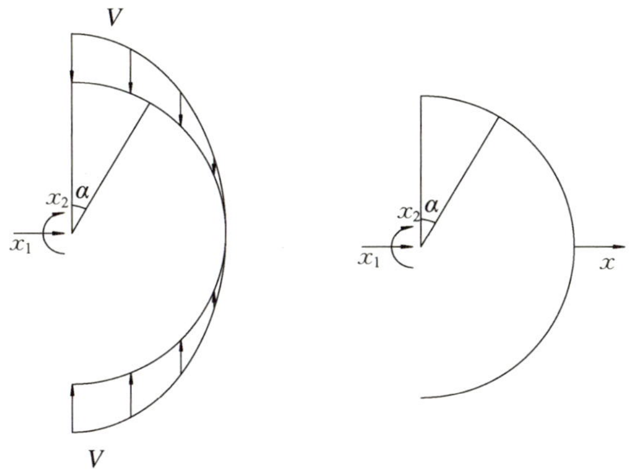

图 4-5　力法计算简图

1 引起的 x_i 方向的位移，δ_{ij} 为 $x_j=1$ 引起的 x_i 方向的位移，$\Delta_{i\nu}$ 为压扁荷载 V 引起的 x_i 方向的位移。

$$\bar{M}_1=-r\cos\alpha \tag{4-11}$$

$$\bar{M}_2=1 \tag{4-12}$$

根据虚功原理：

$$\delta_{11}=\int\frac{\bar{M}_1^2}{EI_c}\mathrm{d}s=\frac{\pi r^3}{2EI_c} \tag{4-13}$$

$$\delta_{12}=\delta_{21}=\int\frac{\bar{M}_1\bar{M}_2}{EI_c}\mathrm{d}s=0 \tag{4-14}$$

$$\delta_{22}=\int\frac{\bar{M}_2^2}{EI_c}\mathrm{d}s=\frac{\pi r}{EI_c} \tag{4-15}$$

I_c 为隧道衬砌惯性矩，s 是衬砌的弯曲长度。由 V 引起的衬砌内力为：

$$M_\nu=-\frac{1}{2}TE\kappa^2r^3\sin^2\alpha \tag{4-16}$$

$$N_\nu=TE\kappa^2r^2\sin^2\alpha \tag{4-17}$$

$$Q_\nu=-TE\kappa^2r^2\sin\alpha\cos\alpha \tag{4-18}$$

根据虚功原理：

$$\Delta_{1\nu}=\int\frac{\bar{M}_1M_\nu}{EI_c}\mathrm{d}s=0 \tag{4-19}$$

$$\Delta_{2\nu} = \int \frac{\bar{M}_2 M_\nu}{EI_c} \mathrm{d}s = -\frac{\pi TE\kappa^2 r^4}{4EI_c} \tag{4-20}$$

根据以上获得的参数，计算隧道中心处约束力：

$$x_1 = 0 \tag{4-21}$$

$$x_2 = \frac{1}{4} TE\kappa^2 r^3 \tag{4-22}$$

可以看到，在仅有对称竖向荷载施加于隧道衬砌时，隧道中心水平约束力为0。隧道衬砌总体内力如下：

$$M_\alpha = -x_1 r\cos\alpha + x_2 + M_\nu = \frac{1}{4} TE\kappa^2 r^3 - \frac{1}{2} TE\kappa^2 r^3 \sin^2\alpha \tag{4-23}$$

$$N_\alpha = x_1 \cos\alpha + N_\nu = TE\kappa^2 r^2 \sin^2\alpha \tag{4-24}$$

$$Q_\alpha = x_1 \sin\alpha + Q_\nu = -TE\kappa^2 r^2 \sin\alpha\cos\alpha \tag{4-25}$$

为计算隧道水平直径处变形，在该处作用一单位力，见图 4-5b。该单位力引起的弯矩为：

$$M_h = -r\cos\alpha \ (\pi/2 \leqslant \alpha \leqslant \pi) \tag{4-26}$$

隧道水平直径变形为：

$$\delta_h = \delta_{x_1} + \delta_{x_2} + \delta_\nu = \int_{\pi/2}^{\pi} \frac{x_2 \bar{M}_2 M_h}{EI_c} \mathrm{d}s + \int_{\pi/2}^{\pi} \frac{M_\nu M_h}{EI_c} \mathrm{d}s = \frac{1}{12} \frac{T\kappa^2 r^5}{I_c} \tag{4-27}$$

隧道收敛值为：

$$\delta = 2\delta_h = \frac{1}{6} \frac{T\kappa^2 r^5}{I_c} \tag{4-28}$$

以上即为由压扁荷载引起的隧道横断面的内力与变形。

3. *考虑盾构隧道纵缝影响的压扁效应*

实际盾构隧道衬砌结构并不是均质的，在隧道横断面中由于环向接头（纵缝）的存在将减弱隧道横向刚度。在实际隧道设计中，一般避免将环向接头布置在隧道拱顶与拱底，典型的隧道横断面接头分布示意如图 4-6 所示。可以通过角度 β 来表示接头的影响范围，在这个范围内衬砌刚度折减为 EI_c/γ，其中 γ 为折减系数。

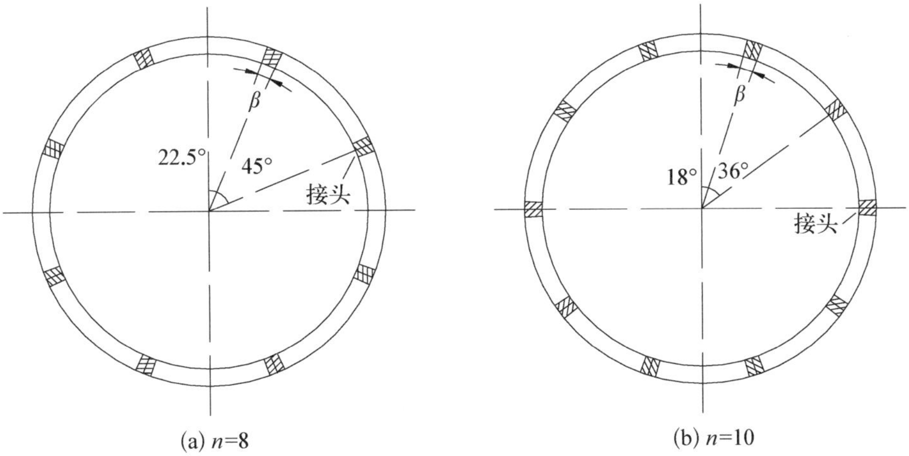

图 4-6　隧道横断面纵缝分布示意图

在以下的推导中，仅考虑接头均匀分布的情况，对于接头不均匀分布的情况，可采用类似的推导方法得到结果。

推导的力法模型与图 4-5a 的相似，由于荷载、结构对称分布，因此 $x_1=0$，为了计算 x_2，需先进行如下计算：

$$\delta_{22}=\int_0^{\frac{\pi}{n}-\frac{\beta}{2}}\frac{\bar{M}_2^2}{EI_c}ds+\sum_{i=1}^{n/2}\int_{\frac{(2i-1)\pi}{n}-\frac{\beta}{2}}^{\frac{(2i-1)\pi}{n}+\frac{\beta}{2}}\frac{\gamma\bar{M}_2^2}{EI_c}ds+\sum_{i=1}^{n/2-1}\int_{\frac{(2i-1)\pi}{n}+\frac{\beta}{2}}^{\frac{(2i+1)\pi}{n}-\frac{\beta}{2}}\frac{\bar{M}_2^2}{EI_c}ds+\int_{\frac{(n-1)\pi}{n}+\frac{\beta}{2}}^{\pi}\frac{\bar{M}_2^2}{EI_c}ds=\frac{\pi r}{EI_c}+\frac{n\beta(\gamma-1)r}{2EI_c} \tag{4-29}$$

$$\Delta_{2\nu}=\int_0^{\frac{\pi}{n}-\frac{\beta}{2}}\frac{\bar{M}_2M_\nu}{EI_c}ds+\sum_{i=1}^{n/2}\int_{\frac{(2i-1)\pi}{n}-\frac{\beta}{2}}^{\frac{(2i-1)\pi}{n}+\frac{\beta}{2}}\frac{\gamma\bar{M}_2M_\nu}{EI_c}ds+\sum_{i=1}^{n/2-1}\int_{\frac{(2i-1)\pi}{n}+\frac{\beta}{2}}^{\frac{(2i+1)\pi}{n}-\frac{\beta}{2}}\frac{\bar{M}_2M_\nu}{EI_c}ds+\int_{\frac{(n-1)\pi}{n}+\frac{\beta}{2}}^{\pi}\frac{\bar{M}_2M_\nu}{EI_c}ds=-\frac{1}{4}\left[\pi+\frac{n}{2}\beta(\gamma-1)\right]\frac{T\kappa^2Er^4}{EI_c} \tag{4-30}$$

其中，n 为隧道横断面环向接头的总数，i 为计算模型中的第 i 个接头：

$$x_2=\frac{1}{4}T\kappa^2Er^3 \tag{4-31}$$

可以看到，x_2 的数值也没有变化，故由压扁效应引起的隧道衬砌内力与上一节相同。隧道水平直径处的变形为：

$$\delta_h = \delta_{x_2} + \delta_\nu \tag{4-32}$$

对于 n 为 4 的倍数的情况：

$$\begin{aligned}\delta_{x_2} = &\int_{\frac{\pi}{2}}^{\frac{\pi}{2}+\frac{\pi}{n}-\frac{\beta}{2}} \frac{x_2 \bar{M}_2 M_h}{EI_c} ds + \sum_{i=n/4+1}^{n/2} \int_{\frac{(2i-1)\pi}{n}-\frac{\beta}{2}}^{\frac{(2i-1)\pi}{n}+\frac{\beta}{2}} \frac{\gamma x_2 \bar{M}_2 M_h}{EI_c} ds \\ &+ \sum_{i=n/4+1}^{n/2-1} \int_{\frac{(2i-1)\pi}{n}+\frac{\beta}{2}}^{\frac{(2i+1)\pi}{n}-\frac{\beta}{2}} \frac{x_2 \bar{M}_2 M_h}{EI_c} ds + \int_{\frac{(n-1)\pi}{n}-\frac{\beta}{2}}^{\pi} \frac{x_2 \bar{M}_2 M_h}{EI_c} ds\end{aligned} \tag{4-33}$$

$$\begin{aligned}\delta_\nu = &\int_{\frac{\pi}{2}}^{\frac{\pi}{2}+\frac{\pi}{n}-\frac{\beta}{2}} \frac{M_\nu M_h}{EI_c} ds + \sum_{i=n/4+1}^{n/2} \int_{\frac{(2i-1)\pi}{n}-\frac{\beta}{2}}^{\frac{(2i-1)\pi}{n}+\frac{\beta}{2}} \frac{\gamma M_\nu M_h}{EI_c} ds \\ &+ \sum_{i=n/4+1}^{n/2-1} \int_{\frac{(2i-1)\pi}{n}+\frac{\beta}{2}}^{\frac{(2i+1)\pi}{n}-\frac{\beta}{2}} \frac{M_\nu M_h}{EI_c} ds + \int_{\frac{(n-1)\pi}{n}-\frac{\beta}{2}}^{\pi} \frac{M_\nu M_h}{EI_c} ds\end{aligned} \tag{4-34}$$

对于 n 不是 4 的倍数的情况：

$$\begin{aligned}\delta_{x_2} = &\int_{\frac{\pi}{2}}^{\frac{\pi}{2}+\frac{\beta}{2}} \frac{\gamma x_2 \bar{M}_2 M_h}{EI_c} ds + \sum_{i=n/4+3/2}^{n/2} \int_{\frac{(2i-1)\pi}{n}-\frac{\beta}{2}}^{\frac{(2i-1)\pi}{n}+\frac{\beta}{2}} \frac{\gamma x_2 \bar{M}_2 M_h}{EI_c} ds \\ &+ \sum_{i=n/4+1}^{n/2-1} \int_{\frac{(2i-1)\pi}{n}+\frac{\beta}{2}}^{\frac{(2i+1)\pi}{n}-\frac{\beta}{2}} \frac{x_2 \bar{M}_2 M_h}{EI_c} ds + \int_{\frac{(n-1)\pi}{n}-\frac{\beta}{2}}^{\pi} \frac{x_2 \bar{M}_2 M_h}{EI_c} ds\end{aligned} \tag{4-35}$$

$$\begin{aligned}\delta_\nu = &\int_{\frac{\pi}{2}}^{\frac{\pi}{2}+\frac{\beta}{2}} \frac{\gamma M_\nu M_h}{EI_c} ds + \sum_{i=n/4+3/2}^{n/2} \int_{\frac{(2i-1)\pi}{n}-\frac{\beta}{2}}^{\frac{(2i-1)\pi}{n}+\frac{\beta}{2}} \frac{\gamma M_\nu M_h}{EI_c} ds \\ &+ \sum_{i=n/4+1}^{n/2-1} \int_{\frac{(2i-1)\pi}{n}+\frac{\beta}{2}}^{\frac{(2i+1)\pi}{n}-\frac{\beta}{2}} \frac{M_\nu M_h}{EI_c} ds + \int_{\frac{(n-1)\pi}{n}-\frac{\beta}{2}}^{\pi} \frac{M_\nu M_h}{EI_c} ds\end{aligned} \tag{4-36}$$

以上海延安东路隧道(接头分布如图 4－6a 所示)为例，$n=8$，则隧道收敛为：

$$\begin{aligned}\delta &= 2\delta_h \\ &= \frac{T\kappa^2 r^5}{I_c}\left[\frac{1}{6} + (\gamma - 1)\left(0.4\sin\frac{\beta}{2} + 0.13\sin\beta\cos\frac{\beta}{2} - 0.31\cos\beta\sin\frac{\beta}{2}\right)\right]\end{aligned} \tag{4-37}$$

假如 $\gamma=1$(无刚度折减)或者 $\beta=0$(接头影响范围为 0)，式(4－37)便简化为均质隧道的情况，也即式(4－28)。在工程中，通常采用横向刚度有效率 η 来体现横断面内接头存在导致的隧道衬砌整体刚度减弱，因此隧道收敛也可以简单地表示为：

$$\delta = \frac{1}{6}\frac{T\kappa^2 r^5}{\eta I_c} \tag{4-38}$$

4. 考虑土体抗力的压扁效应

隧道在土体中发生变形后将受到周围土体的作用。假设隧道变形后土体抗力为三角形分布，见图 4-7。抗力的数值由式(4-39)与式(4-40)计算。

$$p_{k\alpha} = p_k(1-\sqrt{2}\cos\alpha)\ (\pi/4 \leqslant \alpha \leqslant \pi/2) \tag{4-39}$$

$$p_{k\alpha} = p_k(1+\sqrt{2}\cos\alpha)\ (\pi/2 \leqslant \alpha \leqslant 3\pi/4) \tag{4-40}$$

对土体抗力采用 Winkler 地基模型：

$$p_k = k\delta_h \tag{4-41}$$

其中，k 为地基基床系数，由土体抗力引起的隧道水平直径处变形为：

$$\delta_{hp_k} = -\frac{0.045\,4 p_k r^4}{\eta E I_c} = -\frac{0.045\,4 k\delta_h r^4}{\eta E I_c} \tag{4-42}$$

水平直径处的最终变形为：

$$\delta_h = \delta_{hp_k} + \delta_\nu = \frac{1}{12}\frac{T\kappa^2 r^5}{\eta I_c} - \frac{0.045\,4 k\delta_h r^4}{\eta E I_c} \tag{4-43}$$

通过式(4-43)可以解得：

$$\delta_h = \frac{TE\kappa^2 r^5}{12(0.045\,4 k r^4 + \eta E I_c)} \tag{4-44}$$

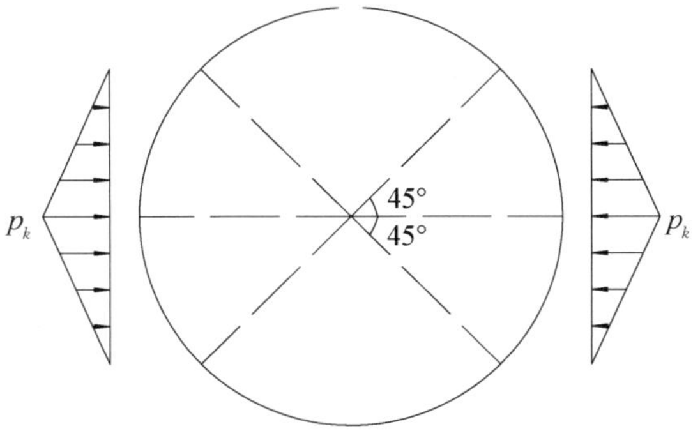

图 4-7　土体抗力分布示意图

则考虑土体抗力的隧道收敛为：

$$\delta = 2\delta_h = \frac{TE\kappa^2 r^5}{6(0.0454kr^4 + \eta EI_c)} \tag{4-45}$$

假如 $k=0$，也即不考虑土体抗力的影响，式(4-45)也将退化到式(4-28)。由土体抗力引起的隧道衬砌内力见表4-1。

表4-1 土体抗力引起的隧道衬砌内力表

	$0 \leqslant \alpha \leqslant \frac{\pi}{4}$	$\frac{\pi}{4} \leqslant \alpha \leqslant \frac{\pi}{2}$
M_α	$(0.2346 - 0.3536\cos\alpha)p_K r^2$	$(-0.3487 + 0.5\sin^2\alpha + 0.2357\cos^3\alpha)p_K r^2$
N_α	$0.3536\cos\alpha p_K r$	$(-0.707\cos\alpha + \cos^2\alpha + 0.707\sin^2\alpha\cos\alpha)p_K r$
Q_α	$0.3536\sin\alpha p_K r$	$(\sin\alpha\cos\alpha - 0.707\cos^2\alpha\sin\alpha)p_K r$

5. 纵向接头(环缝)影响范围内的压扁效应

盾构隧道在纵向通常可以简化为混凝土衬砌环与纵向接头的结合体，见图4-8。L_s 是一个整环的宽度，它包含了混凝土环的宽度以及纵向接头的影响范围 L_j。由于纵向接头影响范围内隧道结构的变形模式与混凝土衬砌环不同，因此需要对这个范围内的压扁效应进行单独分析。

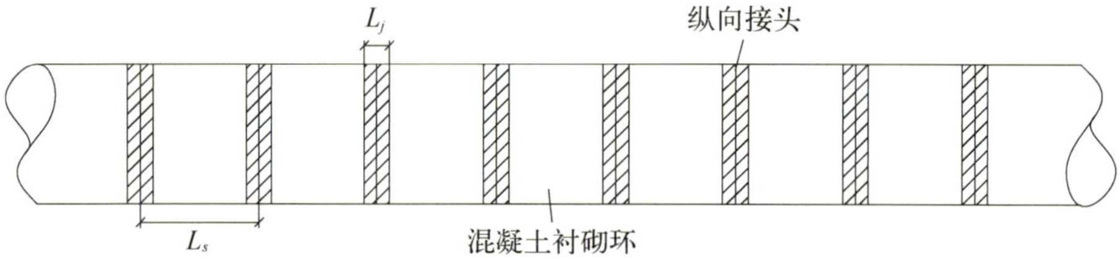

图4-8 盾构隧道纵向简化模型示意图

当弯矩作用在纵向接头时，接头一部分螺栓受拉，而另一部分混凝土受压，见图4-9a。中性轴不再位于隧道水平直径处，其位置可以通过角度 φ 表达(徐凌，2005)。

纵向接头影响范围内的衬砌纵向应力为：

$$\sigma_{xs} = E_s \kappa y \tag{4-46}$$

$$\sigma_{xc} = E\kappa y \tag{4-47}$$

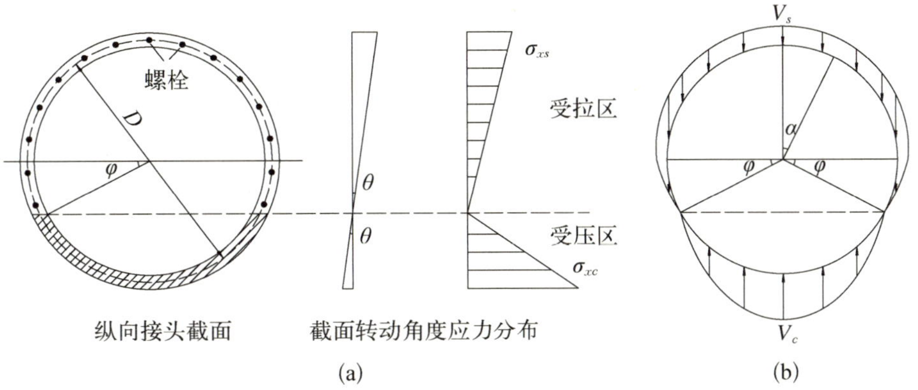

图 4-9　盾构隧道纵向接头影响范围内的压扁效应

$$E_s = \frac{n_b E_b A_b}{A} \tag{4-48}$$

其中，σ_{xs} 为受拉区拉应力，σ_{xc} 为受压区压应力，E_b 是螺栓的弹性模量，n_b 是纵向螺栓的个数，A_b 是一个螺栓的面积，A 为隧道横断面的总面积。

由压扁效应引起的作用于隧道衬砌的荷载为(见图 4-9b)：

$$V_s = TE_s \kappa^2 r(\cos\alpha + \sin\varphi) \tag{4-49}$$

$$V_c = TE\kappa^2 r(-\cos\alpha - \sin\varphi) \tag{4-50}$$

角度 φ 满足下式：

$$\varphi + \text{ctg}\,\varphi = \pi\left(\frac{1}{2} + \frac{E_s}{E}\right) \tag{4-51}$$

由压扁荷载 V 引起的隧道衬砌内力为：

当 $0 \leqslant \alpha \leqslant \pi/2 + \varphi$ 时：

$$M_\nu = -TE_s\kappa^2 r^3\left(\frac{1}{2}\sin^2\alpha + \sin\alpha\sin\varphi \cdot \alpha + \cos\alpha\sin\varphi - \sin\varphi\right) \tag{4-52}$$

$$N_\nu = TE_s\kappa^2 r^2(\sin^2\alpha + \sin\alpha\sin\varphi \cdot \alpha) \tag{4-53}$$

$$Q_\nu = -TE_s\kappa^2 r^2(\sin\alpha\cos\alpha + \cos\alpha\sin\varphi \cdot \alpha) \tag{4-54}$$

当 $\pi/2 + \varphi \leqslant \alpha \leqslant \pi$ 时：

$$M_\nu = M_{\nu 1} + M_{\nu 2} \tag{4-55}$$

$$M_{\nu 1}=-TE_s\kappa^2 r^3\left(\sin\alpha\cos\varphi-\frac{1}{2}\sin^2\varphi+\frac{1}{2}\sin\alpha\sin\varphi\cdot\pi\right.$$
$$\left.+\sin\alpha\sin\varphi\cdot\varphi-\frac{1}{2}-\sin\varphi\right)\tag{4-56}$$

$$M_{\nu 2}=-TE\kappa^2 r^3\left(\frac{1}{2}+\frac{1}{2}\sin^2\alpha+\sin\alpha\sin\varphi\cdot\alpha+\cos\alpha\sin\varphi\right.$$
$$\left.-\sin\alpha\cos\varphi+\frac{1}{2}\sin^2\varphi-\frac{1}{2}\sin\alpha\sin\varphi\cdot\pi-\sin\alpha\sin\varphi\cdot\varphi\right)\tag{4-57}$$

$$N_\nu=N_{\nu 1}+N_{\nu 2}\tag{4-58}$$

$$N_{\nu 1}=TE_s\kappa^2 r^2\left(\sin\alpha\cos\varphi+\frac{1}{2}\sin\alpha\sin\varphi\cdot\pi+\sin\alpha\sin\varphi\cdot\varphi\right)\tag{4-59}$$

$$N_{\nu 2}=TE\kappa^2 r^2\left(\sin^2\alpha+\sin\alpha\sin\varphi\cdot\alpha-\sin\alpha\cos\varphi\right.$$
$$\left.-\frac{1}{2}\sin\alpha\sin\varphi\cdot\pi-\sin\alpha\sin\varphi\cdot\varphi\right)\tag{4-60}$$

$$Q_\nu=Q_{\nu 1}+Q_{\nu 2}\tag{4-61}$$

$$Q_{\nu 1}=-TE_s\kappa^2 r^2\left(\cos\alpha\cos\varphi+\frac{1}{2}\cos\alpha\sin\varphi\cdot\pi+\cos\alpha\sin\varphi\cdot\varphi\right)\tag{4-62}$$

$$Q_{\nu 2}=-TE\kappa^2 r^2\left(\sin\alpha\cos\alpha+\cos\alpha\sin\varphi\cdot\alpha-\cos\alpha\cos\varphi\right.$$
$$\left.-\frac{1}{2}\cos\alpha\sin\varphi\cdot\pi-\cos\alpha\sin\varphi\cdot\varphi\right)\tag{4-63}$$

隧道中心处的约束力：

$$x_1=\frac{2}{\pi}TE_s\kappa^2 r^2\left(\frac{1}{3}\cos^3\varphi+\frac{1}{4}\sin^3\varphi\cdot\pi+\frac{1}{2}\sin^3\varphi\cdot\varphi\right.$$
$$-\frac{3\pi}{8}\sin\varphi-\frac{1}{4}\sin^2\varphi\cos\varphi-\frac{3}{4}\sin\varphi\cdot\varphi$$
$$\left.+\frac{1}{4}\sin\varphi\cos^2\varphi\cdot\pi+\frac{1}{2}\sin\varphi\cos^2\varphi\cdot\varphi-\frac{1}{2}\cos\varphi\right)$$
$$+\frac{2}{\pi}TE\kappa^2 r^2\left(-\frac{1}{8}\sin\varphi\cdot\pi+\frac{1}{4}\sin\varphi\cdot\varphi\right.$$
$$\left.+\frac{1}{6}\cos^3\varphi+\frac{1}{4}\sin^2\varphi\cos\varphi\right)\tag{4-64}$$

$$x_2 = \frac{1}{\pi}TE_s\kappa^2 r^3\Big(\frac{5}{4}\sin\varphi\cos\varphi - \frac{1}{4}\sin^2\varphi\cdot\pi + \frac{1}{2}\sin^2\varphi\cdot\varphi$$
$$-\frac{\pi}{8} + \frac{3}{4}\varphi - \frac{1}{2}\sin\varphi\cdot\pi + \sin\varphi\cdot\varphi + \cos\varphi\Big)$$
$$+\frac{1}{\pi}TE\kappa^2 r^3\Big(-\frac{5}{4}\sin\varphi\cos\varphi + \frac{1}{4}\sin^2\varphi\cdot\pi$$
$$-\frac{1}{2}\sin^2\varphi\cdot\varphi + \frac{3\pi}{8} - \frac{3}{4}\varphi + \frac{1}{2}\sin\varphi\cdot\pi$$
$$-\sin\varphi\cdot\varphi - \cos\varphi\Big) \tag{4-65}$$

隧道衬砌上的总内力可按照以下求解：

$$M_\alpha = -x_1 r\cos\alpha + x_2 + M_\nu \tag{4-66}$$

$$N_\alpha = x_1\cos\alpha + N_\nu \tag{4-67}$$

$$Q_\alpha = x_1\sin\alpha + Q_\nu \tag{4-68}$$

隧道水平直径处的变形：

$$\delta_h = \delta_{x_1} + \delta_{x_2} + \delta_\nu = \delta_1 + \delta_2 \tag{4-69}$$

$$\delta_1 = \frac{TE_s\kappa^2 r^5}{EI_c}\Big(-\frac{7}{24} - \frac{1}{6}\cos^3\varphi - \frac{1}{8}\sin^3\varphi\cdot\pi - \frac{1}{4}\sin^3\varphi\cdot\varphi$$
$$-\frac{3}{8}\sin^2\varphi\cos\varphi + \left(\frac{1}{\pi} + \frac{3}{8}\right)\sin\varphi\cdot\varphi + \left(\frac{1}{2} - \frac{3\pi}{16}\right)\sin\varphi$$
$$-\frac{1}{8}\sin\varphi\cos^2\varphi\cdot\pi - \frac{1}{4}\sin\varphi\cos^2\varphi\cdot\varphi + \left(\frac{1}{\pi} + \frac{1}{4}\right)\cos\varphi$$
$$+\frac{5}{4\pi}\sin\varphi\cos\varphi - \frac{1}{4}\sin^2\varphi + \frac{1}{2\pi}\sin^2\varphi\cdot\varphi + \frac{3}{4\pi}\varphi\Big) \tag{4-70}$$

$$\delta_2 = \frac{T\kappa^2 r^5}{I_c}\Big(\frac{3}{8} - \frac{1}{4}\cos^3\varphi - \frac{7}{24}\sin^2\varphi\cos\varphi - \left(\frac{1}{\pi} + \frac{1}{8}\right)\sin\varphi\cdot\varphi$$
$$+\frac{1}{16}\sin\varphi\cdot\pi + \frac{1}{2}\sin\varphi + \left(\frac{1}{6} - \frac{1}{\pi}\right)\cos\varphi - \frac{5}{4\pi}\sin\varphi\cos\varphi$$
$$+\frac{1}{4}\sin^2\varphi - \frac{1}{2\pi}\sin^2\varphi\cdot\varphi - \frac{3}{4\pi}\varphi\Big) \tag{4-71}$$

6. 考虑隧道初始纵向曲率的压扁效应

在实际隧道的设计中，由于各种原因，如隧道服务功能要求等，隧道的纵向线型并非一根直线，而具有一定的初始曲率。初始曲率的数值有时甚至可以达到 1/5 000—1/4 000，因此很有必要考虑隧道初始纵向曲率对压扁效应的影响。

对于无初始曲率的隧道，其压扁荷载 V 与弯曲角度 θ 的关系可通过式(4-4)计算。考虑隧道初始曲率，假设隧道初始弯曲角度为 θ_o，则隧道发生纵向弯曲后最终弯曲角度 θ 是 θ_o 与 θ_i 之和，见图 4-10，其中 θ_i 为由于隧道纵向变形引起的弯曲角度。

对于单位长度有 $\kappa=\theta$，故：

$$V=\sigma_x T\kappa=\sigma_x T(\kappa_o+\kappa_i) \tag{4-72}$$

$$\sigma_x=\frac{My}{I_l}=E\kappa_i y \tag{4-73}$$

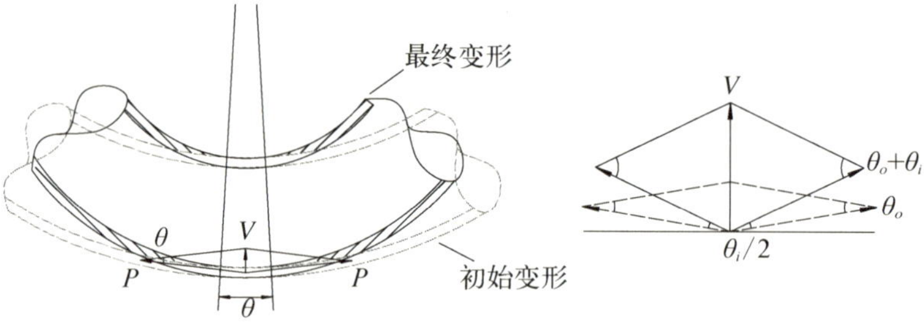

图 4-10　考虑盾构隧道初始曲率的压扁效应

将式(4-73)代入式(4-72)，得：

$$V=TE\kappa_i y(\kappa_o+\kappa_i) \tag{4-74}$$

其中，κ_o 为隧道纵向初始曲率，而 κ_i 为由于隧道纵向变形引起的曲率。隧道收敛为：

$$\delta=\frac{1}{6}\frac{Tr^5\kappa_i(\kappa_o+\kappa_i)}{\eta I_c} \tag{4-75}$$

隧道衬砌内力为：

$$M_\alpha=\frac{1}{4}TEr^3\kappa_i(\kappa_o+\kappa_i)-\frac{1}{2}TEr^3\kappa_i(\kappa_o+\kappa_i)\sin^2\alpha \tag{4-76}$$

$$N_\alpha = TEr^2\kappa_i(\kappa_o + \kappa_i)\sin^2\alpha \tag{4-77}$$

$$Q_\alpha = -TEr^2\kappa_i(\kappa_o + \kappa_i)\sin\alpha\cos\alpha \tag{4-78}$$

4.2.3 压扁效应影响因素参数分析

为分析隧道纵向弯曲曲率、隧道接头、隧道直径、衬砌厚度、土体抗力及隧道纵向初始曲率等因素对压扁效应的影响，本节对以上参数进行分析。改变一个参数时，其余参数按照表 4-2 取值。除了隧道直径与衬砌厚度这两个因素外，其余分析均以上海延安东路隧道为考虑对象。

表 4-2 压扁效应参数分析工况表

影响因素	横向刚度有效率 η	隧道直径 D(m)	衬砌厚度 T(m)	弯曲曲率半径 ρ(m)	地基基床系数 k(kN/m^3)	纵向初始曲率 κ_o
弯曲曲率	0.7	10.45	0.55	—	0	0
横向接头	—	10.45	0.55	5 000	0	0
隧道直径与衬砌厚度	0.7	10	0.4	5 000	0	0
土体抗力	0.7	10.45	0.55	—	—	0
纵向接头	0	10.45	0.55	5 000	0	0
纵向初始曲率	0.7	10.45	0.55	—	0	—

1. 隧道弯曲曲率的影响

隧道曲率是影响隧道压扁效应的最重要的因素之一，不同曲率半径的隧道收敛情况见图 4-11，此处隧道收敛以收敛绝对值与隧道外径比值 δ/D 来体现。当隧道曲率半径大于 10 000 m 时，隧道纵向变形引起的压扁效应可以忽略，然而当隧道曲率半径小于 5 000 m 时，随着曲率半径的减小，由压扁效应引起的隧道收敛急速增加。

另外，由压扁效应引起的隧道衬砌附加内力也跟隧道纵向曲率密切相关，见图 4-12、图 4-13 与图 4-14，当曲率半径小于 5 000 m 时，无论是弯矩、轴力还是剪力，其数值都相当大。由压扁效应引起的衬砌弯矩最大值出现在隧道水平直径处，拱顶与拱底的弯矩也相当大；衬砌轴力的最大值出现在水平直径处；而剪力的最大值出现在 $\alpha=45°$ 与 $\alpha=135°$ 位置附近。

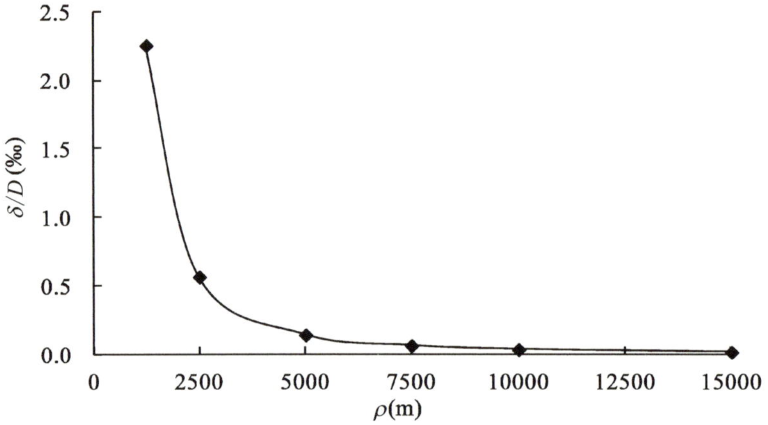

图 4-11　隧道弯曲曲率对隧道收敛的影响

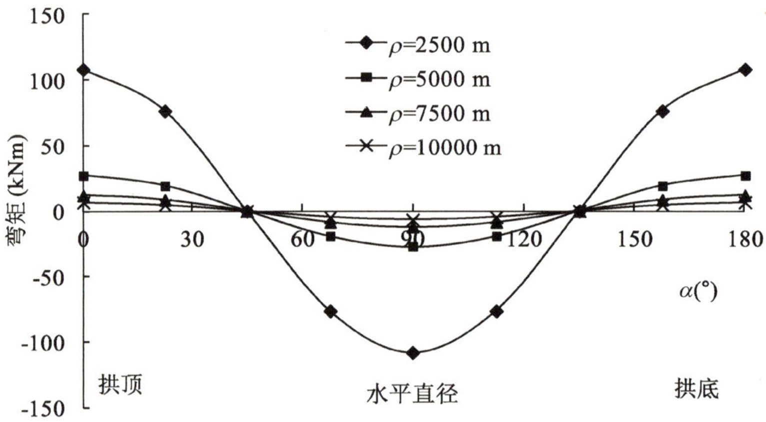

图 4-12　不同隧道弯曲曲率的衬砌弯矩分布

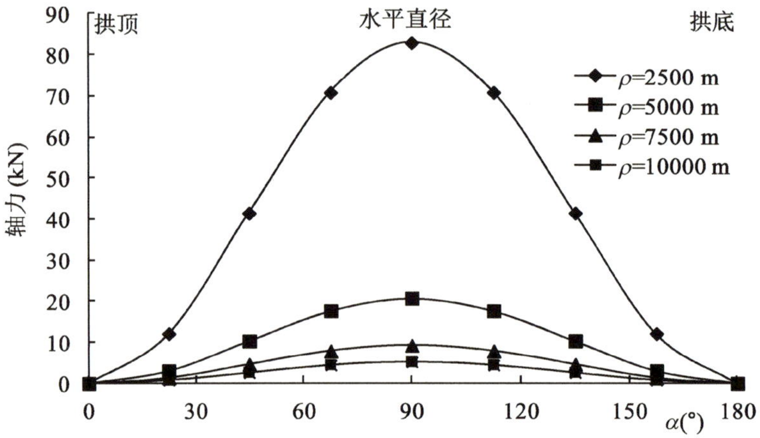

图 4-13　不同隧道弯曲曲率的衬砌轴力分布

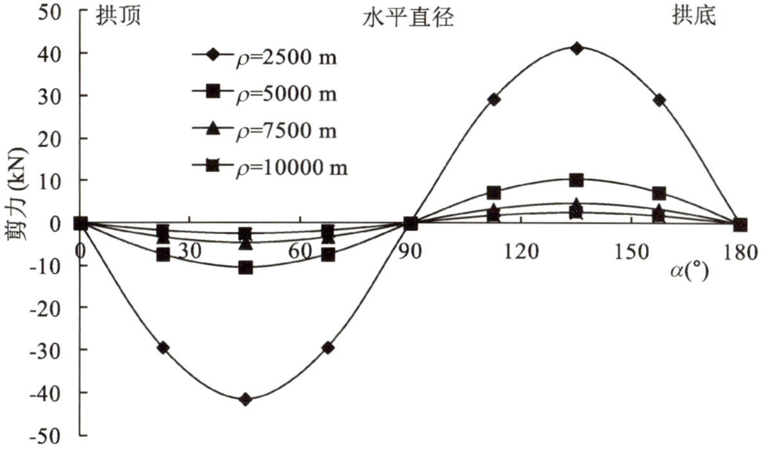

图 4-14　不同隧道弯曲曲率的衬砌剪力分布

2. 环向接头(纵缝)影响范围及刚度的影响

延安东路隧道在横断面内均匀分布 8 个环向接头，见图 4-6a。环向接头的性质可以通过两个参数描述，即接头影响范围 β 以及接头刚度折减系数 γ。通常接头影响范围可以取为接头中螺栓的长度，以延安东路隧道为例，螺栓长度为 400 mm，则 $\beta=4.4°$。然而当施加较大的螺栓预紧力时，接头影响范围可能远远大于螺栓长度。接头刚度受很多因素影响，如接头所受荷载、螺栓的性质及垫片材料等，通常 γ 可以取为 1/10—1/4(Lee 等，2001)。

环向接头影响范围 β 及刚度折减系数 γ 对隧道收敛的影响见图 4-15。

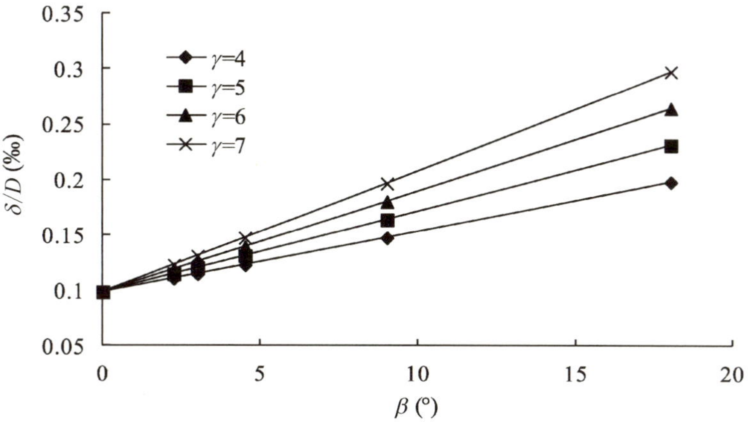

图 4-15　横向接头影响范围及刚度折减系数对隧道收敛的影响

对于给定的环向接头刚度折减系数，随着接头影响范围的增大，隧道收敛呈线性增长，如 $\gamma=5$ 的情况，当 β 从 3°增加到 4.5°时，收敛增加了约 9%。对于较高的 γ 值，收敛随着 β 增加的速率也较大，如 $\gamma=7$ 的情况，同样当 β 从 3°增加到 4.5°时，收敛增加了约 12%。对于给定的接头影响范围 β，隧道收敛与接头刚度折减系数 γ 也基本呈线性关系。

在实际应用中，通常用横向刚度有效率 η 来反映环向接头对隧道衬砌刚度的减弱作用，特定的 β 与 γ 均可找到对应的 η 值，见图 4-16。通常的横向刚度有效率 η 的范围大约在 0.6—0.8(徐凌，2005)。

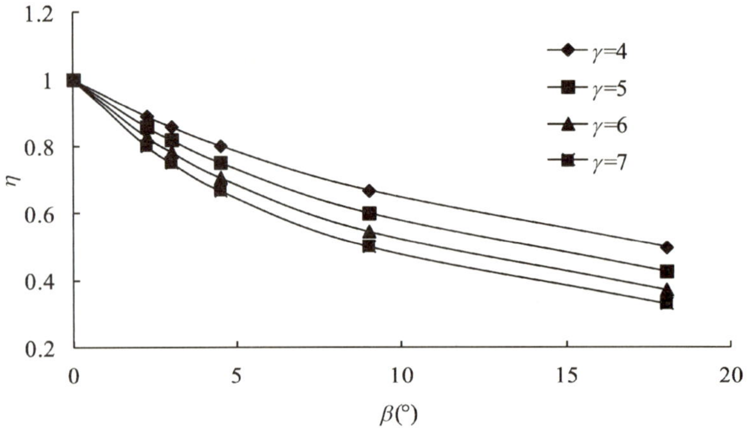

图 4-16 横向刚度有效率 η 与接头影响范围 β、接头刚度折减系数 γ 的对应关系

3. 隧道直径与衬砌厚度的影响

不同隧道直径与衬砌厚度条件下的隧道收敛见图 4-17。隧道直径与衬砌厚度对收敛均有较大的影响，随着直径增加，收敛呈指数性增长，而衬砌厚度增加，收敛减小。在实际工程中，隧道的直径与衬砌厚度应相互匹配，大直径隧道的衬砌厚度也较大。在图 4-17 中对比延安东路隧道(直径 11 m，衬砌厚度 0.55 m)与上海地铁隧道(直径 6.2 m，衬砌厚度 0.35 m)的压扁效应收敛值，发现前者的收敛值更大，说明隧道直径与衬砌厚度这两个因素，隧道直径的敏感性更显著，在实际工程中应更注意大直径隧道的压扁效应。

隧道直径变化对压扁效应引起的衬砌内力有较大影响，见图 4-18、图 4-19 及图 4-20。隧道弯矩、轴力及剪力的分布形式不发生变化，而当隧道直径增加时，内力快速增长。

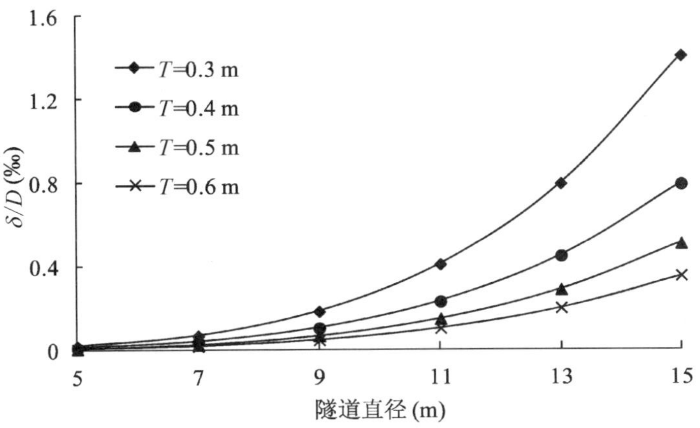

图 4-17　隧道直径与衬砌厚度对隧道收敛的影响

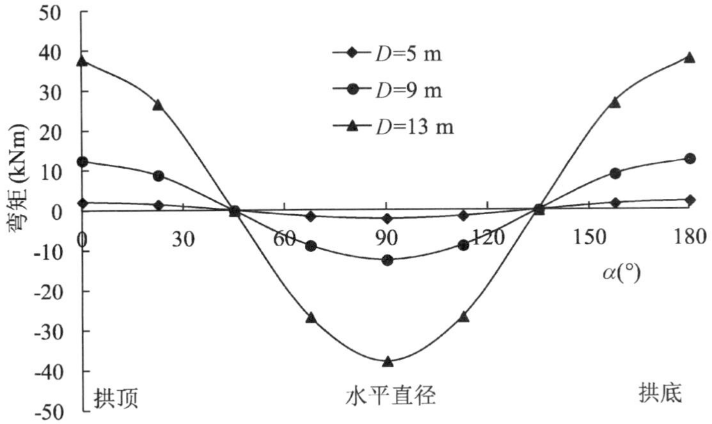

图 4-18　不同隧道直径的衬砌弯矩分布

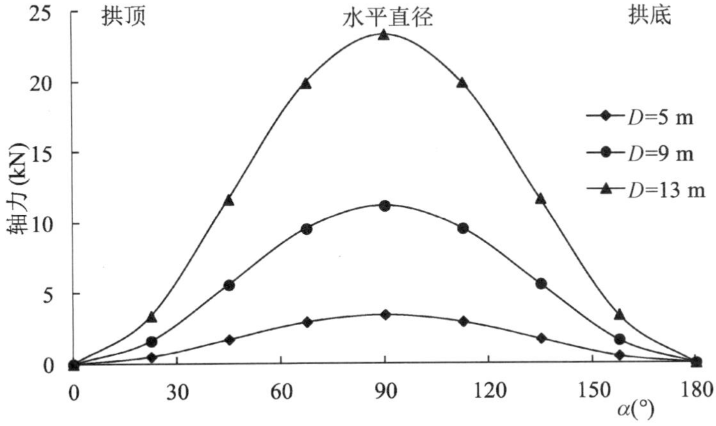

图 4-19　不同隧道直径的衬砌轴力分布

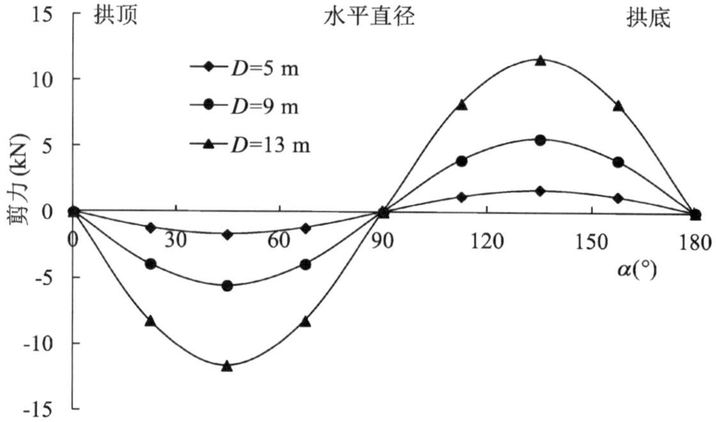

图 4-20　不同隧道直径的衬砌剪力分布

隧道衬砌厚度变化对压扁效应引起的衬砌内力也有一定影响，具体见图 4-21、图 4-22 及图 4-23，同时图 4-24 给出了衬砌上特定位置的弯矩（水平直径处）、轴力（水平直径处）以及剪力（$\alpha=45°$处）随衬砌厚度增加的变化趋势，可以看出不同隧道衬砌厚度条件下衬砌内力分布形式依旧不变，随着衬砌厚度增加，衬砌内力线性增加。

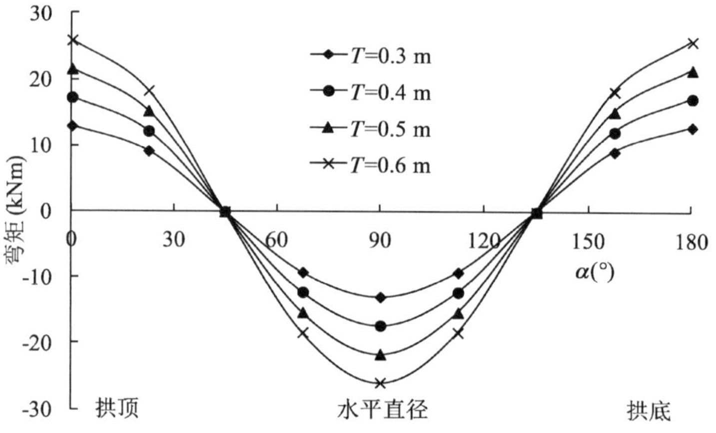

图 4-21　不同隧道衬砌厚度的衬砌弯矩分布

4. 土体基床系数的影响

不同土体基床系数对应的压扁效应引起的隧道收敛见图 4-25。土体抗力对压扁效应有一定的抵消作用，这种作用随着土体基床系数 k 的增大逐渐加强。以 $\rho=2\ 500$ m 为例，当 k 从 5 000 kN/m^3 增大到 10 000 kN/m^3 时，隧道收敛减

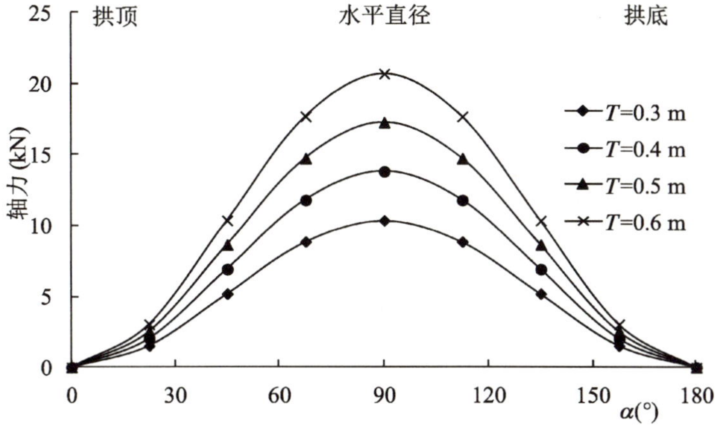

图 4-22　不同隧道衬砌厚度的衬砌轴力分布

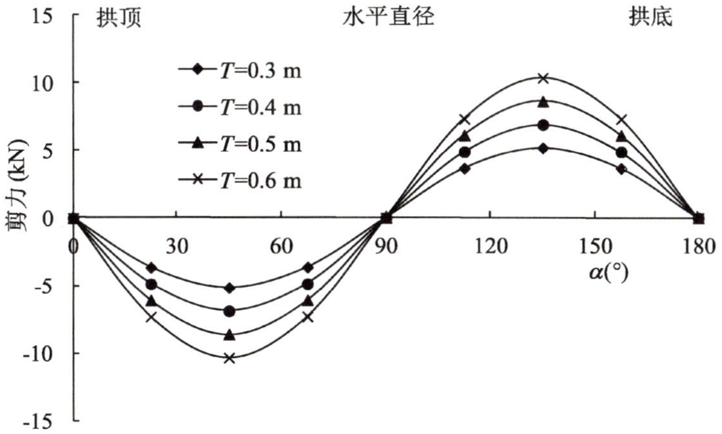

图 4-23　不同隧道衬砌厚度的衬砌剪力分布

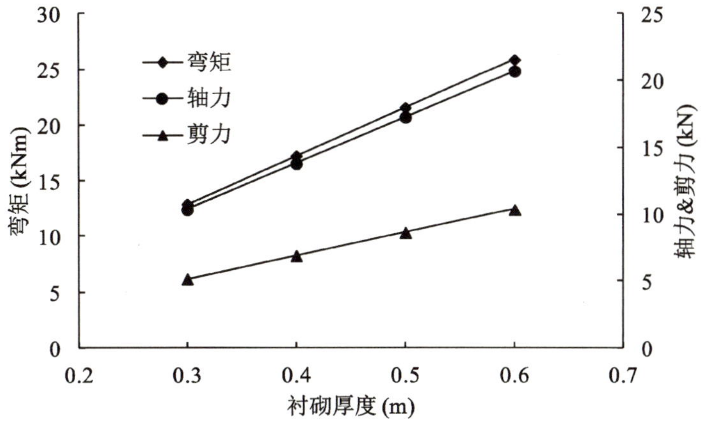

图 4-24　衬砌厚度对衬砌内力的影响

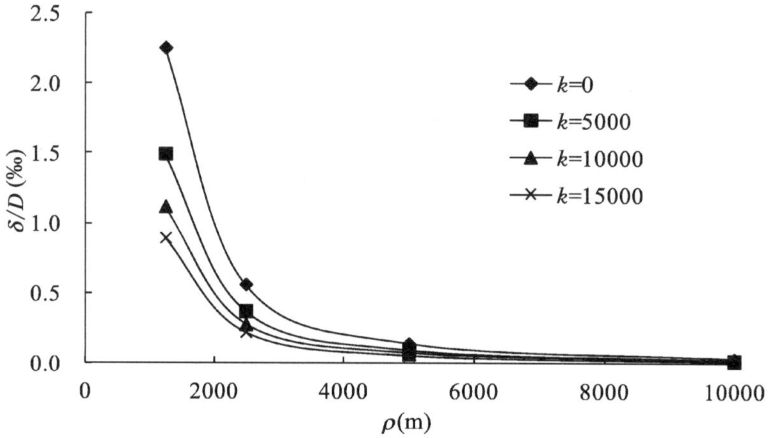

图 4-25　土体基床系数对隧道收敛的影响

小了 20.7%，随着 k 增大，其对隧道收敛的影响幅度有所减小，同样以 $\rho=2\ 500$ m 为例，当 k 从 10 000 kN/m^3 增大到 15 000 kN/m^3 时，隧道收敛减小了 17.6%。

不同土体基床系数条件下隧道衬砌附加内力分布见图 4-26、图 4-27 与图 4-28。压扁效应引起的弯矩由于土体抗力的作用而减小，当 $k=5\ 000$ kN/m^3 时，隧道水平直径处的弯矩仅为初始弯矩的 70%，当 $k=10\ 000$ kN/m^3 时，该处弯矩减小为初始值的 53%。

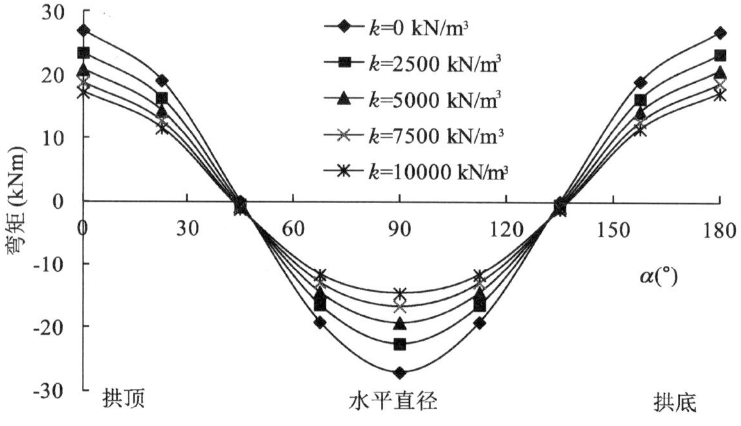

图 4-26　不同土体基床系数的衬砌弯矩分布

土体抗力的作用增加了衬砌的附加轴力，尤其在隧道拱顶与拱底，土体抗力引起的轴力尤为明显。另外，土体抗力减小了压扁效应引起的剪力。由土体抗力引起的剪力在隧道拱肩($\alpha=45°$)处较为显著，当 $k=5\ 000$ kN/m^3 时，隧道拱肩处的剪力减少了 24%，当 $k=10\ 000$ kN/m^3 时，该处剪力减小了 38%。

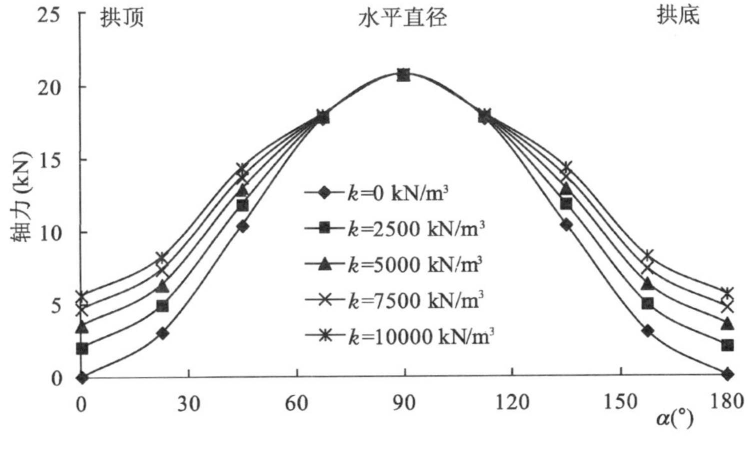

图 4-27　不同土体基床系数的衬砌轴力分布

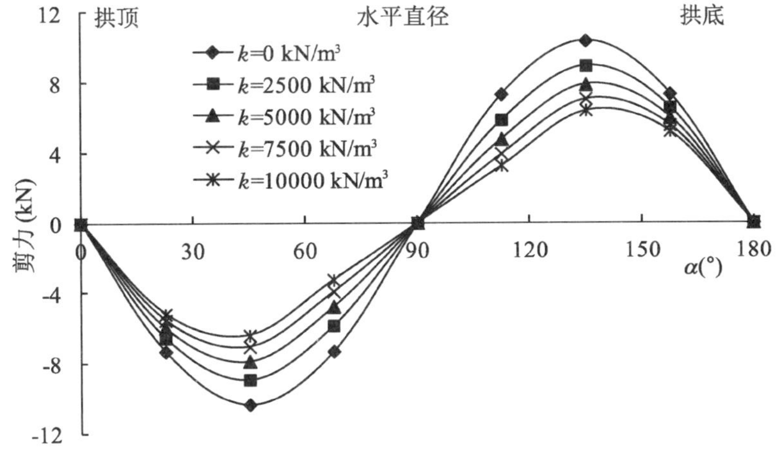

图 4-28　不同土体基床系数的衬砌剪力分布

5. 纵向接头(环缝)影响范围内的压扁效应

在纵向接头影响范围内，隧道断面中性轴的位置可通过角度 φ 确定，φ 的大小与纵向螺栓的刚度相关。不同的 φ 值对应的压扁效应引起的隧道收敛见图 4-29，随着 φ 增加，也即随着中性轴偏离隧道中心，压扁效应逐渐减弱。对于盾构隧道，通常 φ 的大小大约在 60°—70°之间，如上海延安东路隧道，其纵向由 32 根 Φ36 的螺栓连接，φ 为 64.1°，因此通常来讲纵向接头影响范围内的隧道收敛小于混凝土衬砌环。

按照表 4-2 所列的情况，纵向接头影响范围内的隧道衬砌附加内力分布见图 4-30。显然在该范围内的内力数值与混凝土衬砌环相比也很小。

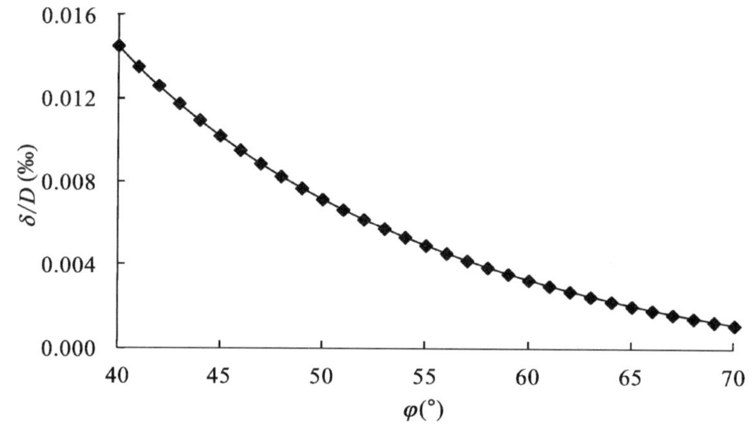

图 4－29　不同 φ 对应的隧道收敛

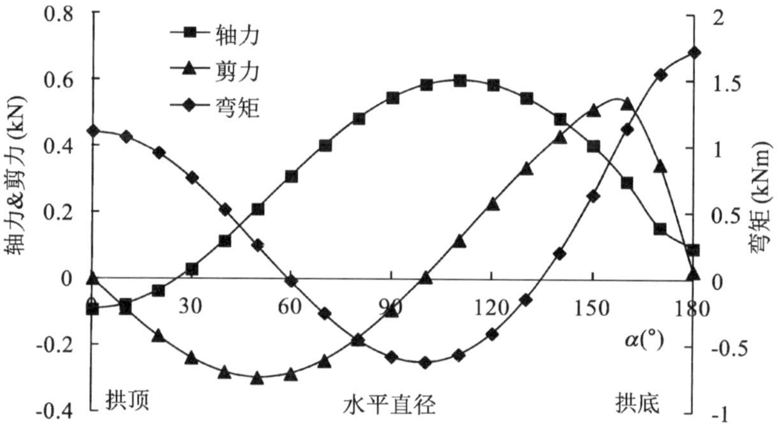

图 4－30　纵向接头影响范围内的衬砌内力分布

通过以上分析，在纵向接头影响范围内压扁效应引起的隧道变形及衬砌内力都远小于混凝土衬砌环，因此该影响范围内的压扁效应可以忽略。

6. 隧道纵向初始曲率的影响

图 4－31 显示了初始曲率对压扁效应引起的隧道收敛的影响。对于给定的某一纵向变形产生的弯曲曲率，随着初始曲率的增加，隧道收敛呈线性增加，说明初始曲率对隧道压扁效应有较大的影响。隧道纵向初始曲率的数值对隧道衬砌内力也有所影响，以隧道衬砌弯矩为例（图 4－32），随初始曲率增加隧道内力数值呈线性增长。需要注意的是，当后期的由隧道纵向变形引起的附加曲率小于初始曲率时，隧道初始曲率可能成为压扁效应的决定性因素。

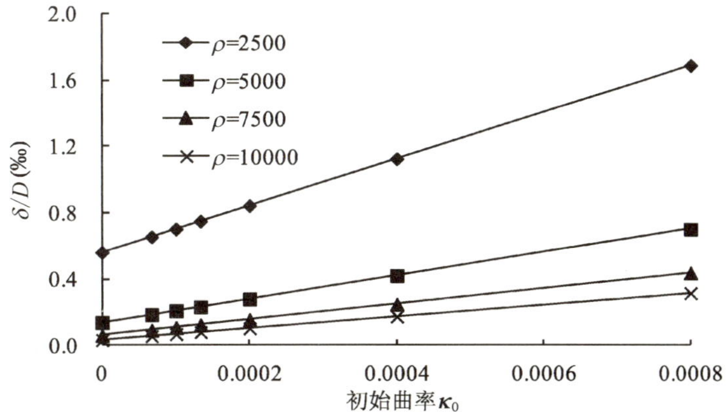

图 4 - 31　隧道纵向初始曲率对隧道收敛的影响

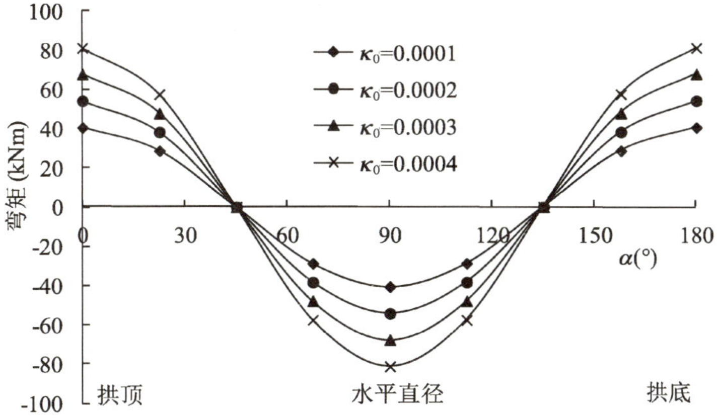

图 4 - 32　不同初始曲率的衬砌弯矩分布

4.2.4　压扁效应应用实例

隧道在发生纵向变形之前由于水土压力的作用已产生变形与内力，当隧道发生纵向变形时，压扁效应也将使隧道横断面产生附加变形与内力，本节拟通过一个实例分析将压扁效应引起的隧道响应与水土压力引起的隧道响应进行对比。

1. 工况说明

以上海延安东路隧道为例，进行隧道拱顶覆土深度分别为 D、1.5D 以及 2D 三组工况的计算。隧道受水土压力作用的计算模型见图 4 - 33(《地下建筑结构》,2005)，计算的参数见表 4 - 3。地下水位假设位于地表。

关于压扁效应的条件，假设隧道初始曲率为 1/4 000(坡度 2.5%)，由于纵向变形导致的隧道纵向最小曲率半径为 4 000 m。

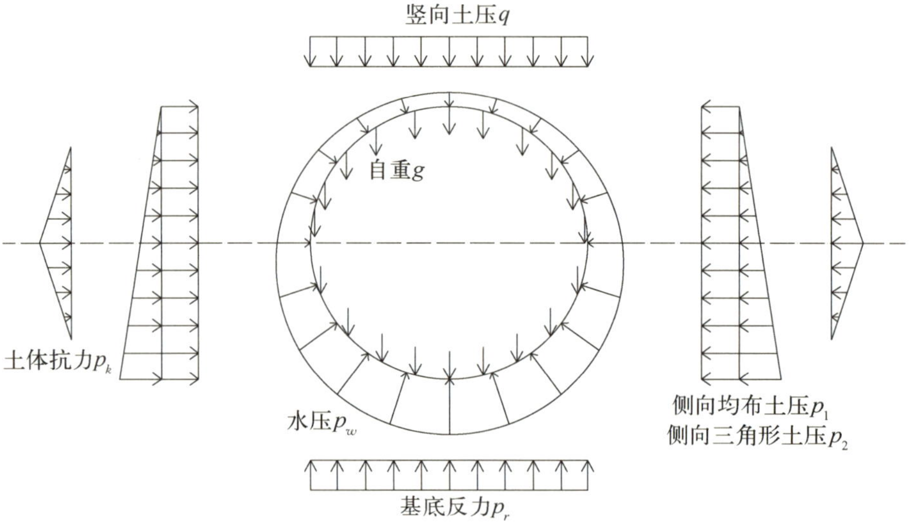

图 4-33 隧道受水土压力作用计算模型

表 4-3 计算参数表

土体重度 (kN/m^3)	粘 聚 力 (kPa)	内摩擦角 (°)	地基基床系数 (kN/m^3)	横向刚度 有效率
18	17	18.5	5 000	0.7

2. 计算结果

压扁效应与水土压力引起的隧道收敛的对比见表 4-4，其中 δ_f 是由压扁效应引起的隧道收敛，δ_e 是由水土压力引起的隧道收敛。由压扁效应引起的隧道收敛十分明显，对于工况 1，压扁效应引起的收敛值是水土压力引起的 37.5%。随着隧道覆土深度的增加，水土压力引起隧道收敛逐渐增大，尽管如此，对于工况 3，由压扁效应引起的隧道收敛仍旧占水土压力引起收敛的 16.9%。

表 4-4 由压扁效应与水土压力引起的隧道收敛

工　况	隧道覆土深度	δ_f/D	δ_e/D	δ_f/δ_e
1	D	0.30‰	0.80‰	37.5%
2	1.5D	0.30‰	1.28‰	23.5%
3	2D	0.30‰	1.78‰	16.9%

图 4-34、图 4-35 及图 4-36 显示了仅考虑水土压力引起的隧道内力以及同时考虑水土压力及压扁效应作用得到的最终内力。压扁效应增加了隧道衬砌

的弯矩，尤其在隧道拱顶、水平直径及拱底等处较为明显。对于工况 1—3，由于压扁效应的作用，隧道拱底的弯矩分别增加了约 47.8%、26.6%及18.4%。

压扁效应对隧道衬砌轴力的影响并不显著，对于工况 1—3，隧道水平直径处的轴力增幅分别为 5.4%、3.8%及 3.0%。

压扁效应对隧道衬砌剪力的影响较大，主要体现在隧道拱肩（$\alpha=45°$）与拱脚（$\alpha=135°$）处，对于工况 1—3，隧道拱肩处的剪力增幅分别为 28.4%、19.2%及 14.6%。

综上所述，当隧道发生纵向变形时，对于某一特定的弯曲曲率，通常压扁效应将增加隧道变形与内力。由压扁效应引起的隧道变形、弯矩与剪力的数值都较大，而轴力的数值与水土压力引起的轴力相差较大。

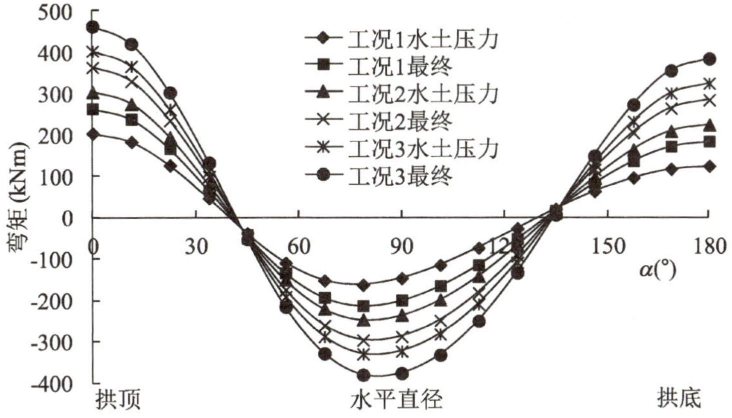

图 4-34　压扁效应及水土压力引起的隧道衬砌弯矩

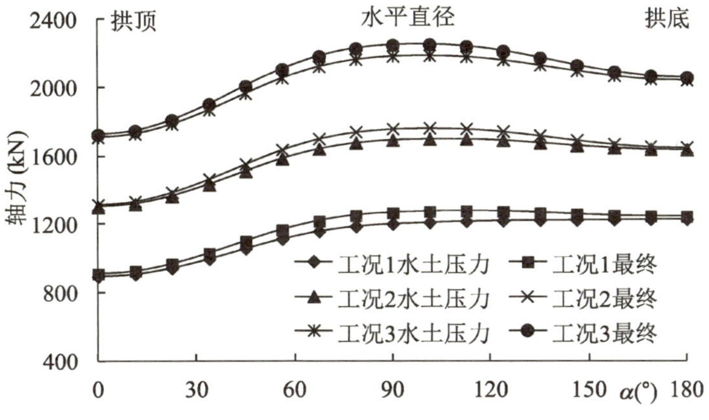

图 4-35　压扁效应及水土压力引起的隧道衬砌轴力

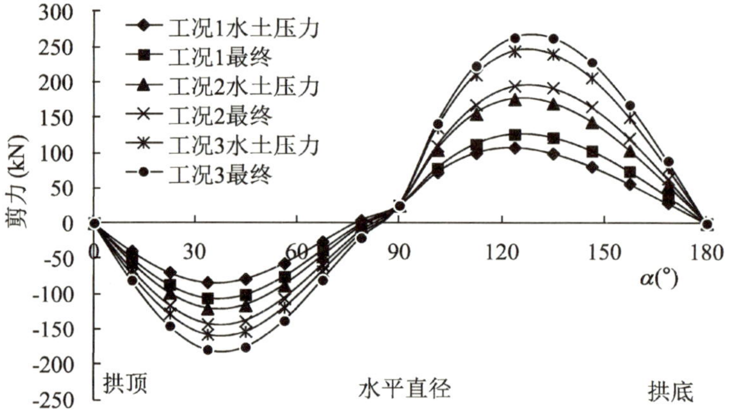

图 4-36　压扁效应及水土压力引起的隧道衬砌剪力

3. 关于结果的讨论

上一节的计算结果是在给定了隧道纵向曲率半径为 4 000 m 的条件下取得的，事实上，压扁效应引起的隧道横断面变形与内力与隧道纵向曲率半径密切相关。为了进一步考察由压扁效应引起的附加效应在隧道总变形中的比例，以下针对几组不同隧道纵向曲率的情况进行计算，计算中隧道覆土深度取为一倍延安东路隧道外径 D，其余条件均与 4.2.4 节的第 1 点相同。

表 4-5 给出了不同隧道曲率半径情况下压扁效应引起的隧道收敛在总收敛中所占的比重，其中 δ_t 即为压扁效应与水土压力共同作用下隧道横断面的总收敛。结果进一步证实了隧道纵向曲率半径是影响隧道压扁效应的关键因素之一，当隧道纵向曲率半径为 2 000 m 时，压扁效应引起的隧道收敛已超过水土压力的作用，而当隧道纵向曲率半径大于 10 000 m 时，压扁效应引起的隧道收敛仅占隧道总收敛的 10%以下。

表 4-5　压扁效应引起隧道收敛比重表

隧道曲率半径(m)	δ_f/D	δ_e/D	δ_f/δ_e	δ_f/δ_t
2 000	0.92‰	0.80‰	115%	53.5%
4 000	0.30‰	0.80‰	37.5%	27.3%
6 000	0.17‰	0.80‰	21.2%	17.5%
8 000	0.12‰	0.80‰	15.0%	13.0%
10 000	0.09‰	0.80‰	11.2%	10.1%

同样，为了进一步考察不同尺寸隧道的压扁效应，以下针对上海地铁 2 号线隧道进行不同隧道纵向曲率情况下的压扁效应计算，隧道埋深为一倍地铁隧道外径 d，其余条件均与 4.2.4 节的第 1 点相同，计算结果如表 4 - 6 所示。与延安东路隧道相比，在相同隧道曲率半径条件下，压扁效应引起的地铁隧道收敛值较小。对于地铁隧道，隧道纵向曲率半径减小到 1 000 m 左右，压扁效应引起的隧道收敛才与水土压力的作用相当，而当隧道曲率半径大于 4 000 m 时，压扁效应引起的隧道收敛已经只占总收敛的 10%以下。

表 4 - 6　上海地铁隧道压扁效应引起的隧道收敛表

隧道曲率半径(m)	δ_f/D	δ_e/D	δ_f/δ_e	δ_f/δ_t
1 000	0.42‰	0.46‰	91.3%	47.7%
2 000	0.12‰	0.46‰	26.1%	20.7%
4 000	0.04‰	0.46‰	8.7%	8.0%
6 000	0.02‰	0.46‰	4.3%	4.2%
8 000	0.01‰	0.46‰	2.2%	2.1%

4.3　盾构隧道纵向变形引起的纵向剪切传递效应

盾构隧道结构纵向变形将引起隧道横向效应，即横断面变形与内力，主要包括上一节介绍的压扁效应及纵向剪切传递效应。廖少明(2002)对圆形隧道的纵向剪切传递效应进行了深入的分析，为将压扁效应与纵向剪切传递效应进行对比，以下对纵向剪切传递效应的机理及由其引起的隧道横断面变形、内力进行简要介绍。

4.3.1　纵向剪切传递效应的机理

从一维弹性地基梁模型出发(图 4 - 37)，可以较容易理解纵向剪切传递效应的机理(廖少明，2002)。一维弹性地基梁的剪力平衡方程为：

$$\frac{dQ}{dx}=P_k-P \tag{4-79}$$

其中 Q 为由于隧道纵向变形而存在的纵向剪力，P 为隧道上作用的分布荷载，而 P_k 为隧道底部地基的反力。

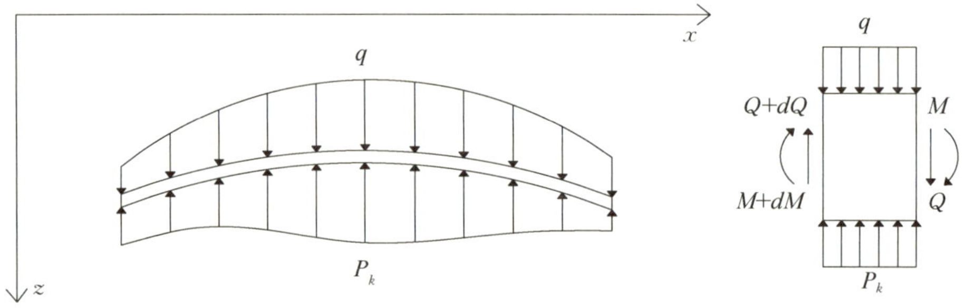

图 4－37　一维弹性地基梁模型(廖少明,2002)

由式(4－79)可知，沿隧道纵向分布的包括竖直土压、侧壁摩阻力、地基抗力在内的竖向荷载对于任意隧道横断面都无法取得平衡，该不平衡荷载需要由来自隧道横断面两侧的不均衡剪切力 dQ 平衡，这种不均衡剪切力将使隧道横断面产生变形与附加内力。由于：

$$\frac{\mathrm{d}M}{\mathrm{d}x}=Q \tag{4-80}$$

$$M=(EI)_{eq}\frac{\mathrm{d}^2w}{\mathrm{d}x^2} \tag{4-81}$$

则隧道受荷平衡微分方程为：

$$(EI)_{eq}\frac{\mathrm{d}^4w}{\mathrm{d}x^4}+Kw=P \tag{4-82}$$

其中，$K=kD$，k 为基床系数，D 为隧道直径，$(EI)_{eq}$ 为隧道纵向等价弯曲刚度，$(EI)_{eq}=EI\xi$。EI 为隧道纵向刚度，而 ξ 为纵向刚度有效率，一般取为 1/8—1/6。

当隧道的纵向变形是由于地基变形引起，则 $q=Kw_d$，其中 w_d 为地基变形，w 为隧道变形，则：

$$(EI)_{eq}\frac{\mathrm{d}^4w}{\mathrm{d}x^4}=K(w_d-w)=-\frac{\mathrm{d}Q}{\mathrm{d}x}=P_s \tag{4-83}$$

注意式(4－83)的荷载 P_s 即为由隧道纵向变形引起的作用于隧道横断面的剪切荷载。需说明的是，该剪切荷载并非隧道环面剪切力，而是隧道相邻横截面产生的不均衡剪切力。

4.3.2　纵向剪切传递效应引起的隧道横向变形及内力

1. 切向剪切荷载

隧道可视为连续均质管，按照材料力学原理，薄壁截面梁的剪应力分布假定与薄壁边界平行且沿壁厚均匀分布，假设纵向传递的剪切荷载为 P_s，则圆环截面的切向分布剪应力为：

$$\tau_\alpha = \frac{P_s S}{T I_l} \tag{4-84}$$

其中，T 为隧道衬砌壁厚，S 为剪应力计算断面至剪应力零断面的面积对 x 轴的净距，见图 4-38。

$$S = \int_0^\alpha r^2 T \cos\theta \mathrm{d}\theta = r^2 T \sin\alpha \tag{4-85}$$

$$I_l = \frac{\pi}{4}\left[\left(r+\frac{T}{2}\right)^4 - \left(r-\frac{T}{2}\right)^4\right] \approx \pi r^3 T \tag{4-86}$$

$$\tau_\alpha = \frac{P_s S}{T I_l} = \frac{P_s \sin\alpha}{\pi r T} \tag{4-87}$$

则隧道衬砌的剪应力为：

$$ql = \tau_\alpha T = \frac{P_s \sin\alpha}{\pi r} \tag{4-88}$$

通过力法可以求出由上述剪应力作用引起的隧道衬砌内力为：

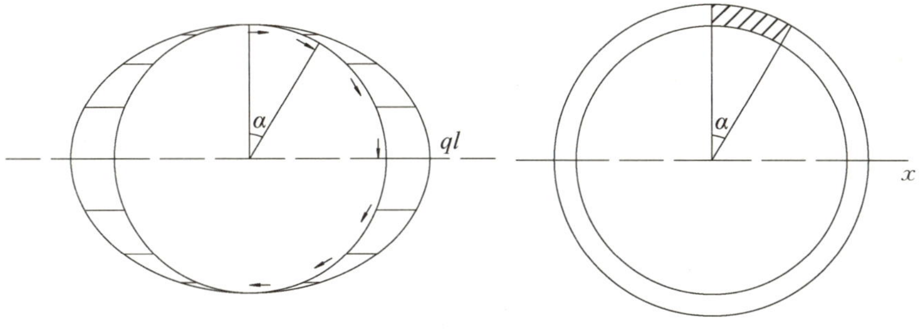

图 4-38　均质隧道横断面剪应力分布图(廖少明,2002)

$$M_{\alpha}=\frac{3P_{s}r}{4\pi}\cos\alpha-\frac{P_{s}r}{2\pi}+\frac{P_{s}r}{\pi}\left(1-\cos\alpha-\frac{1}{2}\sin\alpha\cdot\alpha\right)\tag{4-89}$$

$$N_{\alpha}=-\frac{3P_{s}}{4\pi}\cos\alpha+\frac{P_{s}}{2\pi}\sin\alpha\cdot\alpha\tag{4-90}$$

$$Q_{\alpha}=-\frac{3P_{s}}{4\pi}\sin\alpha+\frac{P_{s}}{2\pi}(\sin\alpha-\cos\alpha\cdot\alpha)\tag{4-91}$$

当考虑侧向土体弹性抗力对隧道衬砌作用时，隧道水平直径处变形为：

$$\delta_{h}=\frac{0.034\ 2P_{s}r^{3}}{0.045\ 4kr^{4}+\eta EI_{c}}\tag{4-92}$$

2. 法向剪切荷载

由于盾构隧道为薄壁结构，横断面剪切以切向剪切为主，但是实际上盾构隧道通常由管片拼装而成，当有接头存在时，横截面各管片之间可能发生径向的相对剪切变形。然而由于法向剪切荷载数值较小，通常可以忽略不计。

4.4 典型隧道纵向变形模式的压扁效应与纵向剪切传递效应

盾构隧道的纵向变形将引起压扁效应以及纵向剪切传递效应，两种效应引起的隧道横断面变形与内力大小如何？以何者为主？本节将针对实际工程中的典型隧道纵向变形模式进行分析，对上述问题进行回答。另外，本节的分析依旧以上海延安东路隧道为研究对象。

4.4.1 典型的隧道纵向变形模式

无论是压扁效应还是纵向剪切传递效应都对隧道的纵向变形曲线特征十分敏感。由于受端头结构、地质条件及隧道结构刚度等多种因素影响，实际盾构隧道纵向变形极其复杂，因此在分析中通常需要对可能出现的隧道纵向变形模式进行假设。廖少明(2002)根据上海隧道几十年的施工、监测经验总结了以下几种假设的隧道纵向变形模式。

1. 整体变形

隧道整体变形主要表现为整体下沉和整体倾斜两部分，可表示为：

$$w(x)=\delta(1+kx)=\delta+\Delta\delta \tag{4-93}$$

式中，δ 为整体下沉，$\Delta\delta$ 为不均匀倾斜变形。当隧道整体变形时，压扁效应与纵向剪切传递效应均不会使隧道结构产生附加作用。然而需要说明的是，在隧道边界约束处或地基条件沿隧道纵向发生变异时，隧道在整体变形时也将承受附加荷载的作用。

2. 隧道施工阶段变形模式

(1) 盾构正常推进

盾构正常推进过程中，衬砌环脱出盾尾后就随着下卧土层的变形而下沉，盾尾后方不同位置的衬砌变形大小不同，因此产生了纵向变形(《盾构法隧道》，1991)。根据上海盾构的施工实例，盾构正常推进时隧道的曲线模式可用双曲线或指数型曲线表示。双曲线型模式为：

$$w(x)=\frac{S_{\max}}{1+\dfrac{\alpha}{x}}=\frac{xS_{\max}}{x+\alpha} \tag{4-94}$$

指数型模式为：

$$w(x)=S_{\max}(1-e^{-\beta x}) \tag{4-95}$$

其中，参数 α、β 与盾构施工参数、隧道尺寸、埋深等相关，α 的取值范围大约在30—200之间，而 β 的取值范围大约在0.005—0.02之间。$S_{\max}$ 为隧道最大沉降值，其变化的范围一般在10—130 mm(林永国，2001)。

(2) 曲线和纠偏推进

盾构曲线推进与纠偏推进情况下，由于千斤顶的偏心荷载作用，隧道纵向变形曲线可表示为(姜启元等，1999)：

$$w(x)=\frac{M}{2(EI)_{eq}\lambda^2}\left(1-\cos\frac{\pi x}{2l_0}\right) \tag{4-96}$$

其中，$l_0=\sum p_j/\pi D\tau$，$M=e\sum p_j$。p_j 与 e 分别为千斤顶顶力与偏心距，D 为隧道外径，τ 为地基摩阻力，$\tau=F\mu$，F 为隧道外表面土体压力，μ 为混凝土与周围土层之间的摩擦系数，通常可取为0.3。

3. 邻近施工影响的隧道变形模式

在邻近施工如盾构穿越、桩基施工、基坑开挖等作用下，受影响的隧道的变形曲线可采用高斯曲线来模拟：

$$w = S_{max}\exp\left(-\frac{x^2}{2i^2}\right) \tag{4-97}$$

其中，S_{max} 为 $x=0$ 处的隧道最大变形，i 为隧道纵向变形反弯点与变形最大点的距离。

4. 隧道长期沉降的变形模式

林永国(2001)根据上海地铁长期纵向沉降观测数据，认为隧道长期沉降的变形可以用分段三次抛物线来拟合，一个分段长度可以为 70—180 m，隧道长期沉降的模式如下：

$$\begin{cases} w^1 = ax^3 - (168.34a + 0.0005)x^2 + (7836.7a + 0.0566)x \\ \qquad + S_0 \text{ 接头段} \\ w^2 = ax^3 - (147.52a - 0.002)x^2 + (4674.5a - 0.2091)x \\ \qquad + S_0 \text{ 中间段} \end{cases} \tag{4-98}$$

其中，S_0 为分段沉降曲线起始点$(x=0)$的沉降值(mm)，a 为参数，其数值对于接头段大约在 $-8\times10^{-5}\sim2\times10^{-4}$，对于中间段范围为 $-2\times10^{-4}\sim2\times10^{-4}$。

4.4.2 隧道双曲线模式变形的压扁效应与纵向剪切传递效应

1. 双曲线模式压扁效应

对于如式(4-94)所示的隧道双曲线变形模式，以 $\alpha=50$，$S_{max}=100$ mm 为例，隧道变形如图 4-39 所示。

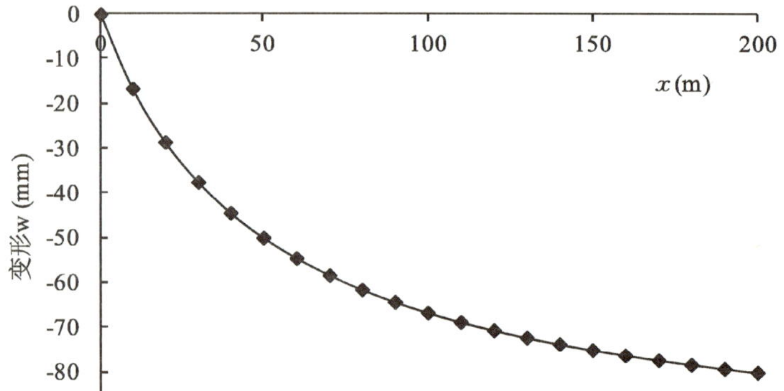

图 4-39 双曲线模式隧道纵向变形图

曲线任一点曲率可按照式(4－99)计算。

$$\kappa = \left[\frac{2S_{max}\alpha}{(x+\alpha)^3}\right] \bigg/ \left[1+\frac{S_{max}^2\alpha^2}{(x+\alpha)^4}\right]^{3/2} \tag{4-99}$$

隧道纵向曲率及由压扁效应引起的收敛沿隧道纵向的分布情况如图 4－40 所示，隧道变形最大曲率出现在 $x=0$ 处，因此压扁效应最显著的位置也在此处。

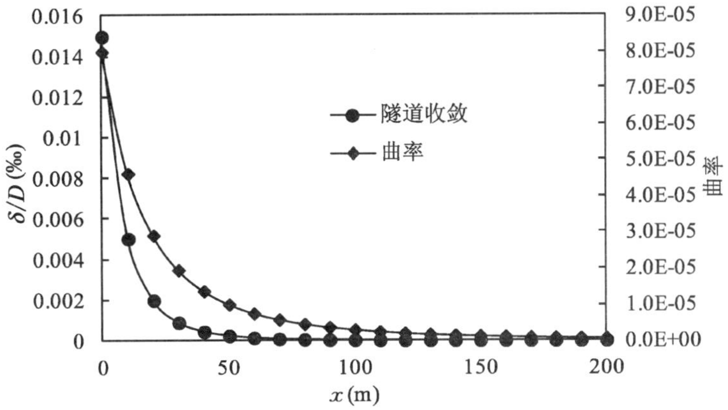

图 4－40　双曲线模式隧道变形曲率及对应的隧道收敛分布图

隧道弯曲的压扁效应与隧道曲率密切相关，曲率越大压扁效应越显著。双曲线变形模式下的 $x=0$ 处的隧道最大曲率随参数 α 与 S_{max} 的变化见图 4－41。随着 α 数值的增大，隧道最大曲率迅速减小，而 S_{max} 的数值越大，隧道可能出现的最大曲率越大。另外在数值上，当 α 较小而 S_{max} 较大的时候，很有可能出现曲率大于 0.000 2(曲率半径 $<$ 5 000 m)的情况，此时压扁效应已比较显著，需引起注意。

2. 双曲线模式纵向剪切传递效应

对于双曲线模式曲线上任一点的剪切荷载可计算如下：

$$P_s = (EI)_{eq} w^{(4)} = (EI)_{eq} \frac{-24S_{max}\alpha}{(x+\alpha)^5} \tag{4-100}$$

剪切荷载及由此引起的隧道收敛分布如图 4－42 所示。剪切荷载最大值出现在 $x=0$ 处，也即隧道刚脱离盾尾处，随着与盾尾距离的增加迅速减小。隧道最大剪切荷载随参数 α 与 S_{max} 的变化见图 4－43。α 的数值越小，S_{max} 的数值越大，隧道可能出现的最大剪切荷载越大，这与压扁效应的规律相同。在靠近盾尾的位置，可能出现的剪切荷载的数值相当大，需要进行考虑。

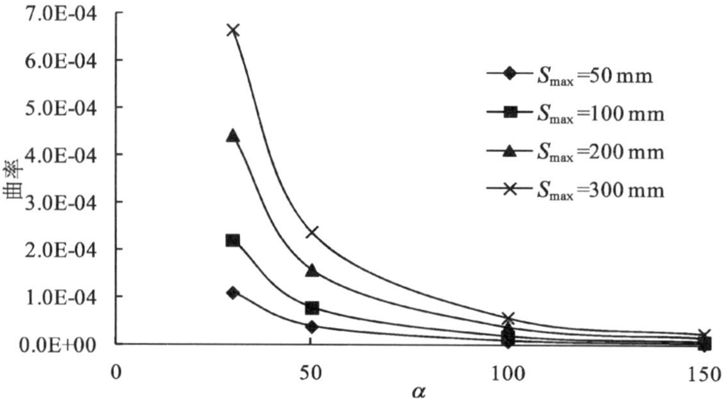

图 4-41　双曲线模式隧道变形最大曲率随 α 与 S_{max} 变化图

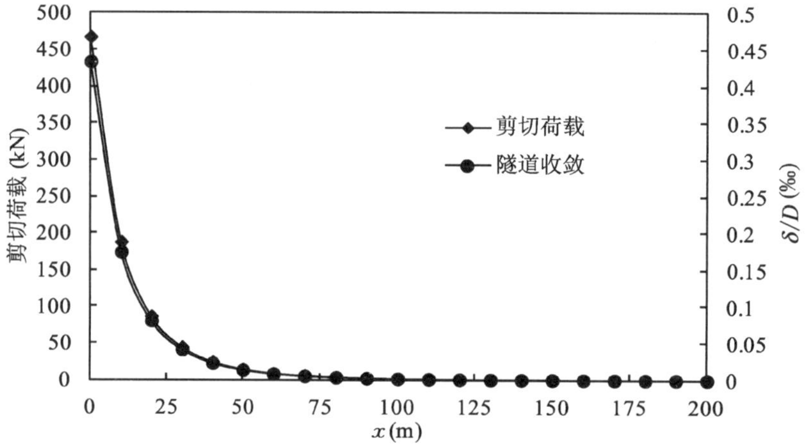

图 4-42　双曲线模式剪切荷载及对应的隧道收敛分布图

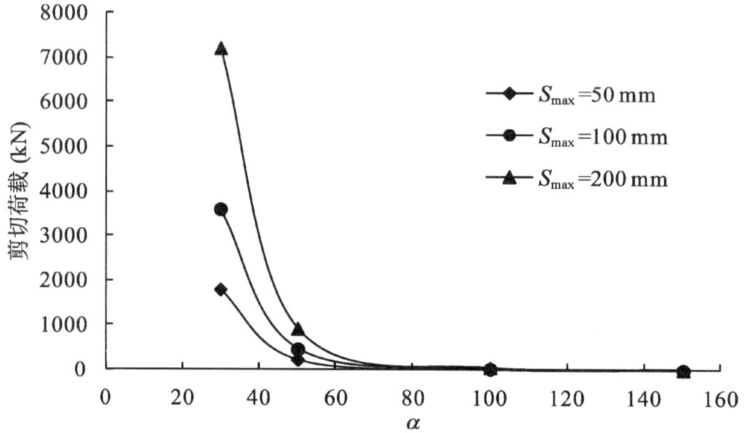

图 4-43　双曲线模式隧道最大剪切荷载随 a 与 S_{max} 变化图

3. 双曲线模式压扁效应与纵向剪切传递效应对比

当隧道产生纵向变形时，压扁效应与纵向剪切传递效应同时存在，以隧道收敛来衡量两种效应的量值，双曲线模式下在 $x=0$ 处由纵向剪切传递效应引起的隧道收敛(δ_s)与由压扁效应引起的隧道收敛(δ_f)比值可按式(4 - 101)计算。

$$\frac{\delta_s}{\delta_f}=\frac{1.2312(EI)_{eq}}{TEr^2S_{\max}}\left(\frac{\alpha^2+S_{\max}^2}{\alpha^2}\right)^3 \tag{4-101}$$

由于 a 的数值一般来说远大于 $S_{\max}$，因此式(4 - 101)可简化为：

$$\frac{\delta_s}{\delta_f}=\frac{1.2312(EI)_{eq}}{TEr^2S_{\max}} \tag{4-102}$$

δ_s 与 δ_f 的比值与 $S_{\max}$ 的关系如图 4 - 44 所示。总体而言当隧道变形模式为双曲线型时，纵向剪切传递效应引起的隧道横断面变形要远大于压扁效应，虽然随着 $S_{\max}$ 的增大两者之间的差距逐渐缩小。

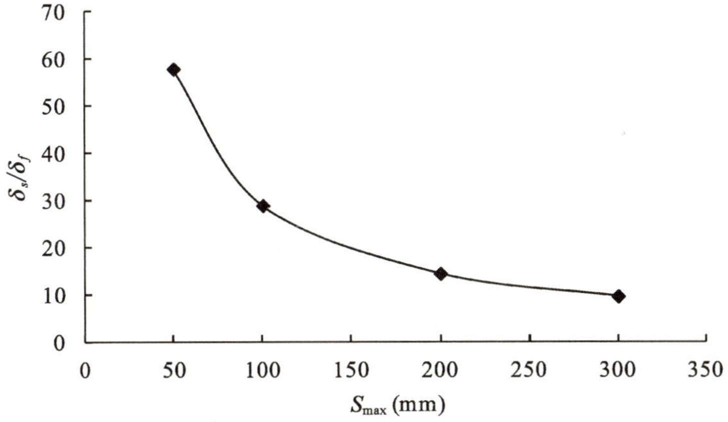

图 4 - 44　纵向剪切传递效应与压扁效应引起的隧道收敛对比图

4.4.3　隧道指数型模式变形的压扁效应与纵向剪切传递效应

1. 指数型模式压扁效应

指数型模式的隧道变形与双曲线型相似，区别仅仅是拟合方式的不同，以 $\beta=0.01$，$S_{\max}=100$ mm 为例，隧道变形如图 4 - 45 所示。

任一点的曲率可计算如下：

$$\kappa = \frac{S_{max}\beta^2 e^{-\beta x}}{(1 + S_{max}^2\beta^2 e^{-2\beta x})^{3/2}} \tag{4-103}$$

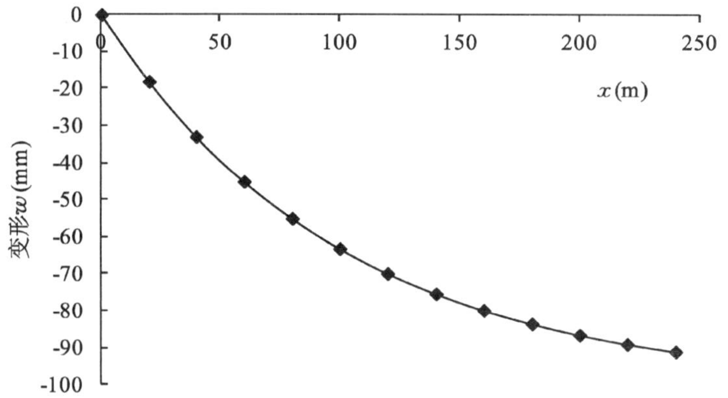

图 4-45 指数型模式隧道纵向变形图

曲率及对应的压扁效应隧道收敛分布如图 4-46 所示，隧道变形最大曲率出现在 $x = 0$ 处，因此压扁效应最显著的位置也在此处。

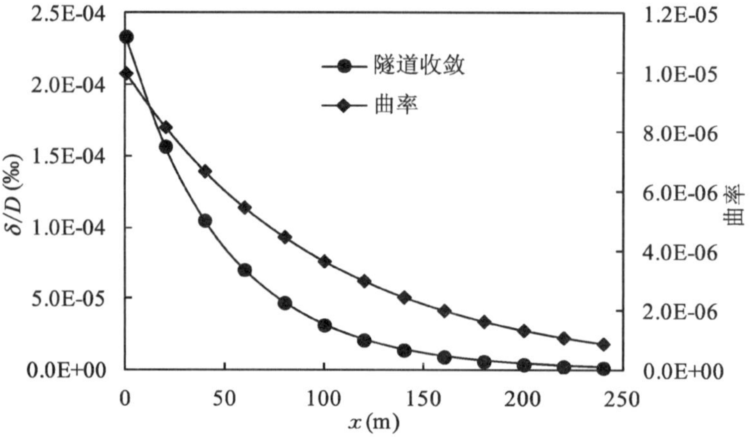

图 4-46 指数型模式隧道变形曲率及对应的隧道收敛分布图

$x = 0$ 处隧道最大曲率随 β 与 S_{max} 变化见图 4-47。β 与 S_{max} 变化都对最大曲率有较大的影响，当 β 与 S_{max} 的数值同时较大时，隧道曲率半径可能在 10 000 m之下，此时压扁效应对隧道产生的影响应当进行考虑。

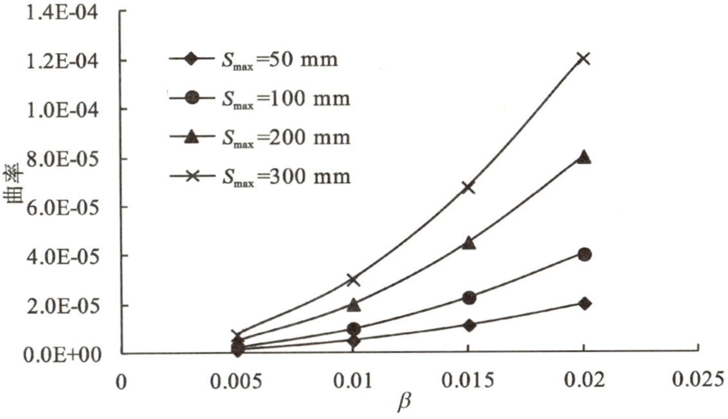

图 4-47　指数型模式隧道变形最大曲率随 β 与 S_{max} 变化图

2. 指数型模式纵向剪切传递效应

指数型模式剪切荷载及相对应的隧道收敛分布如图 4-48 所示。与双曲线型隧道变形相同，隧道剪切荷载最大值出现在盾尾之后，也即 $x=0$ 的位置。

隧道剪切荷载同样与 β 及 S_{max} 相关，见图 4-49。同样，β 与 S_{max} 的数值越大，隧道所受的剪切荷载越大，此时需注意纵向剪切传递效应引起的隧道横向响应。

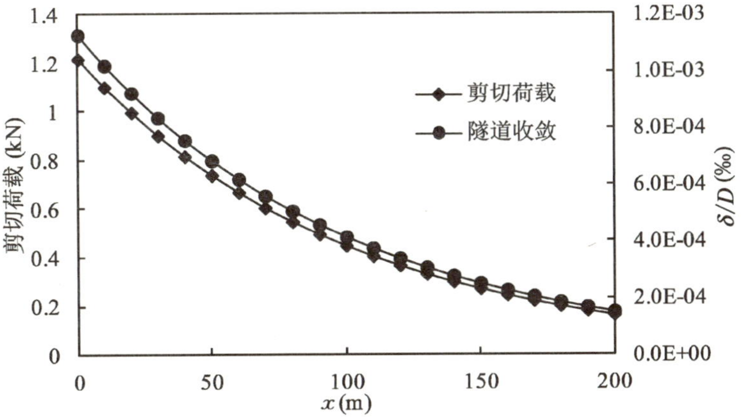

图 4-48　指数型模式剪切荷载及对应的隧道收敛分布图

3. 指数型模式压扁效应与纵向剪切传递效应对比

以隧道收敛来衡量压扁效应与纵向剪切传递效应的量值，指数型变形模式下在 $x=0$ 处由纵向剪切传递效应引起的隧道收敛(δ_s)与由压扁效应引起的隧

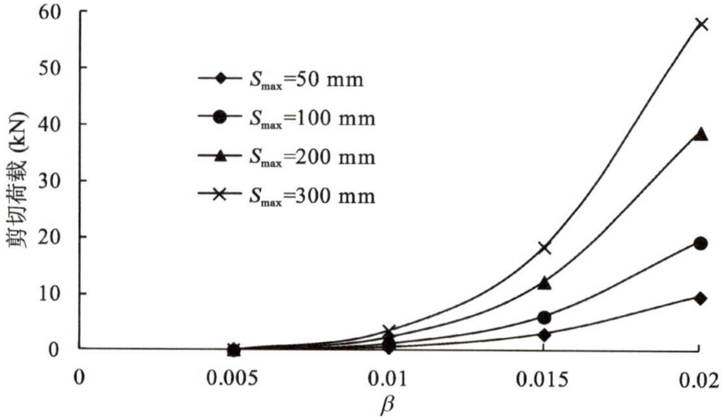

图 4-49　指数型模式隧道最大剪切荷载随 β 与 S_{max} 变化图

道收敛(δ_f)比值可按式(4-104)计算：

$$\frac{\delta_s}{\delta_f}=\frac{0.2052(EI)_{eq}}{TEr^2S_{max}}(1+\beta^2S_{max}^2)^3 \tag{4-104}$$

由于 β 与 S_{max} 的数值一般较小，因此上式可简化为：

$$\frac{\delta_s}{\delta_f}=\frac{0.2052(EI)_{eq}}{TEr^2S_{max}} \tag{4-105}$$

δ_s 与 δ_f 的比值随 S_{max} 变化的趋势如图 4-50 所示。总体而言，在指数型模式下纵向剪切传递效应与压扁效应引起隧道收敛差别不大，尤其当隧道最大沉降较大的时候。

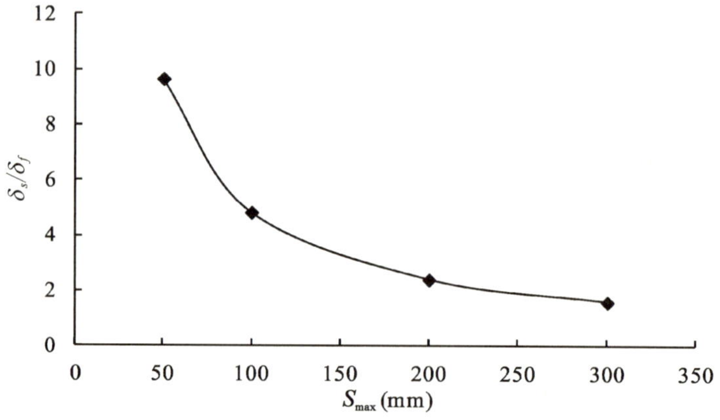

图 4-50　纵向剪切传递效应与压扁效应引起的隧道收敛对比图

4.4.4　纠偏荷载作用下隧道变形的压扁效应与纵向剪切传递效应

1. 纠偏荷载作用下隧道压扁效应与纵向剪切传递效应

以 600 吨纠偏荷载荷载作用下，$\sum p_j = 5\ 880$ kN，$e = 10$ cm，$k = 5\ 000$ kN/m^3，$l_0 = 10$ m 为例，隧道变形如图 4 - 51 所示。

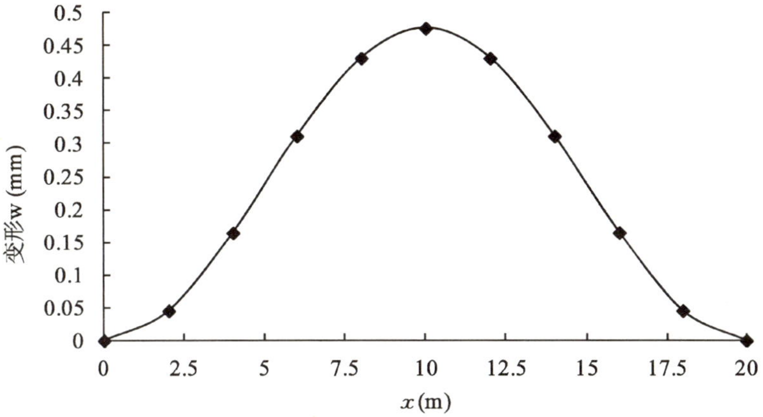

图 4 - 51　纠偏荷载作用下隧道纵向变形图

纠偏荷载作用下隧道变形曲率及对应的隧道收敛分布如图 4 - 52。在隧道变形最大处曲率为 0，隧道曲率最大值出现在 $x = 0$ 与 $x = 2l_0$ 处。

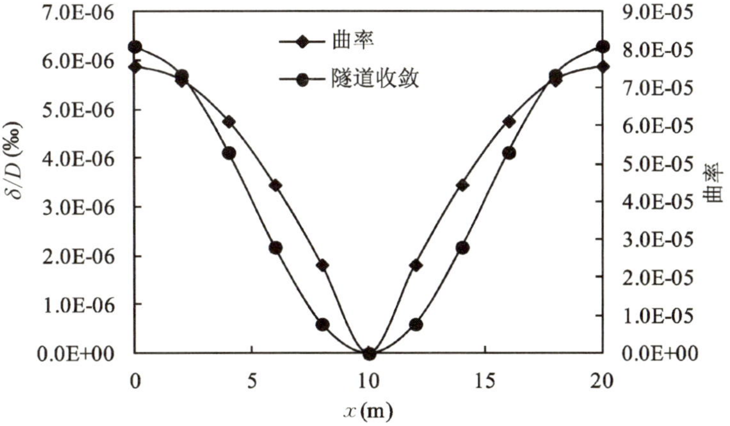

图 4 - 52　纠偏荷载作用下隧道变形曲率及对应的隧道收敛分布图

隧道剪切荷载及对应的隧道收敛分布如图 4 - 53 所示。在 $x = l_0$ 处，剪切荷载为 0，且在此两侧剪切荷载的方向相反。剪切荷载的最大值同样出现在 $x =$

0 与 $x=2l_0$ 处。

纠偏荷载作用下隧道的纵向剪切效应十分显著，由其引起的隧道横向变形远大于压扁效应，因此在纠偏荷载作用时可以忽略压扁效应，仅考虑纵向剪切传递效应。

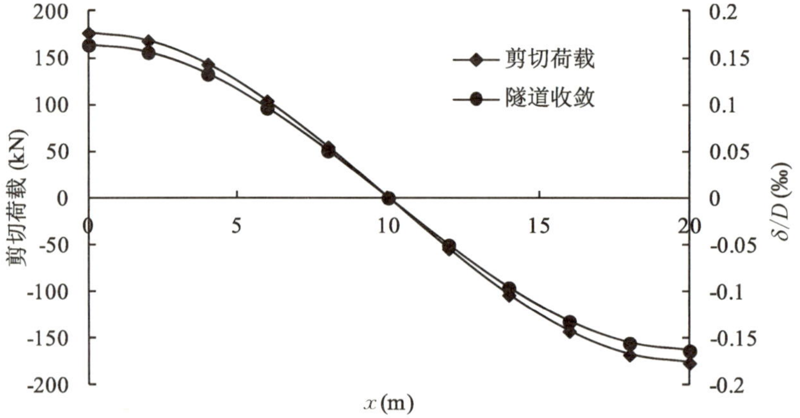

图 4-53　纠偏荷载作用下隧道剪切荷载及对应的隧道收敛分布图

2. 纠偏荷载作用下隧道剪切荷载与曲率的影响因素

纠偏荷载作用下的隧道纵向变形受很多因素影响，这些因素进而将影响到隧道纵向变形引起的横向效应。

千斤顶顶力大小对隧道剪切荷载及变形曲率的影响见图 4-54。随着千斤顶顶力的增加，隧道剪切荷载与隧道曲率都出现下降的趋势。尤其对于剪切荷载，其下降的趋势尤为明显，当千斤顶顶力达到 900 kN 后，剪切荷载仅千斤顶顶

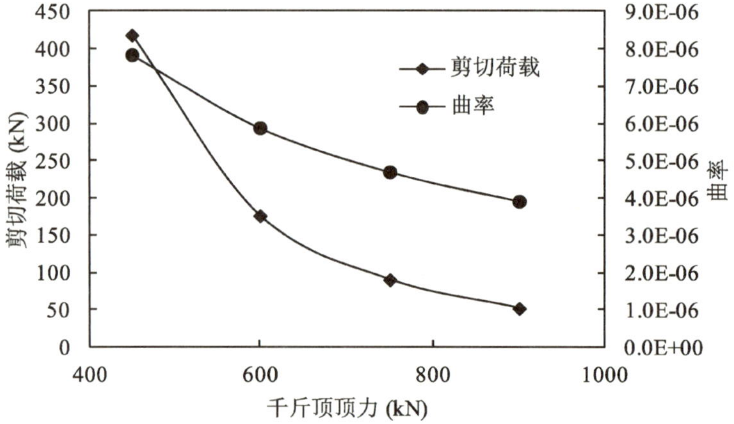

图 4-54　千斤顶顶力对剪切荷载与隧道变形曲率的影响

力为 500 kN 时的 1/6。

千斤顶顶力偏心距的影响见图 4-55。偏心距增大时，隧道剪切荷载与曲率均线性增加。因此在盾构纠偏时应尽量控制偏心距的数值。

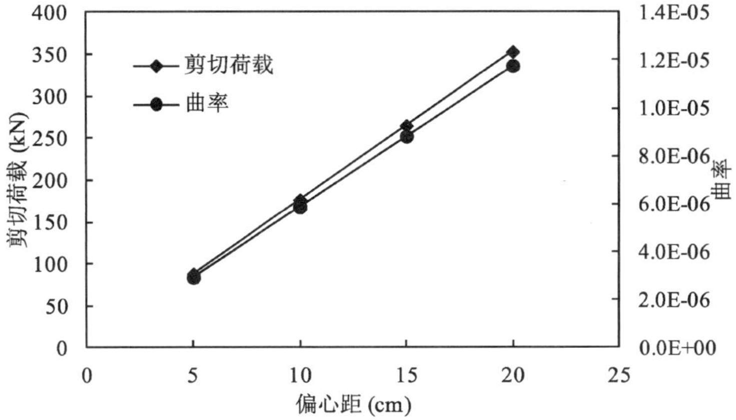

图 4-55　千斤顶顶力偏心距对剪切荷载与隧道变形曲率的影响

地基基床系数的大小也对隧道剪切荷载与曲率的分布有所影响，见图 4-56。隧道剪切荷载与曲率随基床系数增加呈指数型下降，即地基情况越好，隧道纵向变形引起的横向效应越小。

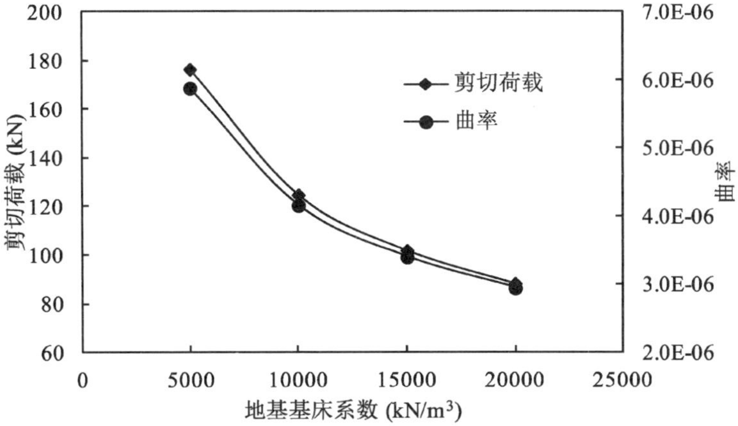

图 4-56　地基基床系数对剪切荷载与隧道变形曲率的影响

隧道周围土体摩阻力的变化将导致摩擦段长度 l_0 数值的变化，进而对剪切荷载与隧道曲率产生影响，见图 4-57。摩擦段长度 l_0 数值的变化对隧道剪切荷载有较大影响，可以显著降低剪切荷载的大小。

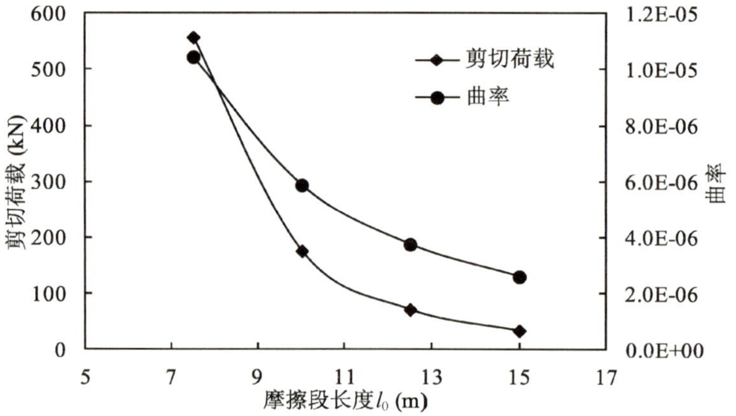

图 4-57　摩阻力对剪切荷载与隧道变形曲率的影响

4.4.5　长期沉降曲线模式隧道的压扁效应与纵向剪切传递效应

隧道长期沉降曲线可用三次抛物线拟合,在这种模式下隧道长期沉降与地基沉降完全一致,隧道纵向剪切传递的荷载为0。然而需要注意的是在局部区域隧道挠度不可能完全与地基变形相协调,因此必然产生纵向剪切传递效应。

对隧道长期沉降曲线进行三次抛物线拟合,然后可求出隧道任一点的曲率,进而可以求得隧道的压扁效应。由于长期沉降曲线变化较大,此处不针对具体曲线进行计算分析。通过对上海地铁1号线隧道长期沉降情况,隧道沿线各点曲率半径ρ分布范围很广,最小曲率半径不到1 000 m,其中$\rho<1\ 000$ m的约占5.38%,1 000 m$<\rho<$5 000 m的约占16.36%(林永国,2001)。因此总体而言,长期沉降曲线模式下隧道压扁效应在某些位置十分显著,需要引起重视。

4.4.6　邻近施工影响下隧道的压扁效应与纵向剪切传递效应

1. 邻近施工影响下隧道的压扁效应

对于形如式(4-98)所示的由邻近施工引起的隧道纵向变形,隧道各点曲率计算表达式为:

$$\kappa=\left[\left(-\frac{S_{\max}}{i^2}+\frac{x^2 S_{\max}}{i^4}\right)\exp\left(-\frac{x^2}{2i^2}\right)\right]\Bigg/\left[1+\frac{x^2 S_{\max}}{i^4}\exp\left(-\frac{x^2}{2i^2}\right)\right]^{3/2} \tag{4-106}$$

对式(4-106)求导，即可得到隧道曲率三个极值点的位置为 $x=0, x=\pm 1.732i$，对应的最小曲率半径分别为：

$$\begin{cases} \rho = -\dfrac{i^2}{S_{max}} & x=0 \\ \rho = -\dfrac{i^2 e^{3/2}\left(1+\dfrac{3S_{max}^2}{i^2 e^3}\right)^{3/2}}{2S_{max}} & x=\sqrt{3}i \end{cases} \tag{4-107}$$

以下从一个案例出发，更直观地展示隧道呈正态曲线变形时所产生的压扁效应：假定一条隧道初始曲率为 1/4 000(坡度 2.5%)，隧道受邻近施工影响发生纵向不均匀沉降，沉降曲线可以用高斯曲线描述，如图 4-58 所示，最大沉降量为 0.3 m，反弯点位置 i 为 50 m。

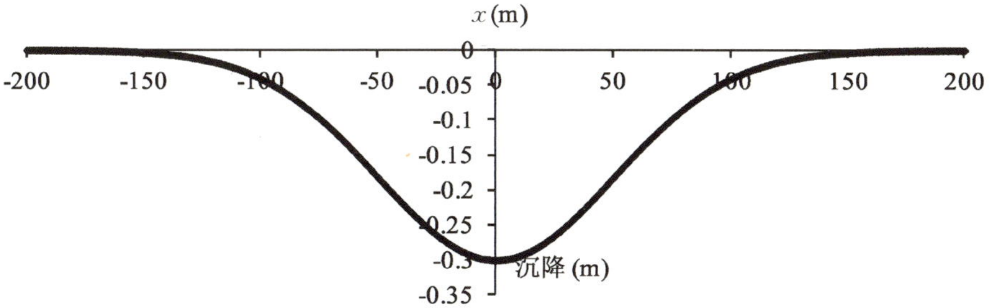

图 4-58　受邻近施工影响的隧道纵向变形图

隧道纵向曲率分布如图 4-59 所示，隧道最大曲率在 $x=0$ 处，为 1.2×10^{-4}(曲率半径 $\rho=8\ 333$)，另外在 $x=\pm 86.60(\pm 1.732i)$ 存在两个极值点。这也是隧道压扁效应的三个极值点。

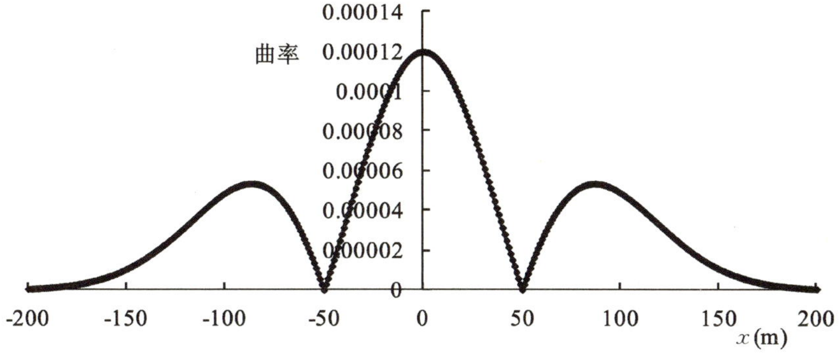

图 4-59　隧道呈正态曲线变形时纵向曲率分布图

2. 邻近施工影响下隧道的纵向剪切传递效应

对于邻近施工影响下的隧道纵向剪切传递效应，剪切荷载 P_s 为：

$$P_s = -(EI)_{eq} w^{(4)} \tag{4-108}$$

$$w^{(4)} = \frac{S_{\max} e^{\left(-\frac{x^2}{2i^2}\right)}}{i^4}\left(3 - \frac{6x^2}{i^2} + \frac{x^4}{i^4}\right) \tag{4-109}$$

同样针对上一节的案例，剪切荷载沿隧道纵向的分布大致如图 4-60 所示。剪切荷载的五个极值点出现在 $x=0$、$x=\pm 1.356i$ 以及 $x=\pm 2.857i$ 处。在隧道纵向的不同区域隧道可能处于加载或者卸载状态。此处对剪切荷载的加载与卸载做简要的说明。当隧道由于上方基坑开挖引起隆起或者由于下方隧道穿越引起下沉时，无论是隧道上方地基上降或者下方地基下沉，$x=0$ 处隧道均位于卸荷区。而当隧道由于上方加载而发生下沉时，此时由于上部土体挤压隧道下沉，隧道中央区域处于加载区。假如案例中隧道由于下方盾构穿越而发生沉降，则中间区域($-0.742i < x < 0.742i$) 为一卸载区。而相邻的两个区域($-2.334i < x < -0.742i$，$0.742i < x < 2.334i$) 为加载区。值得一提的是，压扁效应与纵向剪切传递效应不同，在隧道纵向任何位置均为加载区。

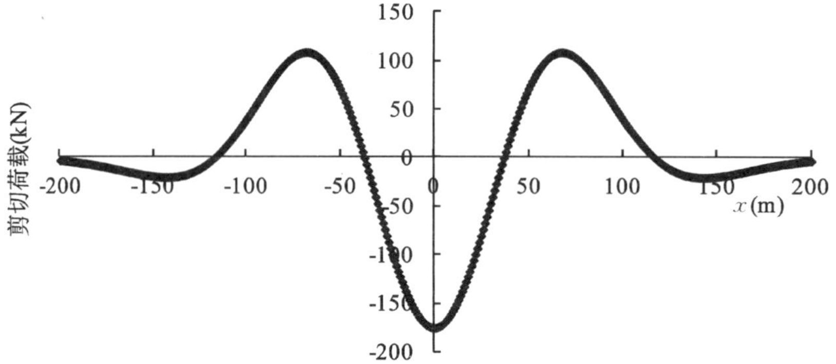

图 4-60　剪切荷载沿隧道纵向分布图

3. 邻近施工影响下隧道压扁效应与纵向剪切传递效应对比

1) 隧道变形与隧道内力的对比

由于本书所关注的问题正是基坑开挖对下卧已建隧道的影响，因此本节针对邻近施工影响下隧道纵向变形的压扁效应与纵向剪切传递效应进行详细分析。

图 4－61 显示了压扁效应、纵向剪切传递效应引起的隧道收敛以及两种效应叠加的总效应。由压扁效应引起的隧道收敛显然要比纵向剪切传递效应小，在隧道中部压扁效应引起的收敛值抵消了约 1/3 由剪切传递引起的隧道收敛，而在剪切荷载的极值点 $x=\pm 1.356i$ 附近，两种效应同时表现为加载效果，得到的隧道收敛为两者的叠加。

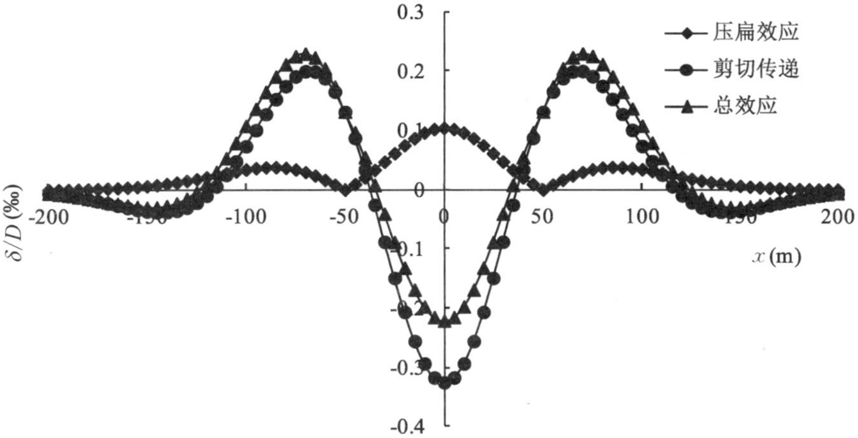

图 4－61　隧道横断面收敛沿隧道纵向分布图

为了进一步说明纵向剪切传递效应加载与卸载的不同含义，图 4－62 显示了隧道中央区域处于纵向剪切传递加载区时的隧道横断面收敛情况。在隧道中央区域由于两种效应的叠加，隧道横断面收敛十分明显，因此这种情况尤其需要引起注意。

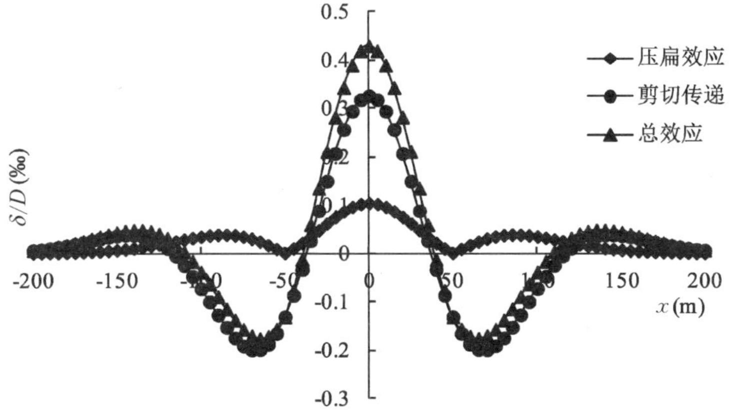

图 4－62　隧道中部处于加载区的隧道横断面收敛沿隧道纵向分布图

由压扁效应及纵向剪切传递效应引起的隧道横断面内力分布见图 4-63、图 4-64 及图 4-65。总体而言，压扁效应引起的隧道衬砌内力远小于纵向剪切传递效应，在分析时可以忽略。

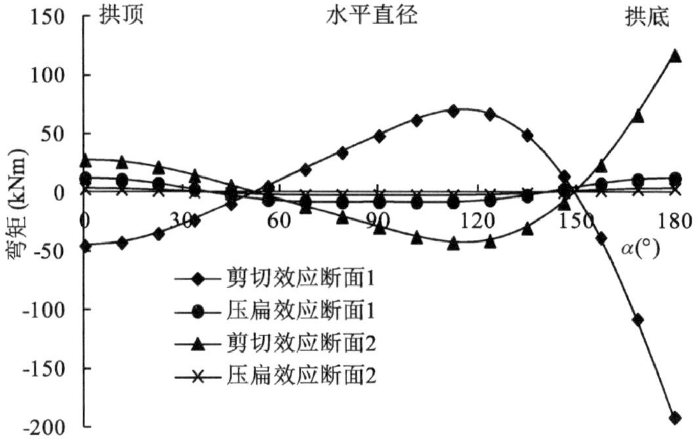

图 4-63　隧道横断面弯矩分布

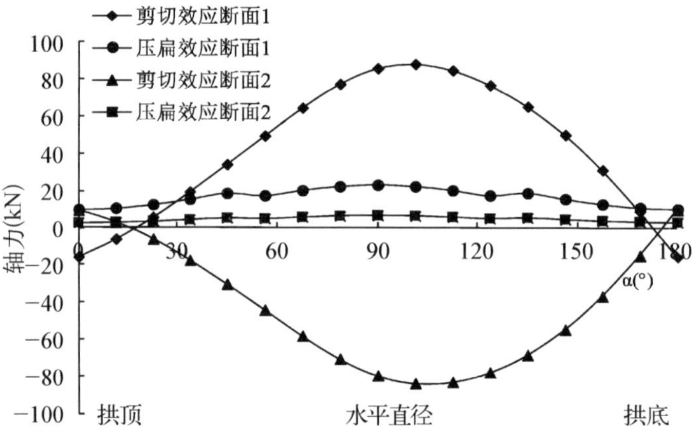

图 4-64　隧道横断面轴力分布

2）不同隧道纵向变形曲线对压扁效应及纵向剪切传递效应的影响

高斯曲线的形状是由两个参数定义的，即隧道最大变形值 S_{max} 及反弯点的位置 i。当隧道变形曲线不同时，压扁效应与纵向剪切传递效应在横向效应中所占的比重将发生变化。

倘若不考虑初始曲率的影响，在 $x=0$ 处由纵向剪切传递效应引起的隧道收敛(δ_s)与由压扁效应引起的隧道收敛(δ_f)比值可按式(4-110)计算。

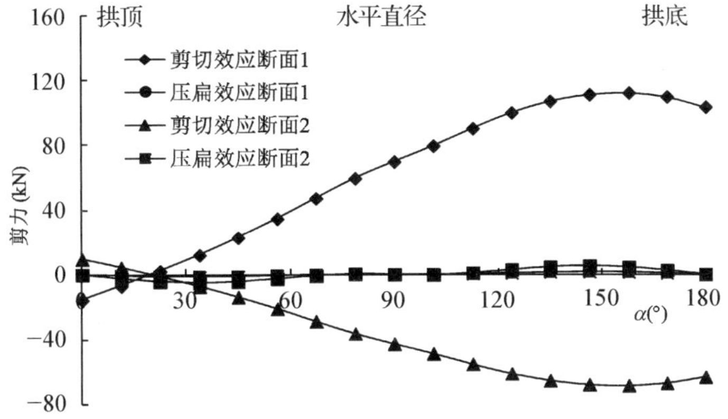

图 4－65　隧道横断面剪力分布

$$\frac{\delta_s}{\delta_f}=\frac{0.6156(EI)_{eq}}{TEr^2S_{\max}} \tag{4-110}$$

从式(4－110)可以看出，两者之间的比值仅与 $S_{\max}$ 有关，与 i 无关。然而如果考虑隧道初始曲率 κ_0，则剪切效应与压扁效应引起的隧道收敛比为：

$$\frac{\delta_s}{\delta_f}=\frac{0.6156(EI)_{eq}}{TEr^2(S_{\max}+\kappa_0 i^2)} \tag{4-111}$$

图 4－66 显示了考虑初始曲率的不同隧道变形曲线条件下 δ_s 与 δ_f 的比值。对于固定的反弯点位置 i，随着隧道最大沉降量的增大，收敛比逐渐减小，即由压扁效应引起的隧道收敛与剪切效应引起的收敛越来越接近。对于给定了隧道

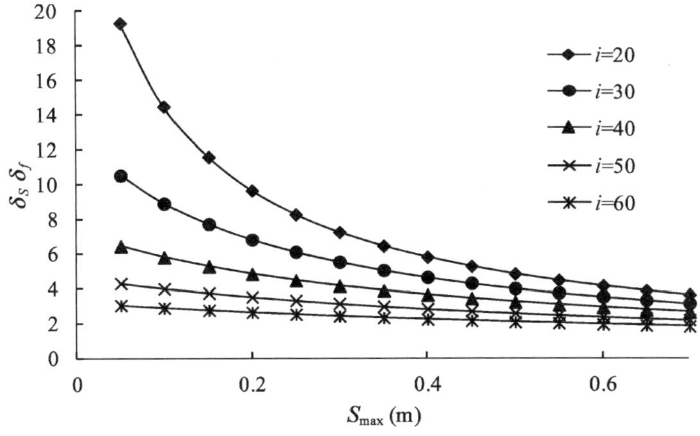

图 4－66　隧道纵向变形曲线对纵向剪切传递效应及压扁效应的影响

最大变形的情况，随着反弯点的位置远离，收敛比逐渐减小。因此，当隧道变形越大及反弯点位置离隧道变形轴线越远的情况下，应当注意压扁效应的影响。

4.5 本章小结

本章分析了盾构隧道纵向变形可能引起的横向效应，介绍了横断面压扁效应的原理，并推导了压扁效应引起的隧道横向变形与内力。在此基础上分析了典型隧道纵向变形模式条件下产生的压扁效应与纵向剪切传递效应，对两种效应进行了对比，得到了以下一些主要的结论：

(1) 隧道纵向弯曲曲率是决定隧道压扁效应的关键因素，以延安东路隧道为例，当隧道纵向弯曲曲率半径小于 5 000 m 时，压扁效应十分显著，且随着曲率半径的减小急剧增强。由压扁效应引起的衬砌弯矩最大值出现在隧道水平直径处，拱顶与拱底的弯矩也相当大；衬砌轴力的最大值出现在水平直径处；而剪力的最大值出现在拱肩($\alpha=45°$处)与拱脚($\alpha=135°$处)附近。

(2) 盾构隧道环向接头均匀分布时，接头的数目变化对压扁效应引起的隧道衬砌内力没有影响。在给定环向接头刚度折减系数 γ 的情况下，隧道收敛随接头影响范围 β 增大而线性增大。同样，在给定接头影响范围 β 的情况下，隧道收敛随刚度折减系数 γ 增大而线性增大。

(3) 隧道直径越大，压扁效应引起的隧道收敛越显著，而隧道衬砌厚度越大，隧道收敛越小。隧道直径与衬砌厚度变化，对隧道弯矩、轴力及剪力的分布形式没有影响，然而直径增大或者衬砌加厚，内力的数值均会增大。

(4) 土体抗力能够减小由压扁效应引起的隧道收敛，同时抵消隧道衬砌弯矩与剪力，然而土体抗力能够引起衬砌轴力的增加。

(5) 盾构隧道纵向接头影响范围内由压扁效应引起的隧道变形与内力均小于混凝土管段，可以忽略不计。

(6) 盾构隧道初始曲率增加，由压扁效应引起的隧道收敛与内力均线性增加。当纵向变形导致的曲率数值与初始曲率接近或小于初始曲率时，初始曲率可能成为压扁效应的决定性因素。

(7) 对于某一给定的隧道弯曲曲率半径，与水土压力引起的隧道响应相比，由压扁效应引起的隧道变形、弯矩及剪力都可能比较显著，相对来讲，由压扁效应引起的轴力则可以忽略。

(8) 对于盾构推进时具有双曲线变形模式的盾构隧道纵向变形,压扁效应与纵向剪切传递效应的最大值都出现在盾尾处,纵向剪切传递效应引起的隧道横断面变形要远大于压扁效应,虽然随着隧道最大沉降值 S_{max} 的增大两者之间的差距逐渐缩小。

(9) 对于盾构推进时具有指数型变形模式的盾构隧道纵向变形,同样可以在盾尾处找到压扁效应与纵向剪切传递效应的最大值,纵向剪切传递效应与压扁效应引起隧道收敛差别不大,尤其当隧道最大沉降数值较大的时候。

(10) 纠偏荷载作用下,压扁效应与纵向剪切传递效应的最大值都出现在 $x=0$ 与 $x=2l_0$ 处。纵向剪切效应十分显著,由其引起的隧道横向变形远大于压扁效应,因此在纠偏荷载作用时可以忽略压扁效应,仅考虑纵向剪切传递效应。

(11) 邻近施工影响下呈高斯曲线型分布的盾构隧道纵向变形,压扁效应的最大值出现在隧道沉降最大处,另外,在 $x=\pm 1.732i$ 存在两个极值点。纵向剪切传递效应的最大值也出现在隧道沉降最大处,而在 $x=\pm 1.356i$ 以及 $x=\pm 2.857i$ 处存在极值点。

(12) 对于纵向剪切传递效应,当隧道由于上方基坑开挖引起隆起或者由于下方隧道穿越引起下沉时,无论是隧道上方地基上隆或者下方地基下沉,隧道变形最大的中央区域均位于卸荷区。而当隧道由于上方加载而发生下沉时,此时由于上部土体挤压隧道下沉,隧道中央区域处于加载区。压扁效应与纵向剪切传递效应不同,当隧道发生纵向变形时,在隧道纵向任何位置均为加载区。

(13) 受邻近施工影响呈高斯曲线形分布的盾构隧道纵向变形条件下,压扁效应与纵向剪切传递效应引起隧道变形的数值随着隧道最大沉降量的增大与反弯点的位置远离而越来越接近。对于两种效应引起的隧道附加内力,压扁效应远小于纵向剪切传递效应,在分析时可以忽略。

第5章 基坑开挖对邻近隧道影响的数值模拟分析

5.1 引　　言

处于城市环境下软土地层中的盾构隧道，在受到邻近基坑开挖影响时将产生纵向与横向的变形，同时隧道衬砌将产生附加内力。然而影响隧道响应的因素非常复杂，包括隧道与基坑之间的相对位置、基坑围护结构的刚度、基坑几何尺寸、隧道直径大小等。在前面的章节通过不同的途径对上方基坑开挖引起的下卧隧道响应进行了分析，得到了一些规律性的结论，然而基坑围护结构刚度、隧道保护措施等许多因素在解析分析中无法考虑。为了验证前几章已得到的结论，也为了进一步了解邻近基坑开挖作用对已建盾构隧道的影响，进行数值模拟分析十分必要。

本章以上海延安东路隧道以及上海地铁隧道为研究对象，通过商业有限元软件 PLAXIS 进行了基坑走向与隧道轴线相互平行工况（二维模拟）以及相互垂直交叉工况（三维模拟）的数值模拟参数分析，所分析的参数包括：隧道与基坑之间的相对位置、围护结构的刚度、基坑的尺寸（长度、宽度）、保护隧道的措施等。通过工程实例分析，将数值模拟结果与工程实测数据进行对比研究，验证了数值模拟模型及参数取值的可靠性。在本章的最后将特定工况的离心机试验结果、解析计算的结果及有限元计算的结果进行对比，确认了本书提出的解析模型的合理性。

5.2 有限元程序 PLAXIS

有限元法诞生于 20 世纪 40 年代，随着计算机技术和计算方法的发展，它已经成为解决复杂岩土工程问题最有效的工具之一。本书采用著名商业有限元软件 PLAXIS(version 9.0)进行基坑开挖对邻近隧道影响的二维分析。由于平面应变分析只能模拟基坑走向与隧道轴线平行的情况，因此本书同时采用了 PLAXIS - GiD 来模拟实际工程中经常遇到的基坑与隧道之间相互垂直交叉的三维空间情况。

PLAXIS 程序是可以计算从二维到三维的土体变形、固结、稳定性以及地下水渗流等问题的软件包。最初由荷兰代尔夫特技术大学(Delft University of Technology)研制开发，因其功能全面、界面友好、建模简单、计算能力强大等优点，在世界上许多国家尤其是欧洲国家的岩土工程问题分析中得到广泛的应用。其产品目前包括二维程序包 PLAXIS 9.0、DYNAMICS、PlaxFlow 等，三维程序包 PLAXIS 3D、PLAXIS - GiD 等。值得一提的是 PLAXIS - GiD 这个版本将 PLAXIS 内核与 GiD 程序相结合，通过 GiD 进行复杂的三维建模以及网格划分，再由 PLAXIS 程序进行材料性质赋予以及有限元计算，大大弥补了 PLAXIS 3D TUNNEL 以及 3D FOUNDATION 等软件建模能力不足的问题，可以解决结构物几何关系复杂的岩土工程问题。

本书的所有数值模拟工作均为本人在奥地利格拉茨技术大学(Graz University of Technology)Helmut F. Schweiger 教授的指导下完成的(2009 年 4 月至 2010 年 3 月)。

5.3　基坑走向与隧道轴线相互平行工况二维模拟分析

当基坑走向与隧道轴线相互平行时，可以采用二维数值模拟分析(平面应变问题)。另外，二维分析还可以在本构模型、参数选择等方面为三维数值模拟提供准备。

5.3.1　本构模型的选择

1. PLAXIS 本构模型介绍

PLAXIS 中包含了摩尔库伦模型(Mohr - Coulomb model)、土体硬化模型(Hardening Soil model)以及软土蠕变模型(Soft Soil Creep model)等适合于各种岩土体不同特性的多种本构模型(Brinkgreve 等，2006)，本书主要考察了以下几种本构模型：

1）摩尔库伦本构模型(Mohr - Coulombmodel，MC 模型)

摩尔库伦模型属于理想弹塑性模型。用摩尔库伦模型表示的材料具有一个固定的屈服面，该屈服面由材料参数完全定义，不受(塑性)应变的影响。对于屈服面内的点所表示的应力状态，其行为是完全弹性且所有应变都是可逆的。摩尔库伦模型需要五个基本材料参数，包括杨氏弹性模量 E、泊松比 ν、黏聚力 c、内摩擦角 φ 以及剪胀角 Ψ。

2）土体硬化模型(Hardening Soil model，HS 模型)

与理想弹塑性模型不同，土体硬化模型的屈服面不局限于主应力空间，而是可以随塑性应变扩展，其硬化包含了剪切硬化和压缩硬化两种。剪切硬化用于模拟主偏量加载带来的塑性应变，而压缩硬化用于模拟单向和等向加载引起的塑性应变。

HS 模型是可以模拟包括软土和硬土在内的各种土体行为的先进模型。在 HS 模型中，三轴加载下竖向应变 ε_1 和偏应力 q 之间仍旧采用双曲线关系，然而这种关系与邓肯张模型(Duncan & Chang)是有区别的，首先它采用的是塑性理论，而不是弹性理论；其次它考虑了土体的剪胀性；再次，它引入了一个屈服帽盖。然而 HS 模型也有局限性，它不能用来模拟土体剪胀或崩解带来的软化性质；另外它是一个各向同性的硬化模型，无法模拟反复循环加载的情形。

HS 模型的基本参数及对应的意义如下：不排水三轴压缩参考刚度 E_{50}^{ref}，用以考虑偏应力引起的塑性应变；单轴压缩参考刚度 E_{oed}^{ref}，用以考虑单向或等向压缩引起的塑性应变；卸载再加载刚度 E_{ur}^{ref}；刚度应力相关性幂指数 m；卸载再加载泊松比 ν_{ur}；在 HS 模型中采用摩尔库伦模型得到土体破坏面，输入参数黏聚力 c、内摩擦角 φ 以及剪胀角 Ψ。各刚度的取值方法见图 5 - 1 与图 5 - 2。

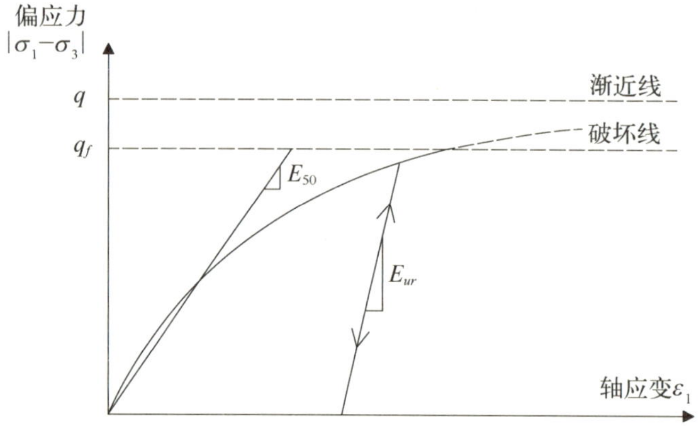

图 5 - 1　标准排水三轴试验主加载下双曲型应力-应变关系

HS 模型的一个特点是土体刚度的应力相关性。以单轴压缩刚度 E_{oed} 为例：

$$E_{oed}=E_{oed}^{ref}(\sigma/p^{ref})^{m} \quad (5-1)$$

式中，σ 是土体的实际应力，E_{oed}^{ref} 是对应于参考围压 p^{ref} 的参考模量。在 PLAXIS 中 p^{ref} 一般采用 100 kPa；m 控制了不同应力条件下的土体刚度变化。

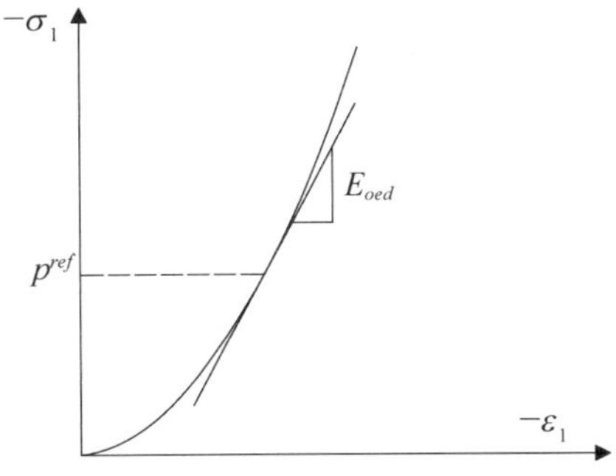

图 5－2　单轴压缩试验结果 E_{oed}^{ref} 的定义

上述内容已经提到，在 HS 模型中三轴加载下的竖向应变 ε_1 和偏应力 q 的双曲应力应变曲线可定义为：

$$\varepsilon_1=\frac{q_a}{2E_{50}}\frac{q}{q_a-q} \quad (5-2)$$

式中，q_a 为抗剪强度渐近值；参数 E_{50} 是主加载下与围压相关的刚度模量。

$$E_{50}=E_{50}^{ref}\left(\frac{c\cos\varphi-\sigma_3'\sin\varphi}{c\cos\varphi+p^{ref}\sin\varphi}\right)^{m} \quad (5-3)$$

式中，σ_3' 是围压，同样 E_{50}^{ref} 是对应于参考围压 p^{ref} 的参考模量。式(5－2)成立的条件为 $q<q_f$，q_f 为极限偏应力，其值可根据摩尔库伦破坏法则推导：

$$q_f=(c\cos\varphi-\sigma_3')\frac{2\sin\varphi}{1-\sin\varphi} \quad (5-4)$$

$$q_a=\frac{q_f}{R_f} \quad (5-5)$$

其中，R_f 为破坏比，一般取为 0.9。

对于卸载再加载路径，卸载再加载刚度模量 E_{ur} 用下式表达：

$$E_{ur}=E_{ur}^{ref}\left(\frac{c\cos\varphi-\sigma_3'\sin\varphi}{c\cos\varphi+p^{ref}\sin\varphi}\right)^{m} \quad (5-6)$$

3）小应变土体硬化模型(Hardening Soil Small model，HS Small 模型)

HS Small 模型是对 HS 模型的进一步修正，主要考虑了微小应变范围内剪切模量的变化。在 HS 模型里认为卸载再加载过程中土体是理想弹性的，然而实际上土体只有在应变极小的情况才会出现理想的弹性变形，随着应变的增加，土体的刚度呈非线性降低，见图 5－3。在实际工程或者实验室常规试验中(如三轴压缩等)测得的应变数值都较大，此时土体的刚度仅仅只有初始刚度的一半左右。

在 HS Small 模型中可以考虑土体在微小应变条件下刚度的增加，相比 HS 模型，它需要增加两个基本材料参数：初始剪切刚度 G_0 以及剪切刚度降低到初始刚度 70%时的剪切应变 $\gamma_{0.7}$。HS Small 模型中，土体剪切刚度的计算如下：

$$\frac{G}{G_0}=\frac{1}{1+0.385(\gamma/\gamma_{0.7})} \tag{5-7}$$

随着应变增加，剪切刚度逐渐降低，到一定程度后，剪切刚度达到一个定值并不再随应变增加而降低，此时剪切刚度为：

$$G_{ur}=\frac{E_{ur}}{2(1+\nu_{ur})} \tag{5-8}$$

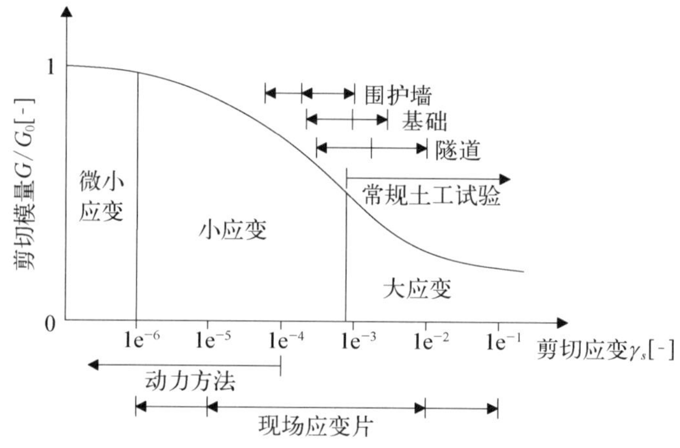

图 5-3　剪切刚度应变相关性(Atkinson and Sallfors, 1991)

2. 本构模型的选择

通过采用不同本构模型对某一特定工况进行模拟，分析不同本构模型的选择对结果的影响，从而确定后续工作所应该选择的本构模型。

1）工况定义及参数设置

所分析工况的模型布置以及网格划分见图 5-4，开挖的基坑宽 15 m，深11 m，分三层进行开挖，每层深度分别为 4 m、3 m 及 4 m。已建隧道位于基坑坑底下方 5.5 m 处，以上海延安东路隧道为原型，外径 11 m，衬砌厚度 0.55 m。将上海地区土层简化为三层：④黏土层（地表下 0—18 m），⑤$_3$ 粉质黏土层（地表下 18—48 m）与⑦$_1$ 砂质粉土层（地表下 48—64 m），各土层的基本情况见表 2-2。整个模型模拟的范围为 90 m×64 m，有限元网格划分后模型约包含 1 100 个 15 结点三角形单元，模型的左右两侧约束水平方向位移，模型底部约束水平及竖向两个方向的位移。

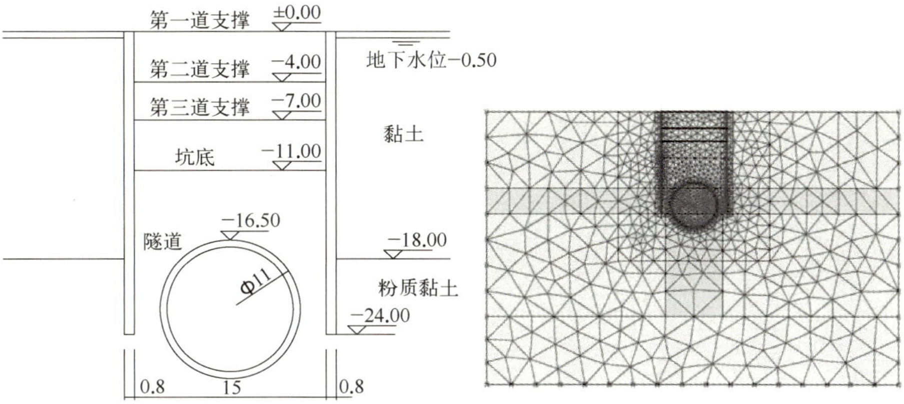

图 5-4　特定工况模型布置及网格划分图(m)

在模拟之中尽量体现实际工程的施工步骤。从初始应力状态开始 ($K_0 = 1 - \sin\varphi'$)，第一步先进行盾构隧道的施工。在不排水的条件下，采用两个步骤进行隧道施工的模拟，第一步进行应力释放，第二步施加衬砌，并同时进行土体完全开挖。应力释放的程度通过达到预期的地层损失率(上海地区经验：1%—2%)来确定。由于默认隧道已建若干年，因此随后进行固结计算，使超孔隙水压力消散。在固结完成之后激活围护结构，随后逐层进行基坑开挖。每层土体开挖之前进行降水(下降到该层土体下方 0.5 m 处)并同时施加支撑。

在以下的分析中采用 PLAXIS 中的 MC、HS 以及 HS Small 模型三种本构模型进行计算。

在上海外滩通道施工之前，除了对土体进行现场测试外，也进行了一系列的室内试验，包括土体成分分析、渗透性试验、单轴压缩试验、无侧限压缩试验及不排水三轴压缩试验等。土体的基本特性见表 5-1。

表 5-1　土体基本特性表

	孔隙比	重　度	含水量	塑性指数	侧压力系数	比　重
黏　　土	1.39	16.9	49.4%	21.3	0.52	2.75
粉质黏土	1.00	17.9	34.0%	15.5	0.47	2.73
砂质粉土	0.82	18.7	28.2%	—	—	2.7

HS 模型的参数取值可根据土体室内试验结果及前人分析经验获得。对于 E_{oed}^{ref} 的取值，可根据地质勘查报告压缩模量的数值进行选取（可见表 2-2）。根据前人在上海地区的分析经验（阎静雅，2007；江帆等，2010），对于正常固结软弱黏土 $E_{50}^{ref} \approx 2E_{oed}^{ref}$，对于砂土，$E_{50}^{ref} \approx E_{oed}^{ref}$；对于软弱黏土 E_{ur}^{ref} 可以取为 E_{50}^{ref} 的 4—5 倍，甚至更高，而对于砂土，一般推荐采用 PLAXIS 的默认设置，$E_{ur}^{ref} = 3E_{50}^{ref}$。对于刚度应力水平幂指数 m，软黏土一般取 $m=1$，而砂土一般取 $m=0.5$，粉土的取值则介于其间。

HS 模型的参数见表 5-2，HS Small 模型增加的参数见表 5-3。对于 MC 模型，弹性模量采用表 5-2 中 E_{ur} 的数值，泊松比则取为 0.3。围护结构以及隧道衬砌采用线弹性板单元来模拟，其参数见表 5-4，支撑采用点对点杆单元模拟，其参数见表 5-5。需要说明的是 PLAXIS 中采用 R_{inter} 参数用来体现围护结构与土体的接触。接触面的性质如下：

$$c_i = R_{inter} c_{soil} \tag{5-9}$$

$$\tan \varphi_i = R_{inter} \tan \varphi_{soil} \leqslant \tan \varphi_{soil} \tag{5-10}$$

其中，c_i 与 φ_i 分别为接触面的黏聚力与内摩擦角，R_{inter} 的数值总是小于等于 1。在接触面采用 Coulomb 准则来区分弹性状态（可以出现小位移）与塑性状态（可能出现永久滑移）。根据以往经验，针对黏土与混凝土的接触 R_{inter} 的取值定为 0.65。

表 5-2　HS 模型土体参数表

	Material type	E_{50}^{ref} (MPa)	E_{oed}^{ref} (MPa)	E_{ur}^{ref} (MPa)	m —	υ —	p^{ref} (kPa)	c_{ref} (kPa)	Φ (°)	ψ (°)
黏土	Undrained	4.8	2.4	19.2	1	0.2	100	8	23	0
粉质黏土	Undrained	9.8	4.9	29.4	0.7	0.2	100	12	27	0
砂质粉土	Drained	12.5	10	37.5	0.6	0.2	100	3	30	0

表 5-3　HS Small 模型土体参数表

	Material type	G_0(MPa)	$\gamma_{0.7}$(—)
黏　　土	Undrained	60.0	2E-4
粉质黏土	Undrained	100.0	2E-4
砂质粉土	Drained	125	1.5E-4

表 5-4　围护结构与隧道衬砌参数表

	EA(kN/m)	EI(kNm^2/m)	W(kN/m/m)	R_{inter}(—)	υ(—)
围护墙	1.51E+7	6.00E+5	8.27	0.65	0.15
隧道衬砌	1.90E+7	4.78E+5	8.69	0.65	0.15

表 5-5　支 撑 参 数 表

	EA(kN)	$Spacing$(m)
支　　撑	6.60E+6	3

在采用不同模型时，为了达到相同的地层损失率，在隧道施工步骤中采用的应力释放程度有所不同。

2）计算结果

图 5-5 显示了隧道开挖完成后地表沉降槽的形态，由于不同工况的地层损失率相同，因此采用不同模型得到的地表沉降槽的形状总体相近，由于隧道开挖地表最大沉降约为 35 mm。

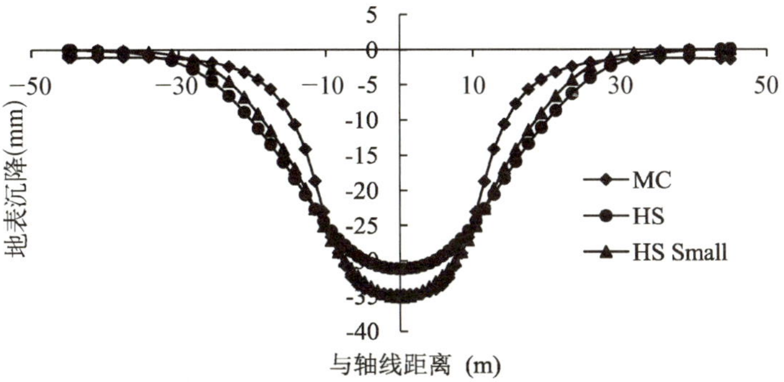

图 5-5　隧道施工后地表沉降图

基坑开挖过程中隧道拱顶隆起变化见图 5-6。不同模型的拱顶隆起变化趋势相近，当基坑开挖到底时，HS 模型中隧道隆起值稍大，然而总体而言不同模型隧道最终隆起值接近。

基坑开挖前、后以及由基坑开挖引起的隧道衬砌附加内力见表 5-6。

隧道施工后衬砌的轴力由于采用模型的不同略有不同，然而差别仅在 10%以内，相对来说，衬砌弯矩的差别则更为显著。由于本书讨论的重点是由于基坑开挖对隧道的影响，因此对由于基坑开挖引起的隧道衬砌附加内力更为关注。

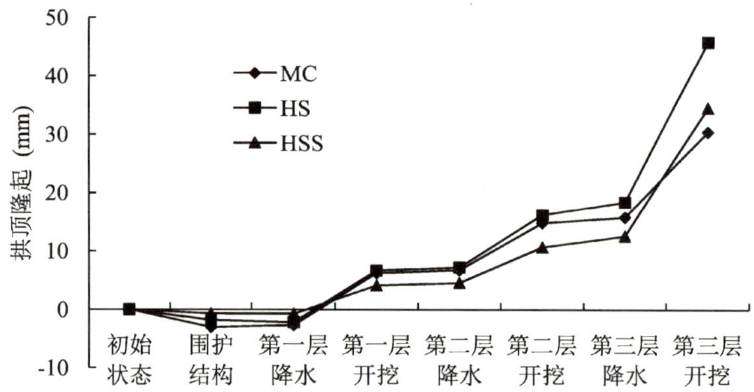

图 5-6　基坑开挖过程中隧道拱顶隆起图

附加轴力的数值与基坑开挖前的轴力相比很小，仅相当于初始轴力的 10%甚至更少。衬砌的附加弯矩数值很大，而且基坑开挖前后隧道衬砌最大弯矩的位置发生了变化，以 HS Small 模型为例，基坑开挖前后隧道衬砌弯矩分布见图 5-7。对于 HS 模型与 HS Small 模型，衬砌附加弯矩的数值较为接近，而 MC 模型的结果与另外两个模型差别较大。

表 5-6　隧道衬砌内力表(弯矩单位：kNm；轴力单位：kN)

MC 模型		HS 模型		HS Small 模型	
基坑开挖前					
拱顶轴力	−1 088	拱顶轴力	−1 221	拱顶轴力	−1 223
拱底轴力	−1 338	拱底轴力	−1 445	拱底轴力	−1 458
拱顶弯矩	103.1	拱顶弯矩	185.6	拱顶弯矩	163.9
拱腰弯矩	−112.9	拱腰弯矩	−183.6	拱腰弯矩	−143.6
拱底弯矩	69.8	拱底弯矩	137.1	拱底弯矩	105.8
基坑开挖后					
拱顶轴力	−1 085	拱顶轴力	−1 254	拱顶轴力	−1 218
拱底轴力	−1 263	拱底轴力	−1 410	拱底轴力	−1 381
拱顶弯矩	−372.7	拱顶弯矩	−678.1	拱顶弯矩	−623.3
拱腰弯矩	187.7	拱腰弯矩	486.8	拱腰弯矩	423.8
拱底弯矩	−165.2	拱底弯矩	−334.2	拱底弯矩	−272.3

续　表

MC 模型		HS 模型		HS Small 模型	
附加内力					
拱顶轴力	3	拱顶轴力	−33	拱顶轴力	5
拱底轴力	75	拱底轴力	35	拱底轴力	77
拱顶弯矩	−475.8	拱顶弯矩	−863.7	拱顶弯矩	−787.2
拱腰弯矩	300.6	拱腰弯矩	670.4	拱腰弯矩	267.4
拱底弯矩	−235	拱底弯矩	−471.3	拱底弯矩	−378.1

通过以上分析得到：基坑开挖将对隧道产生较大影响，主要表现在隧道衬砌的变形以及衬砌弯矩的变化。HS 模型与 HS Small 模型作为较高级的模型，两者的计算结果相对来说较为接近，都可以在数值模拟中采用，而在采用 MC 模型计算基坑开挖对下卧隧道影响时需注意，当考察的对象为隧道衬砌变形时，MC 模型的计算结果与高级模型相差不大，可以采用；当考察的对象为隧道衬砌弯矩变化时，MC 模型的计算结果与高级模型相差较大，应慎重考虑。

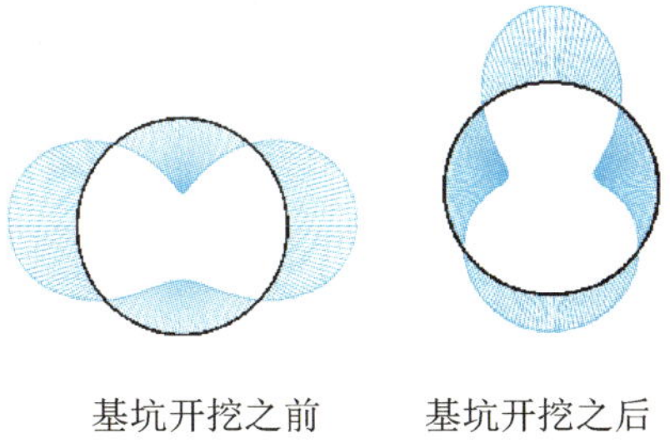

图 5－7　基坑开挖前后隧道衬砌弯矩分布图

5.3.2　隧道位于基坑下方的工况

1. 工况定义及模型介绍

本节将针对已建隧道位于基坑正下方的情况进行讨论，见图 5－8。具体工况如表 5－7 所示，竖直距离指基坑坑底到隧道中心的距离，*D* 为延安东路隧道外径 11 m。

其中工况 1—4 的研究对象是延安东路隧道，工况 5 的研究对象是上海地铁隧道，工况 6 是为了分析隧道直径与衬砌厚度对结果影响的对比工况。工况 1 的模型布置及土体分层情况与上节相同，参见图 5－4。在其余工况中仅对隧道的位置进行了调整。采用 HS Small 模型作为土体本构模型，具体参数见表 5－2 与表 5－3。

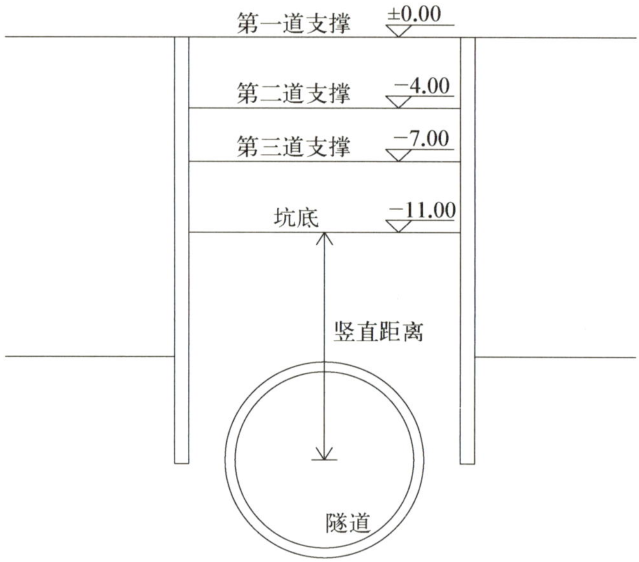

图 5－8　已建隧道位于基坑正下方情况示意图

表 5－7　隧道位于基坑下方的工况定义

工　况	隧道直径(m)	衬砌厚度(m)	竖直距离(m)
1	10.45	0.55	D
2	10.45	0.55	$1.5D$
3	10.45	0.55	$2D$
4	10.45	0.55	$2.5D$
5	6.2	0.35	D
6	10.45	0.35	D

2. 计算结果与讨论

1）延安东路隧道计算结果

工况 1—4 随着基坑开挖隧道拱顶隆起变化见图 5－9。由于隧道位于基坑正下方，因此隧道衬砌最大变形位于拱顶处。对于工况 1，当基坑完成第一层、第二层以及第三层土体的开挖时，隧道拱顶隆起值分别为：4.1 mm、10.6 mm 以及 34.5 mm，随着基坑开挖深度的增加，隧道隆起的趋势略有加强。

另外需要说明的一点是，隧道受上方基坑开挖影响产生的是一个三维空间

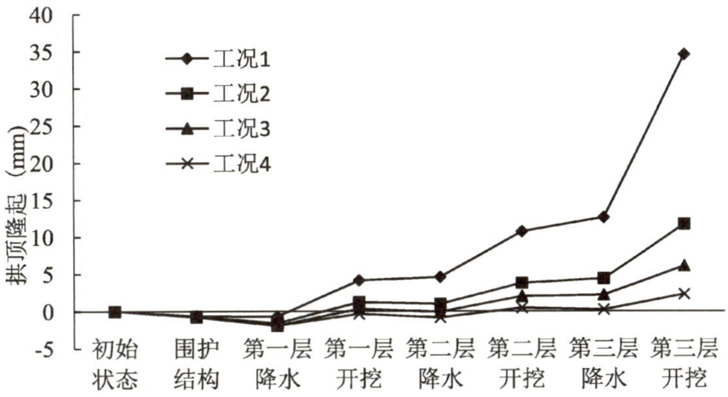

图 5-9　工况 1—4 隧道拱顶隆起变化图

的附加变形，包括了隧道整体向上隆起以及隧道断面产生的一个近似“竖鸭蛋”形状的平面变形。以工况 1 为例，当基坑开挖到底时，隧道拱顶、中心以及拱底的竖向位移分别为 34.5 mm、16.1 mm 以及 3.4 mm，中心隆起约为拱顶隆起的 47%。假设以隧道中心隆起来度量隧道的整体隆起，那么拱顶与拱底的竖向位移即为隧道整体隆起与横断面变形的叠加。扣除隧道整体隆起，隧道横断面拱顶与拱底变形分别为：18.4 mm 及 12.7 mm，拱顶变形大于拱底变形。对于其余几个工况也有类似的结果。

基坑开挖到底时，工况 1—4 隧道拱顶隆起最终值分别为：34.5 mm、11.7 mm、6.0 mm 及 2.2 mm。随隧道与基坑之间距离增加，隧道隆起呈指数型减小。对于工况 4，隧道隆起仅为 2.2 mm，影响已相当小。

工况 1 隧道拱顶、腰部以及拱底的初始弯矩、基坑开挖后的最终弯矩以及由基坑开挖引起的附加弯矩见图 5-10。由于上方开挖卸荷，隧道衬砌弯矩出现了巨大的变化，隧道衬砌各个部位出现了与初始弯矩反方向的弯矩。需要说明的是：工况 1 的情况较为极端，基坑在长度方向与隧道平行且一直位于隧道上方，这在实际中很少出现。但是在实际工程中，由于上方基坑开挖，隧道衬砌还是有可能会出现与初始相反方向的弯矩，假如在隧道设计时未考虑相反方向弯矩的作用，那么这对于衬砌安全来说是十分致命的。

工况 1—4 隧道衬砌附加弯矩见图 5-11。随着隧道与基坑之间的距离增加，由于基坑开挖引起的隧道衬砌附加弯矩逐渐减小。对比工况 1 与工况 4，当隧道中心与基坑坑底距离从 1 倍隧道直径增加到 2.5 倍隧道直径，衬砌的附加弯矩降低了 90%左右。

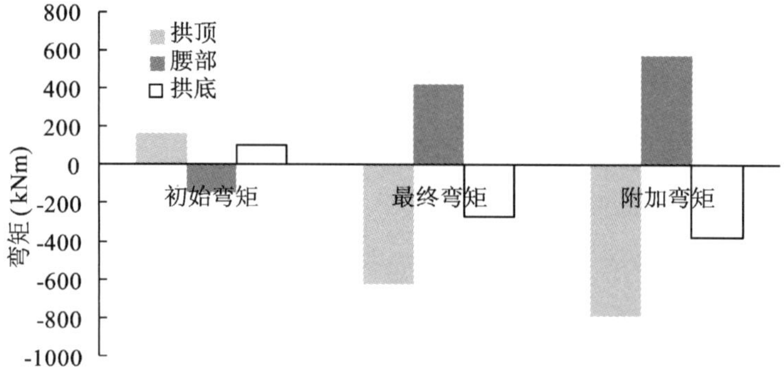

图 5-10 工况 1 隧道衬砌初始、最终以及附加弯矩

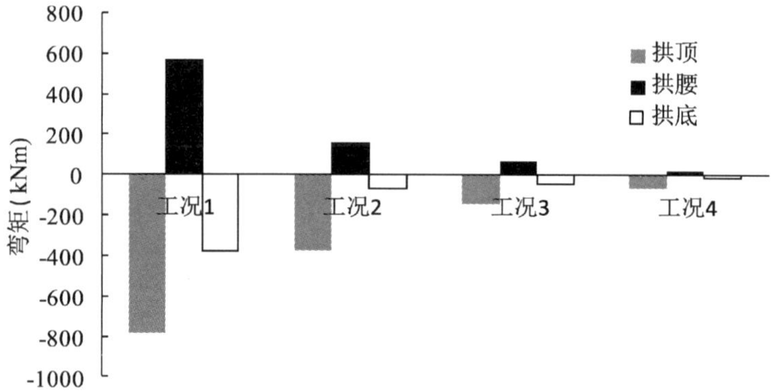

图 5-11 工况 1—4 隧道衬砌附加弯矩图

2）隧道直径及衬砌厚度的影响

工况 1、5 和 6 的隧道拱顶隆起变化如图 5-12 所示。对比工况 1 与工况 5，基坑开挖到底时，地铁隧道拱顶隆起仅为 13.6 mm，远小于延安东路隧道的最大隆起值。工况 6 中的隧道直径与工况 1 相同，可以认为两者所承受的由于基坑开挖引起的荷载相同，工况 6 由于衬砌刚度较弱，因此变形大于工况 1。对于工况 5 与工况 6，虽然衬砌刚度相同，但是工况 6 隧道直径较大，因此承受的荷载更大，隧道变形也远大于工况 5。

工况 1、5 和 6 由基坑开挖引起的隧道衬砌附加弯矩如图 5-13 所示。工况 1 与工况 6，隧道直径相同而刚度不同，刚度较小的隧道所承受的附加弯矩较小；工况 5 与工况 6，隧道衬砌刚度相同而直径不同，直径大的隧道所承受的附加弯矩较大。

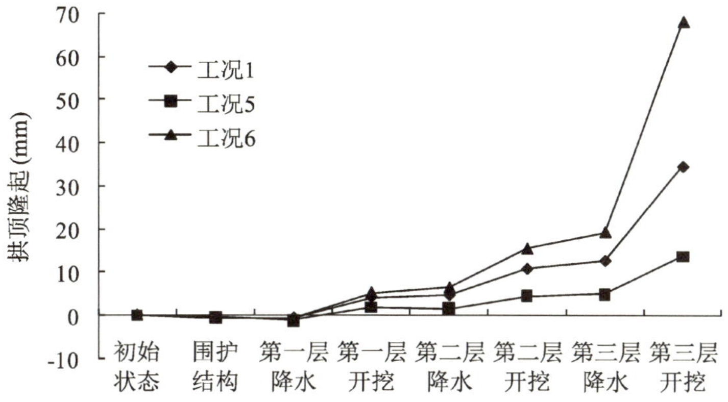

图 5-12　工况 1,5 和 6 隧道拱顶隆起变化图

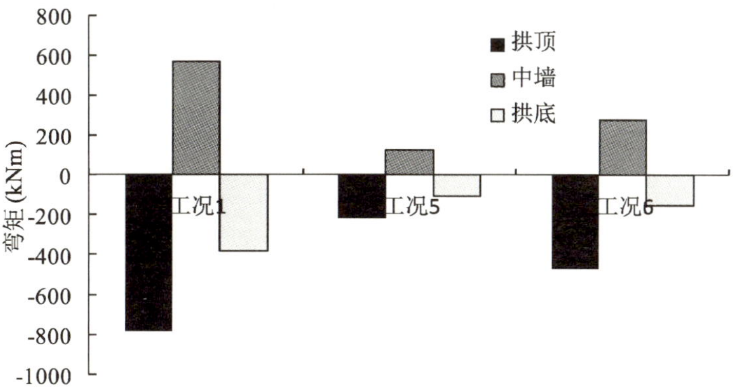

图 5-13　工况 1,5 和 6 隧道衬砌附加弯矩图

3）基坑开挖深度的影响

图 5-14 与图 5-15 为延安东路隧道与上海地铁隧道在不同基坑开挖深度条件下拱顶隆起随隧道中心与坑底距离增加的变化图。不论是延安东路隧道还是地铁隧道，所体现的规律是一致的。对于特定的开挖深度，隧道隆起随隧道位置远离基坑呈指数减小的趋势。基坑开挖的深度越大，上述减小的趋势越显著，同时坑底相同距离的隧道所受的影响越大。定义基坑开挖对隧道无影响的距离为安全距离，以延安东路隧道为例，基坑开挖深度为 11 m 时，当隧道中心与基坑坑底距离为 27.5 m(2.5D)时，隧道拱顶隆起约为 2 mm，可认为基坑开挖对隧道已无影响，即此时安全距离为 27.5 m。而对于地铁隧道，同样以隧道拱顶隆起 2 mm作为判断隧道是否受基坑开挖影响的标准，其安全距离约为 19 m(3d)。对于同一隧道，基坑开挖深度越深，安全距离的数值越大。

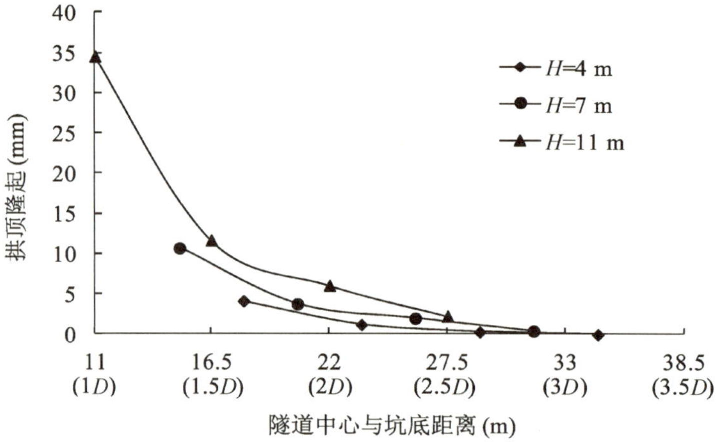

图 5-14　延安东路隧道不同基坑开挖深度隧道与基坑之间距离与隧道拱顶隆起的关系

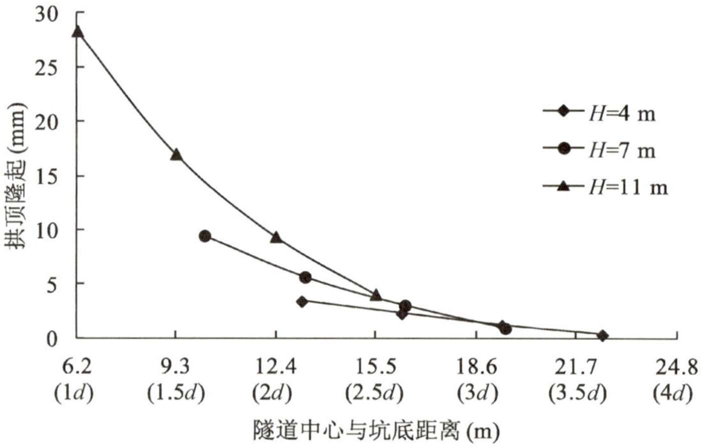

图 5-15　上海地铁隧道不同基坑开挖深度隧道与基坑之间距离与隧道拱顶隆起的关系

4）围护结构刚度的影响

为说明围护结构刚度变化对隧道响应的影响，本书将工况 1 中支撑刚度增加为原值的 5 倍，得到的隧道拱顶隆起变化与工况 1 对比见图 5-16。显然，围护结构的刚度在一定范围内增加对隧道变形的影响不大。当隧道位于基坑正下方时，隧道变形主要由坑底土体的竖向位移引起，改变围护结构的侧向刚度，减小了基坑侧向土体的水平位移，对坑底土体位移场的影响不大，因此对隧道响应的影响也不大。

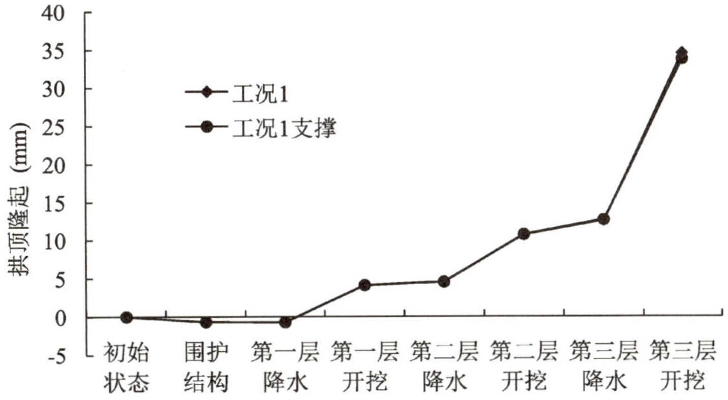

图 5-16　围护结构刚度变化对隧道响应影响

5.3.3　隧道位于基坑侧方的工况

1. 工况定义及模型介绍

本节将针对已建盾构隧道位于基坑侧方的情况进行讨论，见图 5-17，各工况分析的对象均为延安东路隧道，基坑模型及土层分布与上一节相同，仅改变隧道与基坑的相对位置，具体工况如表 5-8 所示，竖直距离指基坑坑底到隧道中心的距离，水平距离为基坑中轴线到隧道中心的距离，W 为基坑宽度 15 m。

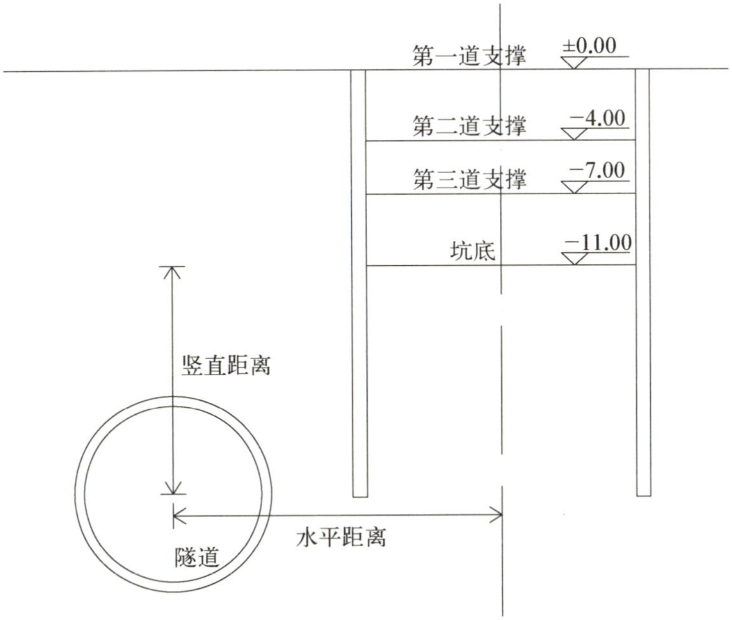

图 5-17　已建隧道位于基坑侧方的情况示意图

表 5-8　隧道位于基坑侧方的工况定义

工　况	竖 直 距 离	水 平 距 离
7	0	W
8	$0.5D$	W
9	D	W
10	$1.5D$	W
11	D	$2W$

2. 计算结果与讨论

1) 隧道衬砌变形分析

由于隧道位于基坑侧方，当基坑开挖到底时隧道衬砌最大变形所在的点不再是隧道拱顶。此处依旧用角度 α 来描述隧道变形最大点在横断面点的位置，工况 7-11 的 α 值分别为：90°、52.6°、45°、36.5°以及 81°。以上各点水平位移与竖向位移如图 5-18 所示。与隧道位于基坑正下方不同，当隧道位于基坑侧方时隧道衬砌以水平位移为主。比较工况 7—10，此时隧道与基坑竖直轴线的水平距离相同，当隧道中心位置与基坑底部深度相同时（工况 7），隧道的变形最大，随着隧道埋深增加，隧道变形逐渐减小。对比工况 1、9 与 11，此时隧道埋深相同而与基坑的水平距离不同，随着水平距离增加隧道所受影响减小，当隧道与基坑距离为 $2W$（约 $3D$）时，隧道衬砌最大变形仅为 3.6 mm，该数值已相当小，可近似认为此时基坑开挖对隧道已无影响。

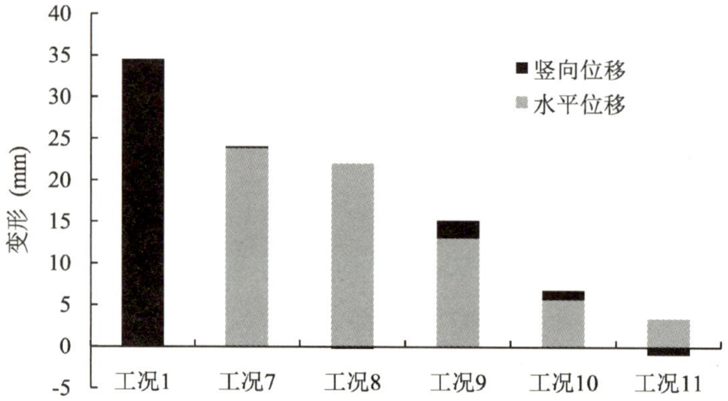

图 5-18　隧道衬砌水平位移与竖向位移图

当隧道位于基坑侧方时，隧道的变形与围护墙的变形相关性更高，此处先对围护墙变形的基本情况进行介绍。以工况 9 为例，基坑开挖过程中围护墙变形见图 5－19。随着基坑开挖深度的增加，围护墙变形逐渐增大，当基坑开挖到底时，围护墙最大变形出现在坑底附近（－11 m）。

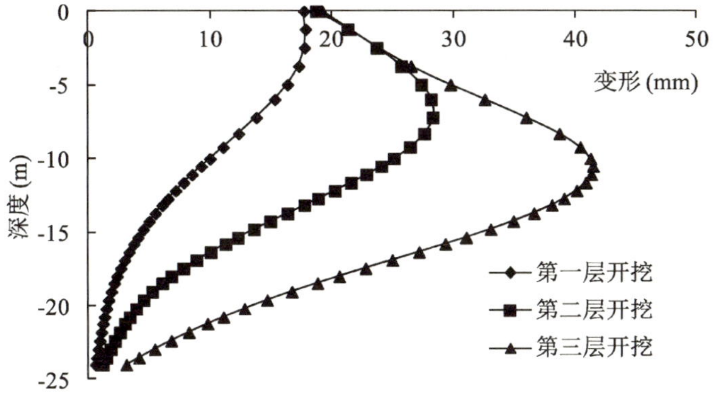

图 5－19　工况 9 围护墙变形图

各工况隧道衬砌附加弯矩分布如图 5－20 所示。各工况最大附加弯矩出现的位置与其最大位移出现的位置十分相近。对于同一工况，靠近基坑的部位（0°＜α＜180°）隧道衬砌附加弯矩显然比背离的一侧大（180°＜α＜360°）。总体上，与基坑的距离越远，隧道衬砌附加弯矩越小。

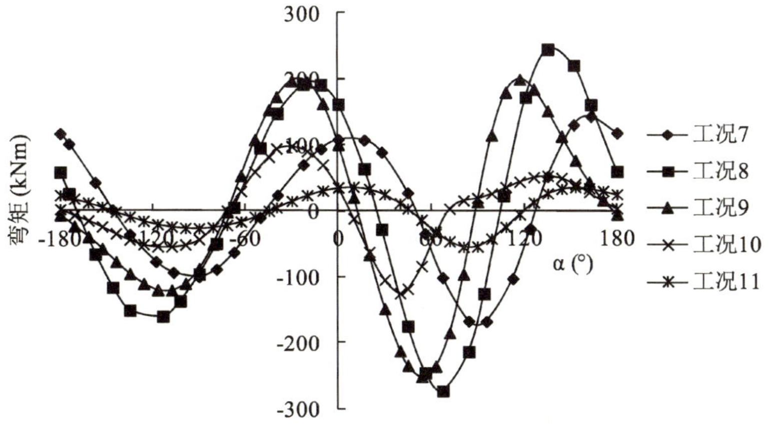

图 5－20　工况 7—11 衬砌附加弯矩分布图

2）隧道结构对位移场的影响

隧道结构一方面受到邻近基坑开挖的影响产生变形，另一方面隧道结构的存在也对土体位移场产生影响。隧道位于基坑侧方的各工况围护结构变形见图5-21。隧道结构对土体有一定的加固作用,对比工况7—10,当隧道中心深度与基坑开挖深度相同时围护结构变形减小最大(工况7),随着隧道埋深逐渐增加,隧道对围护结构变形的影响越来越小。相对于埋深较大的工况9与工况10,工况11中隧道与基坑之间的水平距离虽然较远,然而其对围护结构的影响却较大。这说明隧道对基坑开挖引起土体位移场的影响并不仅仅决定于隧道与基坑之间的距离,更重要的是隧道是否处于位移场的关键位置。

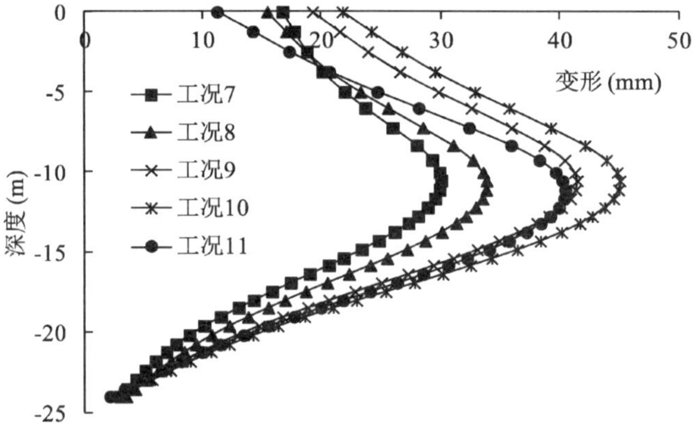

图5-21　工况7—11围护结构变形图

3）围护墙深度的影响

为分析围护墙深度对计算结果的影响,以工况9为例,图5-22显示了围护墙深度分别为24 m及36 m时基坑开挖到底后的围护墙变形。围护墙深度加深后,墙体锚固的效果显著改善,然而对其自身整体变形的影响不大。

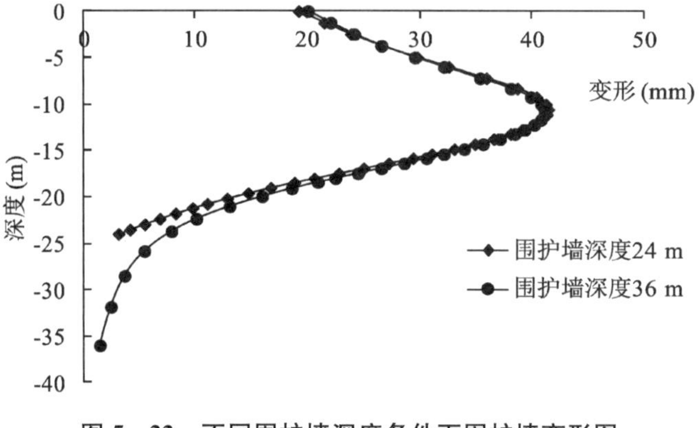

图5-22　不同围护墙深度条件下围护墙变形图

图 5-23 显示了不同围护墙深度条件下隧道衬砌附加弯矩的分布。对于背离基坑的隧道一侧，衬砌附加弯矩几乎不发生变化，而对于靠近基坑的隧道一侧，围护墙深度增加后隧道衬砌最大附加弯矩有所减小，正负弯矩分别减小了约 18.3%与 7.6%。

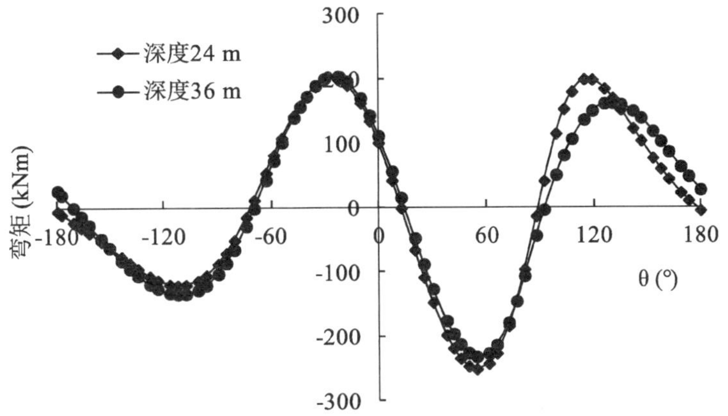

图 5-23　不同围护墙深度条件下隧道衬砌附加弯矩分布图

4）围护结构刚度的影响

图 5-24 显示了基坑开挖到底时工况 9 以及将坑内支撑刚度提高原值的 5 倍及 10 倍后的围护墙变形。支撑刚度增加后，围护墙的变形有所减小，然而减小的幅度仅有 5%左右。因此总体而言，当隧道位于基坑侧方时，围护结构刚度在一定范围内增加对计算结果的影响也十分有限。

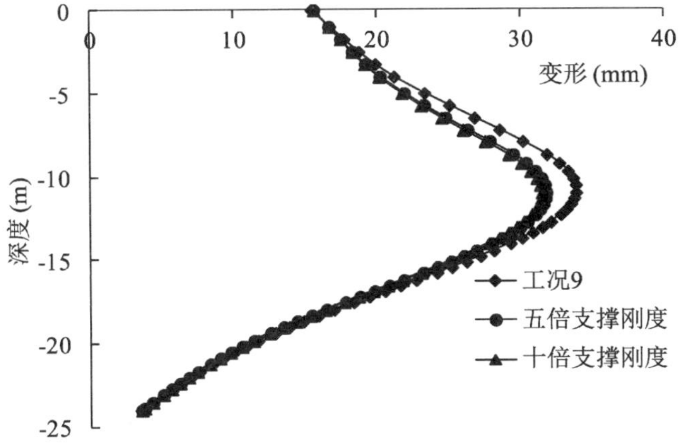

图 5-24　不同支撑刚度条件下围护墙变形图

5.4 基坑走向与隧道轴线相互垂直工况模拟三维分析

二维数值模拟所能分析的是隧道与基坑走向相互平行，且基坑长度较大的情况，而在实际工程中经常出现基坑开挖长宽比较小或者上方基坑交叉跨越下方已建隧道的情况，此时必须采用三维有限元进行模拟。为简化分析，以下数值模拟建模中仅考虑隧道与基坑垂直交叉的情况。

5.4.1 分析模型及参数介绍

1. 分析模型

本章节模型的建立以上海外滩通道基坑开挖交叉跨越下卧延安东路隧道为原型，具体工程背景详见 2.4 节介绍。在本节的数值模拟分析中，取基坑的长度、宽度及开挖深度分别为 50 m、10 m 和 11 m。基坑分三层开挖，每层开挖的深度分别为 3.8 m、3.3 m 以及 3.9 m。在 0 m、−3.8 m 和−7.1 m 的位置布置三道钢支撑，另外为了保证边墙的稳定性，在基坑四角同样深度处施加了三层混凝土角撑。典型的基坑与隧道位置关系图见图 5 - 25。

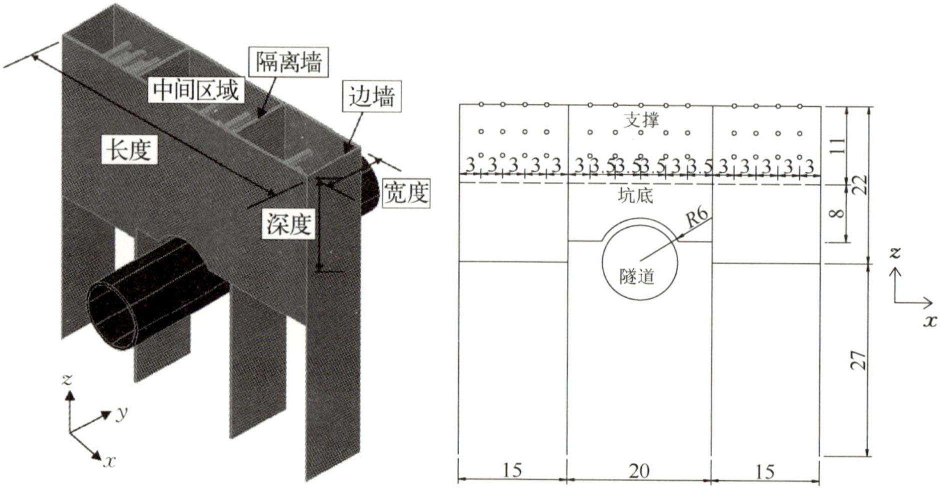

图 5 - 25 特定工况模型布置图

PLAXIS－GiD 中的模型以及网格划分见图 5－26。整个模型约包含 90 000个 10 结点四面体单元，模型模拟的范围为 230 m×150 m×64 m。网格划分后，模型的四周边界施加水平方向位移约束，模型底部同时施加水平与竖直方向位移约束。三维模拟的过程与二维模拟相似，区别在于隧道的模拟中不再采用两步骤应力释放法，而是在同一个步骤中进行隧道内部土体开挖以及衬砌的加设。

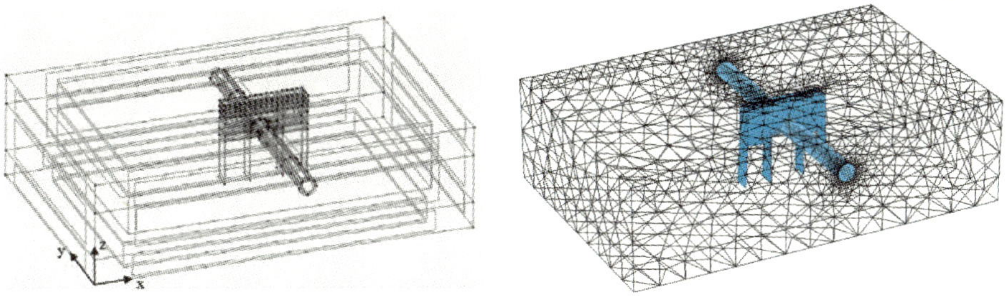

图 5－26　计算模型及网格划分

2. 模型与参数介绍

前文曾针对不同本构模型进行计算分析，结果表明 HS 模型与 HS Small 模型的计算结果比较接近，都可在数值模拟中采用。目前普遍认为采用 HS Small 模型能够计算得到更为精确的结果（如 Xuan 等，2009；郑渊仁，2010），然而在三维分析中采用 HS 模型更能节省时间，而且在普遍规律寻找的意义上，HS 模型也能得到相同的结论，因此在本书的三维分析中将采用 HS 模型来模拟土体的作用。三维分析的土层分布情况与二维分析相同，将上海地区土层简化为三层：④黏土层（地表下 0—18 m），⑤$_3$粉质黏土层（地表下 18—48 m）与⑦$_1$砂质粉土层（地表下 48—64 m）。三维分析的土体参数也与二维分析相同，见表5－2。

三维数值分析中同样对延安东路隧道以及上海地铁隧道进行了考虑。围护墙以及隧道衬砌均采用板单元模拟，具体参数见表 5－9。其中，d 为板单元厚度，γ 为板单元与土体单元重叠后增加的重度。为考虑盾构在横向以及纵向不同的刚度有效率，隧道衬砌的板单元采用了各向异性的刚度设置，纵向与横向的弹性模量分别为 E_1 与 E_2。采用这样的设置后，隧道的横向与纵向刚度有效率分别为 0.7 与 1/6（徐凌，2005）。

支撑采用点对点杆单元模拟，参数如表 5－10 所示。

表 5-9　三维分析围护结构与隧道衬砌参数表

	d(m)	γ(kN/m^3)	E_1(kN/m^2)	E_2(kN/m^2)	R_{inter}(—)	ν(—)
围护墙	0.62	13.31	3.0E+7	—	0.65	0.15
延安东路隧道	0.49	17.81	6.47E+6	3.45E+7	0.65	0.15
上海地铁隧道	0.31	17.84	6.47E+6	3.45E+7	0.65	0.15

表 5-10　三维分析支撑参数表

	EA(kN)
混凝土支撑	1.68E+7
钢　支　撑	6.60E+6

5.4.2　计算结果及讨论

1. 隧道与基坑相对位置的影响

1）工况定义

为分析隧道与基坑相对位置的影响，本节假设几种工况，不同工况见表 5-11。表中水平距离与垂直距离的含义见图 5-27。

表 5-11　三维分析的工况定义

工　况	水平距离 D_x	垂直距离 D_z
RT1	0	1D
RT2	0	1.5D
RT3	0	2D
RT4	0	2.5D
RT5	3D	1D
RT6	3D	2D
RT7	4D	1D
RT8	5D	1D

2）工况 RT1 计算结果

为了更清楚地讨论计算结果，此处先对三个断面进行定义：PN 为与隧道轴线垂直的基坑中央剖面；PI 与 PN 平行，两个平面间的距离为 16.5 m(1.5 倍基坑开挖深度)；PL 为穿过隧道轴线的基坑中央剖面，见图 5-28。

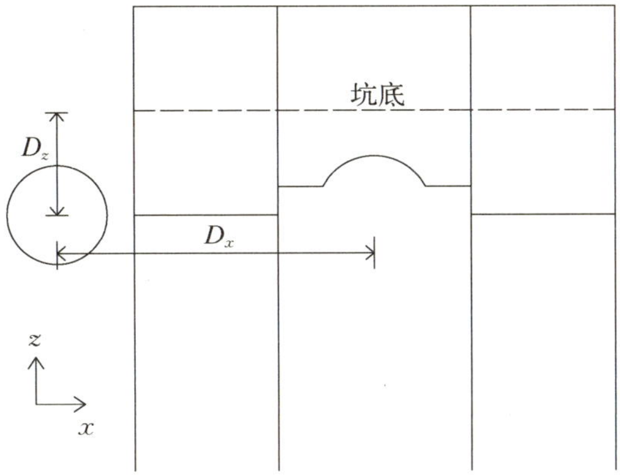

图 5－27　隧道与基坑相对位置示意图

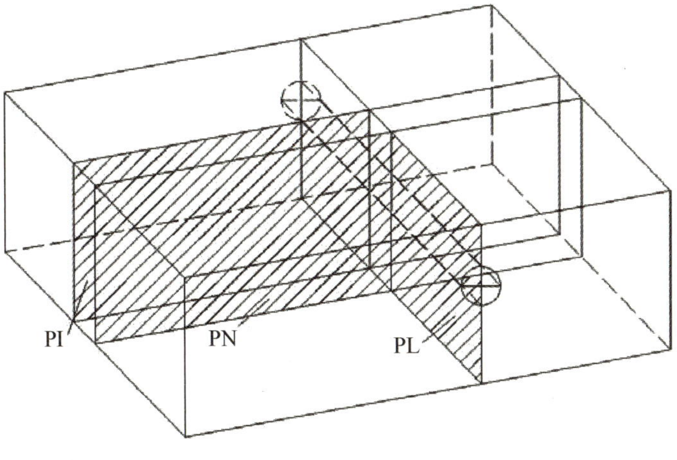

图 5－28　断面 PN、PI 与 PL 示意图

图 5－29 给出了工况 RT1 基坑开挖不同阶段下卧隧道的纵向隆起情况，为使讨论更直观，横坐标下方给出了以基坑宽度为标度的刻度。在上方基坑开挖的影响下，隧道的纵向变形基本符合高斯曲线的特征。不同基坑开挖深度对隧道变形反弯点的位置影响不是很大，反弯点始终在距离中轴线大约 15 m(1.5 倍基坑宽度)的位置出现。隧道隆起的范围随基坑开挖深度增加而显著扩大。

基坑开挖前、后及由基坑开挖引起的 PN 断面隧道衬砌轴力与弯矩见图 5－30与图 5－31。由于上方基坑开挖，隧道拱顶的轴力显著减小，而拱底的轴力变化则十分有限。事实上，这种现象与隧道的纵向弯曲变形相关。基坑开

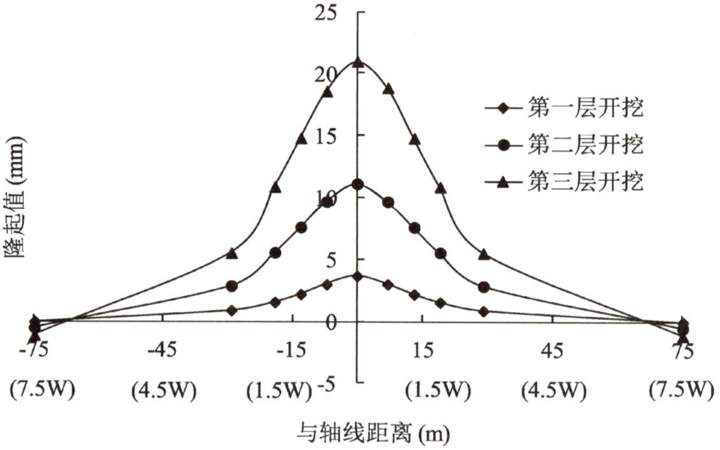

图 5-29 基坑不同开挖阶段隧道纵向隆起图

挖之后隧道拱顶、拱底的总纵向轴力分布情况及相同位置由基坑开挖引起的纵向轴力分布情况见图 5-32。在基坑开挖之前,隧道纵向轴力均匀分布,基坑开挖引起隧道纵向弯曲,隧道纵向轴力产生不均匀分布,且在 PN 断面的拱顶与拱底处分别产生了数值较大的轴向拉力与压力。对于隧道拱顶,纵向受拉后将在横向也产生一定的拉力,这种拉力与横断面轴力叠加后便出现拱顶轴力显著降低的现象。需要说明,本书的数值分析中隧道由均质管段模拟,通过折减隧道刚度来考虑接头的存在对结构变形的影响。在实际中,由于隧道环间错动等原因,隧道在纵向的弯曲效应没这么明显,因此拱顶与拱底纵向轴力数值也不会这么大。

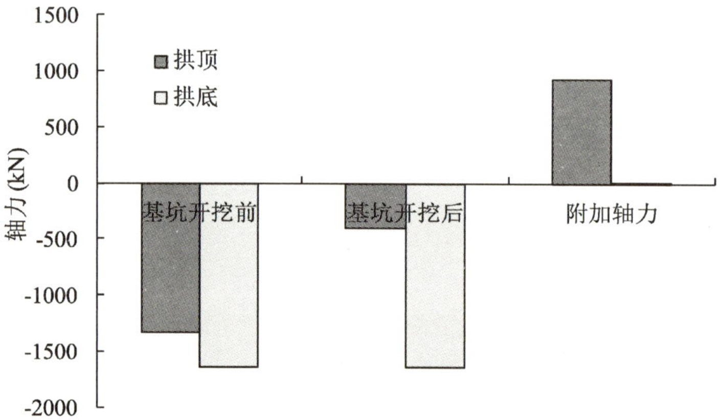

图 5-30 基坑开挖前、后及由基坑开挖引起的隧道衬砌轴力图

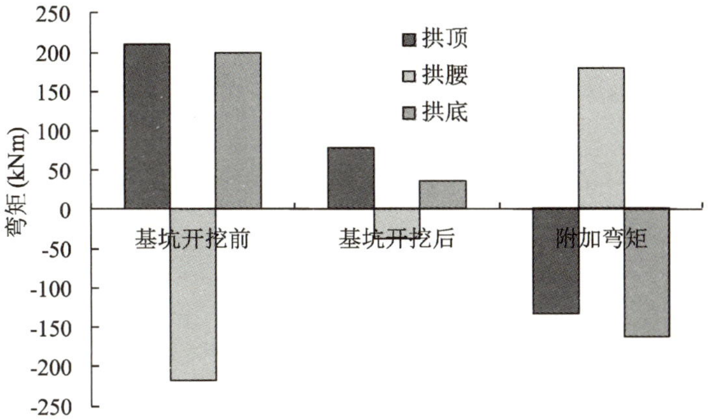

图5-31　基坑开挖前、后及由基坑开挖引起的隧道衬砌弯矩图

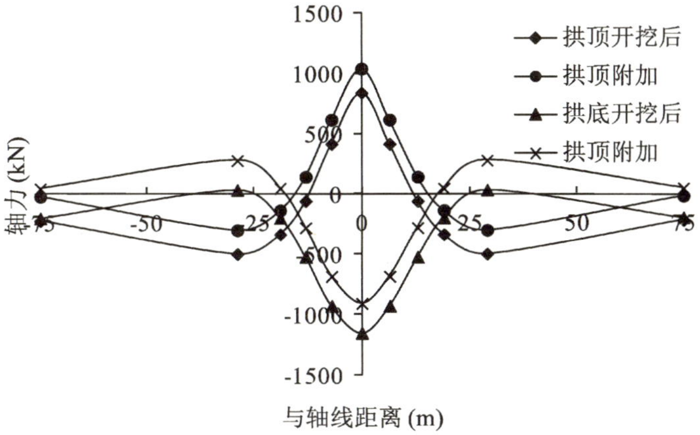

图5-32　基坑开挖后及由基坑开挖引起的隧道衬砌纵向轴力图

由于上方基坑开挖，隧道衬砌弯矩也发生较大变化，与基坑走向和隧道轴线相平行的情况不同，此处基坑完成开挖后，隧道衬砌弯曲数值较基坑开挖前有所减小，且方向并未发生改变。事实上，基坑开挖前隧道在水土压力作用下受荷，其后由上方基坑开挖卸荷，其横断面受力变形十分复杂，不能简单地认为是在弹性范围内的一种恢复，在工程中应当避免这种过大的卸载。

在下文的分析中，对于基坑开挖引起的效应，不论是隧道横向轴力、横向弯矩，还是纵向轴力，在受各种因素如基坑与隧道之间距离、基坑宽度、长度等影响时都体现出一致的规律，因此只将主要针对隧道横断面弯矩变化展开讨论，而不将各种内力情况一一列举。

3）工况 RT1—RT4 计算结果

（1）隧道变形

在工况 RT1—RT4 中，隧道位于基坑正下方，因此基坑开挖导致的隧道衬砌变形最大值出现在隧道拱顶，图 5－33 显示了 PN 断面中随着基坑开挖隧道拱顶隆起的变化。隧道总体变形趋势与二维模拟近似，随着基坑开挖深度的加深，隧道拱顶隆起的速率有所增加，在四个工况中隧道最终隆起值分别为 21 mm、18 mm、13 mm 以及 10 mm，随着隧道与基坑相对距离增加，隧道变形减小。

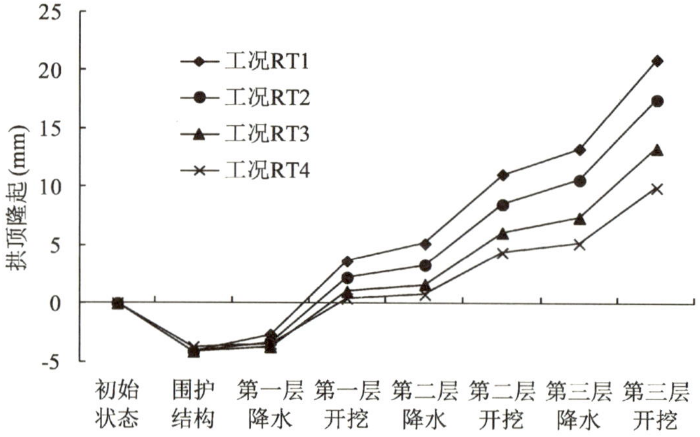

图 5－33 工况 RT1—RT4 隧道拱顶隆起变化图

各工况隧道纵向隆起见图 5－34。隧道隆起在中部 50 m(5 倍基坑宽度)较为显著，通过 B 样条曲线来拟合隧道纵向变形，可以得到隧道各点的曲率。隧道最大曲率出现在基坑正下方，工况 RT1—RT4 隧道最小曲率半径分别为 7 786 m、9 536 m、15 573 m 和 22 811 m。基坑与隧道之间距离增加并未使隧道纵向变形反弯点的位置出现太大变化。

在二维分析时已经提到，上方基坑开挖引起下卧隧道变形是三维的效应，包括了纵向变形（可由隧道横断面中心竖向隆起 D_l 反映）及横断面变形（可由隧道横断面收敛 D_c 反映），见图 5－35。隧道横断面收敛由拱顶向上隆起 D_{ct} 与拱底的向下变形 D_{cb} 组成。此处所指的拱顶与拱底变形是以仅考虑横断面变形为条件的，如果与纵向变形叠加，隧道拱底总体位移也有可能是向上的。

工况 1—4 由于基坑开挖引起的隧道 PN 断面纵向变形、横断面变形、横断面拱顶位移及横断面拱底位移见图 5－36。工况 RT1—RT4 横向变形与纵向变

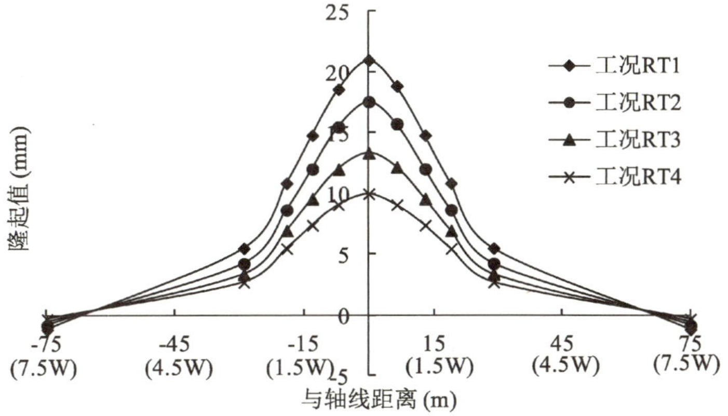

图 5 - 34　工况 RT1—RT4 隧道纵向隆起图

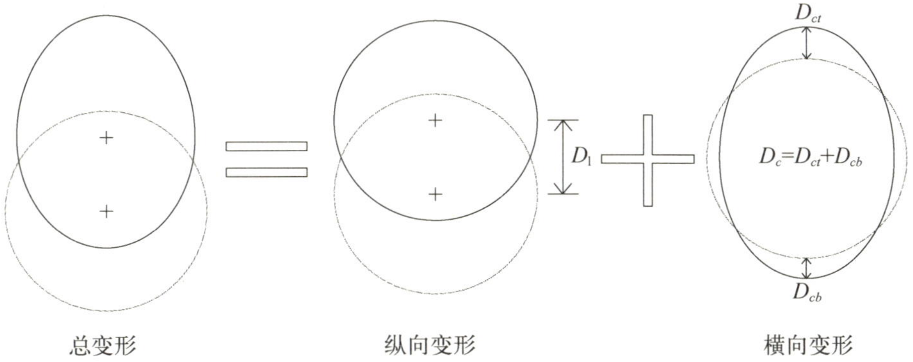

图 5 - 35　基坑开挖引起的盾构隧道三维变形示意图

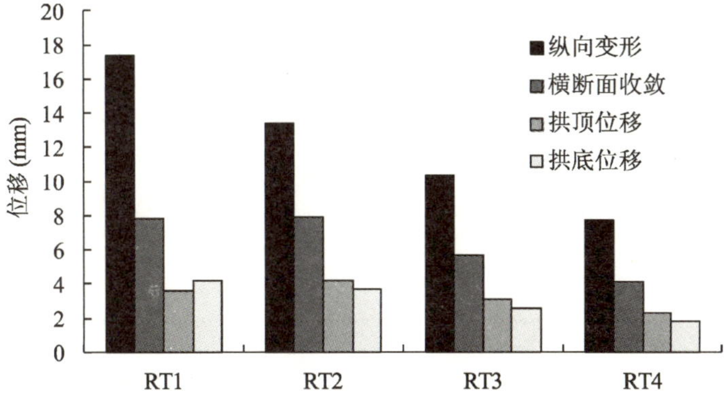

图 5 - 36　不同工况隧道变形分解

形的比值分别为：44.8%、58.9%、55.3%及53.2%，因此总体而言，当基坑走向与隧道垂直时，由基坑开挖引起的下卧隧道的最主要的响应是纵向变形，其数值大约为横向变形的2倍。隧道横断面呈近似“竖鸭蛋”形状的变形，拱顶位移要稍大于拱底位移。总体上不论是纵向变形还是横向变形，隧道与基坑距离越远数值越小。需要注意的是工况1的横向变形与工况2相近，且拱顶位移比拱底位移略小。造成这种现象的原因是，在工况1中隧道结构与围护结构的距离太小，尤其是此时基坑纵向围护墙底与隧道拱顶的距离仅为1 m，因此隧道横向变形受到了上方墙体的约束。在后续的讨论中仍有不少结果是由于这个因素导致的。

(2) 土体位移场

图5-37显示了工况RT1与RT4在PN与PL断面的土体竖向位移图。在PN断面中，基坑开挖仅影响了边墙以外一定范围的土体移动，而在PL断面中，基坑开挖的影响范围大约延伸到了围护墙外2倍基坑宽度的位置。由于基坑开挖，围护墙两侧产生一定的沉降槽，各工况中沉降槽的宽度大约为22.5 m、27.5 m、30 m和30 m。另外坑底土体向上隆起，RT1中坑底土体最大竖向位移为36 mm，而对于工况RT2—RT4坑底土体最大位移大约为45 mm。通过以上分析，隧道结构的存在将对土体的位移产生一定的影响，但是当隧道中心与坑底的距离超过1.5D时，这种影响可以忽略。

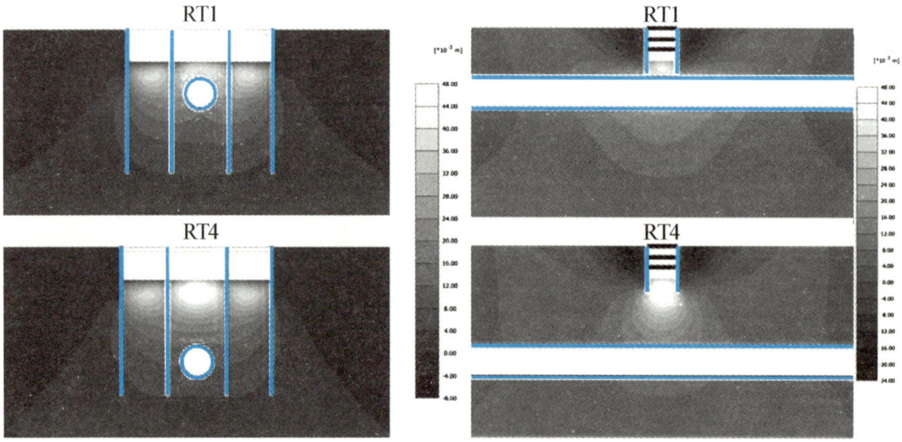

图5-37 工况RT1与RT4土体在PN与PL断面竖向位移图

(3) 隧道衬砌附加弯矩

图5-38显示了工况RT1—RT4隧道衬砌由于基坑开挖引起的附加弯矩。无论对于PN还是PI断面，隧道与基坑之间的距离越近，隧道衬砌的附加弯矩

值越大。随着隧道横断面与基坑中轴线水平距离的增加，断面上附加弯矩衰减很快，以工况 RT1 为例，PI 断面隧道腰部附加弯矩仅为 PN 断面的 28%，而该断面的拱顶隆起为 12.5 mm，相当于 PN 断面的 60%。另外需要说明的是工况 1 拱顶的附加弯矩比工况 2 的结果要小，这同样是由于在工况 1 中围护结构对隧道结构变形的约束造成的。

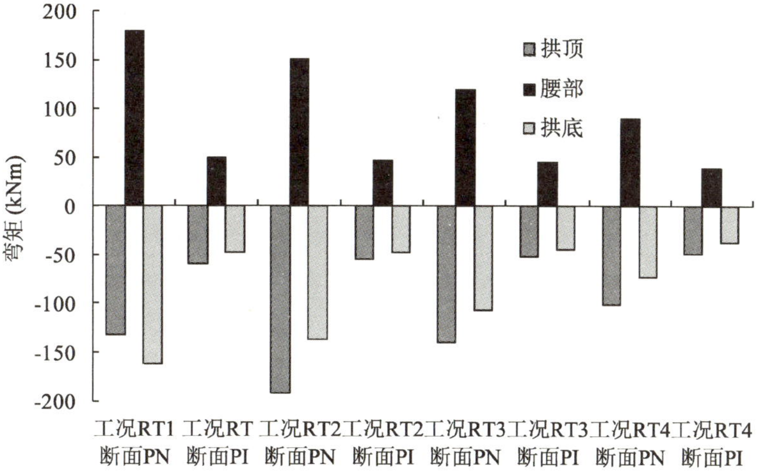

图 5-38　工况 RT1—RT4 隧道衬砌附加弯矩图

4）工况 RT5—RT8 计算结果

在工况 RT5—RT8 中隧道位于基坑侧方，图 5-39 显示了隧道衬砌最大位移值及最大位移出现的位置（以角度 α 来表示）。总体而言，当隧道位于基坑侧方时，由于离卸荷中心的距离较远，隧道变形量均不大。针对工况 RT5、RT7 以及 RT8，隧道的埋深相同而与基坑的水平距离递增，因此隧道的最大变形减小。工况 RT6 中隧道与基坑之间的水平距离与 RT5 相同，其与基坑的竖向距离比 RT5 大，但是 RT6 中隧道的变形比 RT5 大，据此可以推断当隧道位于基坑外侧，隧道中心埋深小于围护墙深度且基坑开挖的宽度不大时，基坑围护结构的边墙能够为隧道提供一定的“保护效应”，此时隧道受邻近基坑开挖的影响较小。

工况 RT5 与 RT8 土体竖向位移见图 5-40，两个工况的基坑内部土体位移场相近。由于隧道结构的存在，基坑外侧土体位移场有所区别，差异不大。

工况 RT5—RT8 隧道衬砌最大附加正弯矩与负弯矩见图 5-41。总体而言，当隧道位于基坑侧方时隧道衬砌附加弯矩值较小。另外，RT6 的附加弯矩值明显比其他工况大，其原因前已述及。

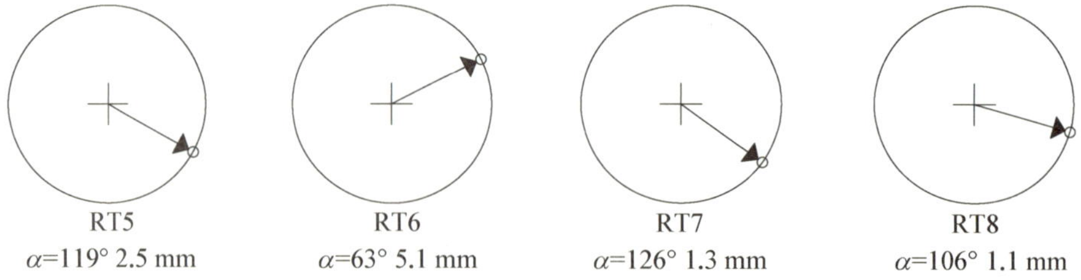

图 5－39　工况 RT5—RT8 隧道衬砌变形图

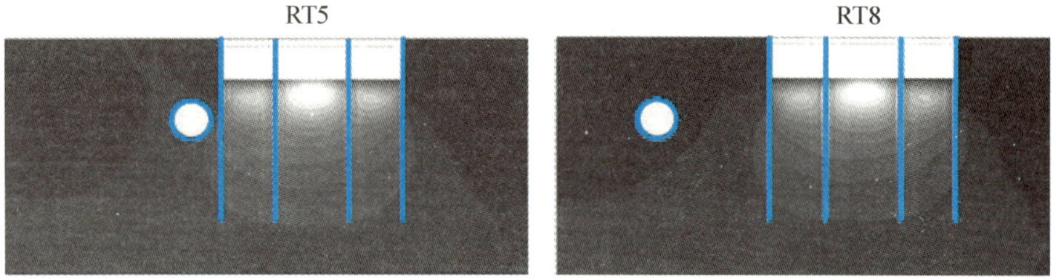

图 5－40　工况 RT5 与 RT8 土体竖向位移图

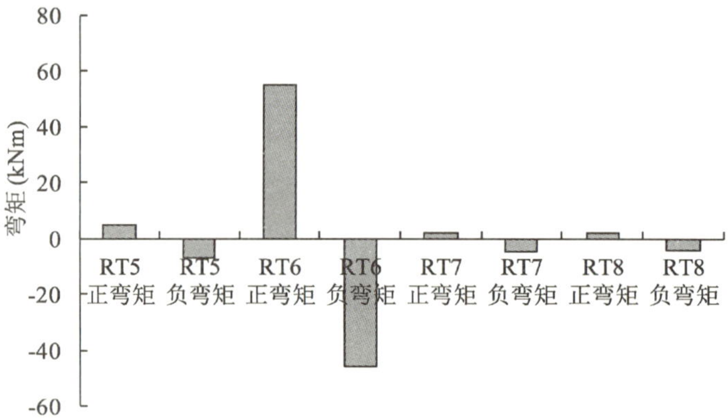

图 5－41　工况 RT5—RT8 隧道衬砌最大附加弯矩图

2. 隧道尺寸的影响

本书在二维分析中已经讨论了隧道直径及衬砌厚度对隧道响应的影响，此处仍然针对上海延安东路隧道与上海地铁隧道(MT)讨论基坑与隧道垂直交叉情况下隧道尺寸对结果的影响。分析中两个隧道中心所处的位置相同，隧道纵向隆起见图 5－42。延安东路隧道与上海地铁隧道的最大隆起值接近，然而地铁隧道由于刚度较小，其纵向挠曲显然更为严重，地铁隧道最小曲率半径仅为 4 375 m。

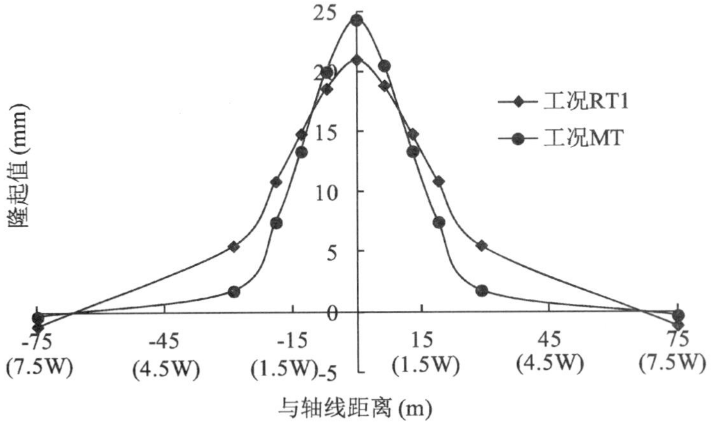

图 5－42　不同尺寸隧道纵向隆起图

图 5－43 给出了延安东路隧道与地铁隧道 PN 断面纵向变形、横断面变形、横断面拱顶位移及横断面拱底位移的数值。其中可以清楚地发现，虽然两个隧道总体拱顶隆起相近，然而地铁隧道的纵向变形比延安东路隧道显著，而其横断面变形又小于延安东路隧道。对于地铁隧道，横向变形与纵向变形的比值仅为 23.4%，远小于延安东路隧道的比例。另外，地铁隧道拱顶位移比拱底位移较大，说明虽然两个隧道中心在同一位置，由于地铁隧道直径小，距离基坑围护墙较远，因此围护墙约束其横断面变形的效应不明显。

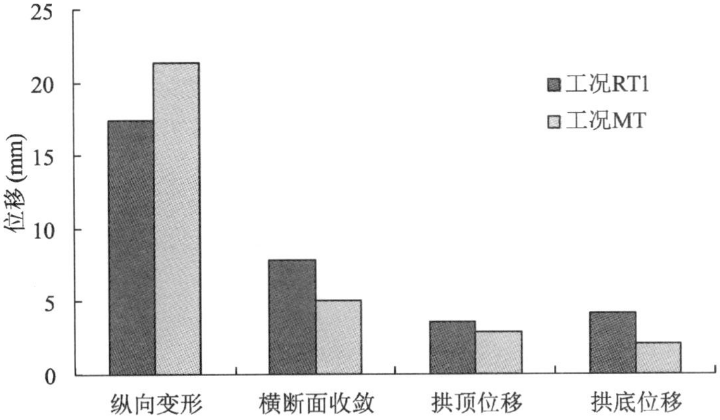

图 5－43　不同尺寸隧道变形分解

图 5－44 给出了不同尺寸隧道衬砌的横向附加弯矩对比，可以看到地铁隧道衬砌的附加弯矩比上海延安东路隧道附加弯矩小，以 PN 断面为例，地铁隧道附加弯矩仅为延安东路隧道的 1/3 左右。

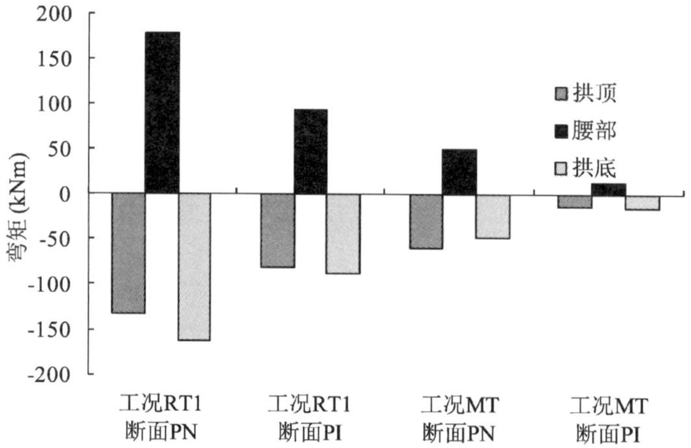

图 5-44 不同尺寸隧道衬砌横向附加弯矩图

为进一步说明不同尺寸隧道在基坑开挖作用下受力变形的特征，图5-45给出了延安东路隧道与地铁隧道拱顶与拱底纵向附加轴力的分布情况。与横向内力不同，两条隧道的纵向附加内力十分接近。隧道纵向附加轴力体现的是隧道的纵向弯曲，这也再一次说明了两条隧道纵向挠曲程度相近。

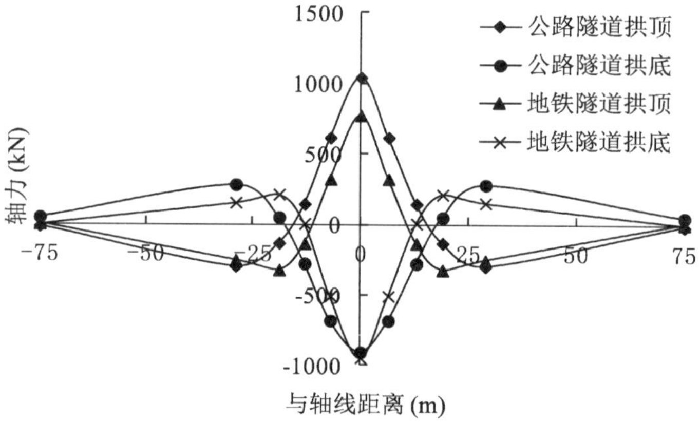

图 5-45 不同尺寸隧道衬砌纵向附加弯矩图

事实上，在分析离心机试验结果时笔者就提出可以用卸荷量大小与隧道抵抗力强弱两者的作用来解释不同尺寸隧道在上方基坑卸荷作用下的响应。大直径隧道所受卸荷力较大，因此衬砌附加弯矩较大，而小直径隧道由于纵向刚度较小，所以最终纵向变形与大直径隧道相近。

3. 基坑开挖宽度的影响

为研究基坑开挖宽度对计算结果的影响，本节进行了四组计算，隧道与基坑的相对位置与工况 RT1 相同，基坑的宽度从 5 m 增加到 20 m。图 5-46 与图 5-47显示了不同基坑开挖宽度情况下的隧道纵向隆起以及隧道衬砌附加弯矩。当基坑宽度小于 20 m 时，随着基坑宽度的增加，隧道隆起与附加弯矩大致按照线性的趋势增加。

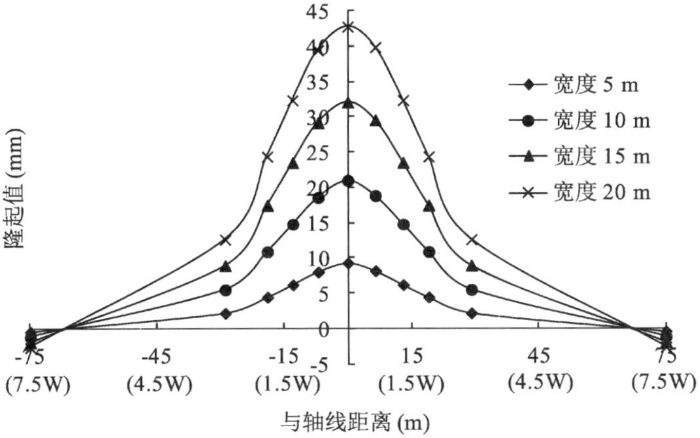

图 5-46　不同基坑宽度隧道纵向隆起图

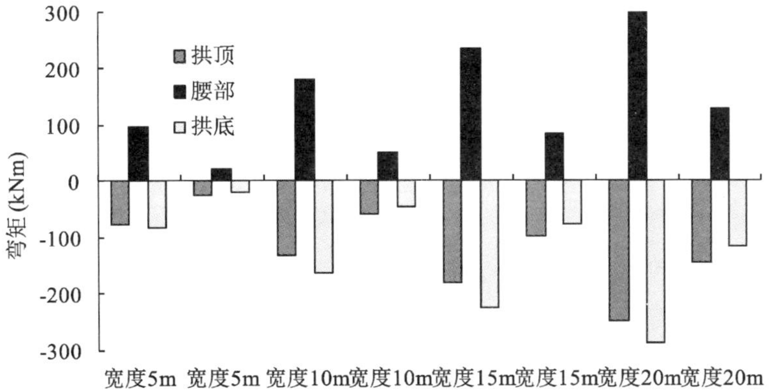

图 5-47　不同基坑宽度隧道衬砌附加弯矩图

4. 基坑开挖长度的影响

为研究基坑开挖长度对计算结果的影响，本节以工况 RT1 的模型为基础进行了多组计算。隧道与基坑的相对位置与工况 RT1 相同，对于长度为 20 m 以上的基坑，保持开挖的中间区域不动，基坑的长度通过调整边墙的位置实现。对于长度为 10 m 以下的基坑，由于隧道直径为 11 m，减小两侧围护墙的深度为 16 m(防止模型中围护墙与隧道衬砌重叠)。基坑长度为 20 m 以下时，基坑的围护结构模型有较大变动，对结果可能有一定影响，然而总体趋势依旧可以参考。不同基坑开挖长度情况下隧道纵向隆起见图 5-48。当基坑开挖长度在 20 m 以下时，长度变化对隧道纵向变形的影响较大，随后隧道变形趋于收敛，当基坑开挖长度超过 20 m 之后，基坑长度增加对计算结果的影响并不显著。可以得出结论：当卸荷点与隧道轴线的水平距离超过 10 m 后，其对隧道的影响相当小。

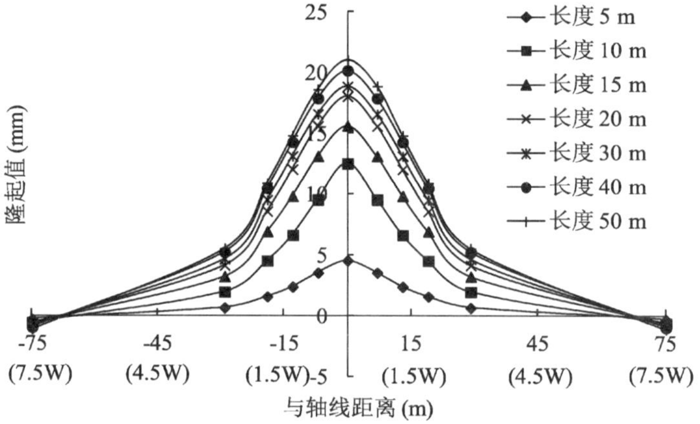

图 5-48 不同基坑长度隧道纵向隆起图

图 5-49 给出了基坑长度大于 20 m 工况的隧道衬砌附加弯矩值。总体而言，附加弯矩变化的趋势与隧道变形相一致，当基坑长度在超过 20 m 后，其变化对隧道衬砌附加弯矩结果影响不大。

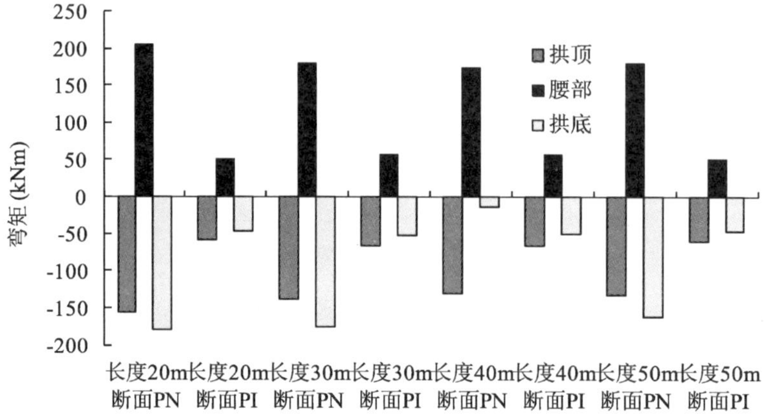

图 5-49 不同基坑长度隧道衬砌附加弯矩图

5. 土体加固的影响

通过以上分析，邻近基坑开挖尤其是上方基坑开挖将对已建隧道产生较大的影响，在实际工程中为了保护已建隧道，通常采用的措施主要有土体加固以及坑底堆载。为分析土体加固对隧道的保护效果，本节进行了 Imp1—Imp5 五组分析。

坑内土体加固的断面见图 5 - 50，土体加固的宽度为 20 m，向基坑宽度方向两侧各延伸出 5 m。工况 Imp1—Imp3 主要考虑不同加固土体刚度的影响。水泥土的性质受许多因素影响，如：土体性质、养护时间、水泥掺量、含水量及排水条件等，因此加固土的参数也难以确定。有部分学者(Limpraser，1995；吴大庆，2006；Porbaha 等，2000)通过试验对水泥土的性质进行分析，基本上认为水泥土黏聚力与内摩擦角应远大于原来土体。另外，加固土体的刚度分布也相对比较离散，因此本书进行加固土体刚度的参数分析。工况 Imp1 中加固土体的刚度参数见表 5 - 12。Imp2 与 Imp3 中土体摩擦角与黏聚力与 Imp1 相同，但是土体刚度分别为 Imp1 的 2 倍与 4 倍。

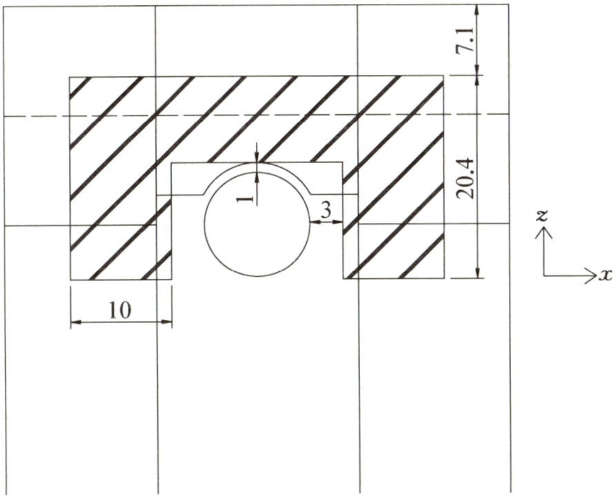

图 5 - 50　基坑内部土体加固断面示意图

表 5 - 12　工况 Imp1 加固土体参数表

	Material type	E_{50}^{ref} (MPa)	E_{oed}^{ref} (MPa)	E_{ur}^{ref} (MPa)	c_{ref} (kPa)	Φ (°)
加固黏土	Undrained	9.6	4.8	38.4	170	40
加固粉质黏土	Undrained	14.7	7.35	44.1	170	40

不同加固土体刚度的影响见图 5-51 与图 5-52。与 RT1 对比可以发现,土体加固可以将隧道最大隆起值与隧道拱顶弯矩减小 20%与 30%左右,然而在本书研究的加固土体刚度范围内,刚度的变化对计算结果的影响并不大。

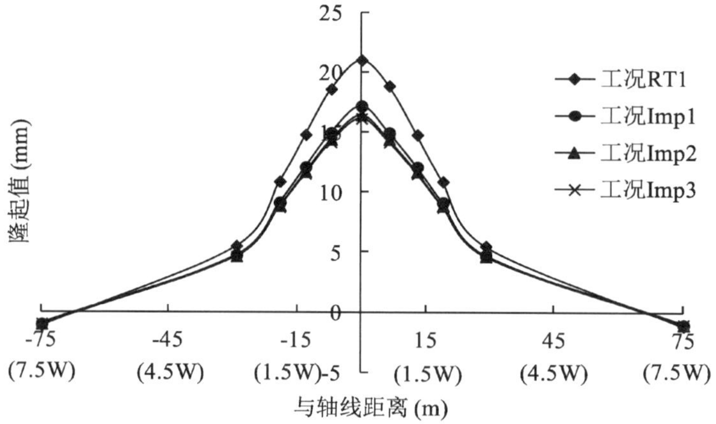

图 5-51　不同加固土体刚度条件下隧道纵向隆起图

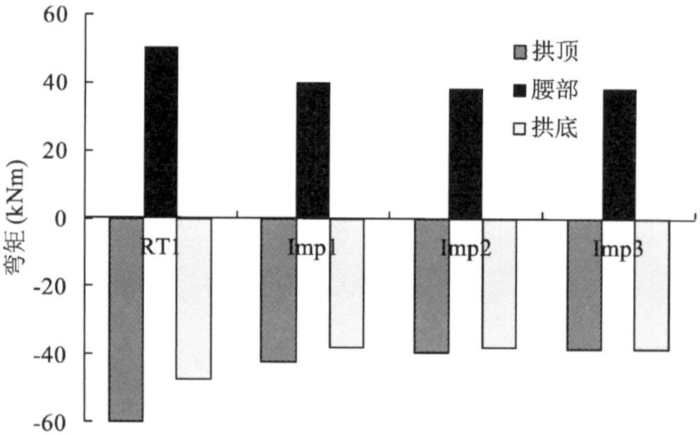

图 5-52　不同加固土体刚度条件下隧道衬砌附加弯矩图

为研究土体加固宽度对结果的影响,在 Imp4 与 Imp5 中,基坑外部土体加固的宽度分别增加到 15 m 与 25 m,这两个工况中土体刚度数值与 Imp2 中相同,得到的隧道纵向隆起见图 5-53。加固土体宽度变化对结果的影响也较不明显。

需要说明的是,本书研究的加固土刚度分布范围较小,实际中加固土的刚度可能更大,加固的效果也更为明显。

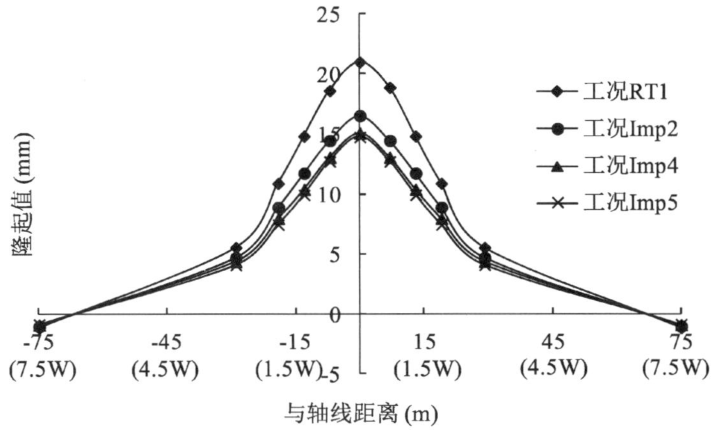

图 5－53　不同加固土体宽度隧道纵向隆起图

6. 坑底堆载的影响

基坑开挖的过程中在坑底进行堆载是实际工程中常用的保护隧道的措施，为了评价坑底堆载的效果，本节进行了 Load1—Load4 四组计算。在 Load1 中，从基坑完成第二层开挖到基坑开挖结束，在基坑中间区域坑底施加 25 kPa 的堆载。Load2 与 Load3 中，坑底堆载变化为 50 kPa 与 75 kPa，在 Load4 中，堆载为 50 kPa，然而其作用的范围在整个基坑底部。

不同坑底堆载方案得到的隧道纵向隆起与隧道衬砌附加弯矩如图 5－54 与图 5－55 所示。坑底堆载是保护隧道的一个比较有效的方法，Load1—Load3 中，隧道最大隆起值分别被减小到 RT1 的 89%、78%与 65%。在这三个工况

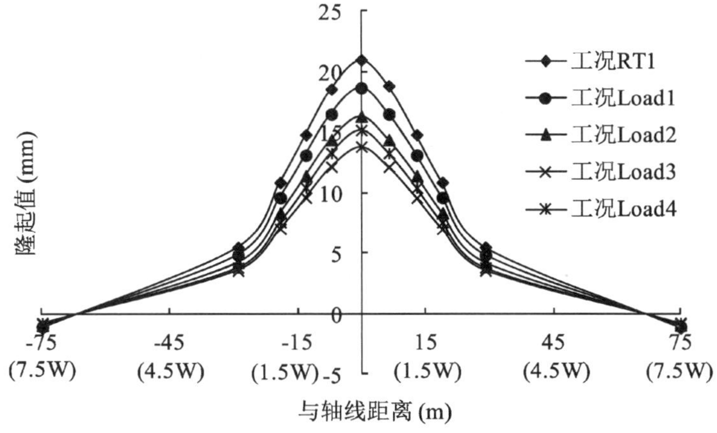

图 5－54　不同坑底堆载方案隧道纵向隆起图

中，隧道拱顶附加弯矩分别减小了10%、13%以及18%。需要注意的是Load4的隧道隆起值与衬砌附加弯矩均比Load3大，说明在距离隧道轴线一定距离外施加坑底堆载对隧道响应的影响并不显著。

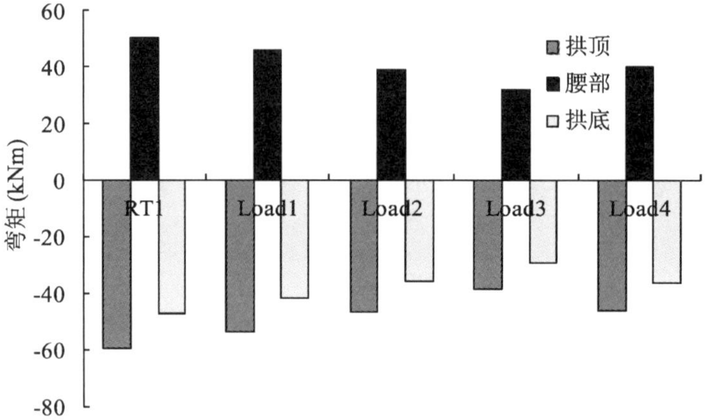

图 5-55　不同坑底堆载方案隧道衬砌附加弯矩图

7. 隔离墙深度的影响

由于实际工程的结构抗浮要求，外滩通道基坑结构的隔离桩采取了加深的措施。为了研究隔离墙加深的影响，本节进行了一组计算RT1 Short，将RT1工况中的隔离墙与边墙深度改变为27.5 m，也即隧道底部的深度。图5-56显示了改变隔离墙深度后随基坑开挖隧道拱顶隆起的变化，从中可见隔离墙的深度对计算结果的影响并不大。

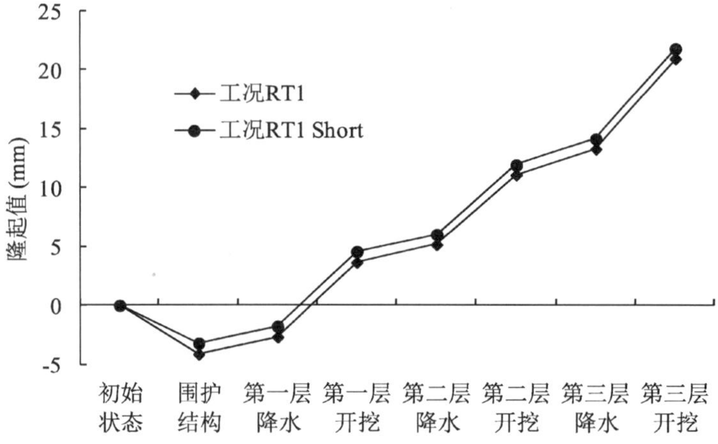

图 5-56　不同隔离墙长度隧道纵向隆起图

8. 二维数值模拟与三维数值模拟结果的讨论

二维数值模拟所能分析的是基坑长宽比较大且基坑与隧道走向平行的情况。在这种情况下，所有隧道横断面变形、受力完全一致。本书三维数值模拟针对的是基坑走向与隧道垂直的情况。为对这两种情况下隧道响应有进一步认识，以下针对二维与三维数值模拟结果进行对比讨论。

1）隧道变形

基坑开挖影响下的隧道变形是三维的状态，在二维与三维分析中都能对此进行反映，即将隧道中心的位移视为纵向变形，而隧道横断面收敛视为横向变形。对于二维分析的工况 1，得到隧道纵向变形为 16.1 mm，横断面收敛为31.1 mm；对于三维分析的 RT1，基坑正下方 PN 断面的隧道纵向变形为17.4 mm，横断面收敛为 7.8 mm。当基坑走向与隧道平行时，隧道受基坑开挖影响更大，隧道以横断面变形为主，而当基坑走向与隧道垂直时，隧道主要表现为纵向变形，横断面收敛的量值仅为纵向变形的一半左右。

2）隧道内力

当基坑走向与隧道平行时，由于上方基坑开挖，隧道衬砌轴力变化不大，附加轴力的数值仅为初始轴力的 10%以下，隧道衬砌的弯矩发生显著的变化。基坑开挖后隧道衬砌弯矩方向发生变化，数值甚至有可能超过开挖之前的弯矩值。当基坑走向与隧道垂直时，由于隧道纵向挠曲变形，隧道拱顶与拱底产生较大的纵向轴力，进而对隧道横断面轴力产生影响，因此基坑开挖之后隧道拱顶轴力显著减小；隧道衬砌横向弯矩也将发生显著变化，然而量值没有基坑与隧道平行的情况大。虽然此时衬砌横断面弯矩方向发生变化的可能性不大，然而隧道在加载后再卸载的结构响应较为复杂，一般认为会给结构造成不良影响，对结构安全不利。

3）隧道尺寸的影响

对于基坑走向与隧道轴线平行的情况，上海地铁隧道与延安东路隧道处于相对于基坑的同一位置时，地铁隧道的变形与内力均远小于延安东路隧道。对于基坑走向与隧道轴线垂直的情况，地铁隧道衬砌的横向内力虽然仍旧远小于延安东路隧道，然而其最大变形值与延安东路隧道接近。主要原因是，地铁隧道所受基坑开挖卸荷力虽然小于延安东路隧道，然而其在纵向的刚度也较小，因此其纵向挠度与延安东路隧道相近。

5.5 工程实例分析

本节将针对 2.4 节介绍的外滩通道工程施工对已建延安东路隧道影响进行实例分析，考虑实际土层情况，并考虑现场采用的土体加固、坑底堆载等保护措施，通过数值模拟分析实际工程基坑开挖对下卧盾构隧道的影响。

有限元计算的模型基本与三维分析工况 RT1 的模型相同，区别在于考虑了实际的土层分布情况，同样采用 HS 模型模拟土体性质，土体分层及土体参数见表 5－13。

表 5－13　工程实例分析土体 HS 模型参数表

土　层	厚度 (m)	Material type	E_{50}^{ref} (MPa)	E_{oed}^{ref} (MPa)	E_{ur}^{ref} (MPa)	m —	υ —	p^{ref} (kPa)	c_{ref} (kPa)	Φ (°)	Ψ (°)
①填土	6	不排水	3.0	3.0	9.0	0.7	0.2	100	11	22	0
②粉质黏土	2.5	不排水	10.0	6.0	30.0	0.7	0.2	100	18	21	0
③黏土及粉质黏土	4.5	不排水	6.8	3.4	20.4	0.7	0.2	100	10	25	0
④淤泥质黏土	9	不排水	4.8	2.4	19.2	1.0	0.2	100	8	23	0
⑤黏土	10	不排水	7.7	3.85	23.1	1.0	0.2	100	17	13	0
$⑤_3$粉质黏土	16	不排水	9.8	4.9	29.4	0.7	0.2	100	13	27	0
$⑦_1$砂质粉土	5	排　水	12.5	10.0	37.5	0.6	0.2	100	3	30	0
$⑦_2$粉质砂土	11	排　水	13.7	13.7	41.1	0.5	0.2	100	3	32	0

围护结构参数、衬砌结构参数及支撑参数与工况 RT1 相同，具体见表 5－4 与表 5－5。土体加固的范围可见图 5－50，加固土体的参数见表 5－14。

表 5－14　加固土体参数表

土　　层	E_{50}^{ref} (MPa)	E_{oed}^{ref} (MPa)	E_{ur}^{ref} (MPa)	c_{ref} (kPa)	Φ (°)
②粉质黏土	30.0	18.0	90.0	170	40
③黏土及粉质黏土	27.2	13.6	81.6	170	40
④淤泥质黏土	19.2	9.6	76.8	170	40
⑤黏土	30.8	15.4	92.4	170	40

施工步骤的模拟与三维数值分析相似，对于采取了堆载措施的工况，当基坑第二层土体开挖结束后，在基坑中部区域的坑底施加 50 kPa 的荷载，并在第三层土体降水以及土体开挖这两个步骤中保持此荷载。各层土体开挖的模拟中不考虑不同区域的分块开挖。

在外滩通道施工整个过程中，由业主对延安东路隧道进行了隧道竖向位移的监测。监测点位于隧道行车道上，在南、北线隧道各布置 50 个测点，间隔 2 米，在隧道中部 100 米的范围内每天读数一次。

表 5-15 为延安东路南、北线隧道隆起监测数据，表中同时给出了与延安东路隧道交叉跨越部分基坑相对应的施工步骤以及施工时间。从监测数据可以看出，围护结构以及土体加固的施工对隧道周围的土体产生了扰动。在基坑开挖之前，隧道已经产生了一定量的隆起。尤其对于南线隧道，基坑开挖前产生了 11.7 mm 的隆起，然后隧道快速回弹，甚至在整个基坑开挖的过程中隧道隆起值也在逐渐减小。对于北线隧道，在基坑开挖的过程中隧道隆起逐渐增加，基坑开挖结束后隧道隆起继续增加，五天后达到最大隆起值，随后隧道隆起值逐渐减小。

表 5-15　现场监测数据

南线隧道			北线隧道		
施工步骤	起止时间	隧道隆起(mm)	施工步骤	起止时间	隧道隆起(mm)
围护墙施工	09.4.25 09.5.31	2.8 5.5	围护墙施工	09.6.16 09.7.20	2.8 4.1
土体加固	09.7.23 09.9.8	10.6 11.7	土体加固	09.8.3 09.8.23	2.9 5.9
第一层开挖	09.9.9 09.9.13	11.7 10.2	第一层开挖	09.9.15 09.9.18	5.1 5.6
第二层开挖	09.9.13 09.9.15	10.2 9.7	第二层开挖	09.9.18 09.9.20	5.6 6.1
第三层开挖	09.9.15 09.9.19	9.7 9.2	第三层开挖	09.9.21 09.9.24	6.1 6.3
开挖结束后	09.9.21 09.9.24	9.1 7.5	开挖结束后	09.9.29 09.10.1	6.9 6.7

基坑开挖到底时，数值模拟的隧道纵向隆起与现场监测的北线隧道纵向隆起对比见图 5-57。由图 5-57 可见，数值模拟结果与现场监测的隧道纵向隆起

趋势基本吻合。数值模拟显示基坑正下方隧道断面隆起值为 7.1 mm,现场监测得到的隧道最大隆起值为 6.5 mm,距离基坑轴线 4 m。从基坑开挖对隧道的影响范围看,两者也比较接近,均为 50 m 左右。数值模拟结果与现场监测数据具有较好的一致性,说明数值模拟中采用的本构模型及计算参数的合理性。

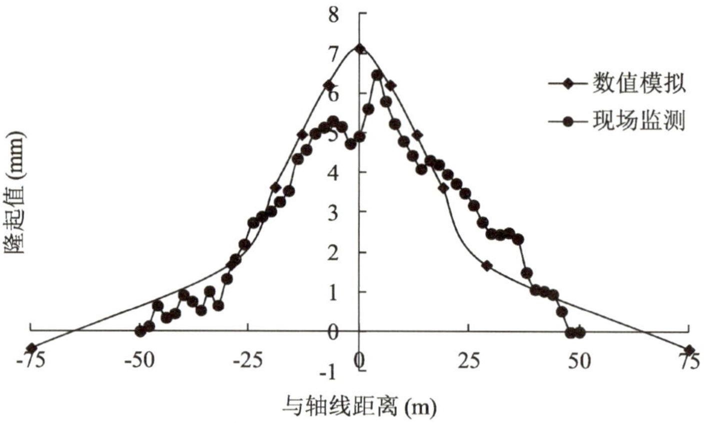

图 5-57　数值模拟及现场监测隧道纵向隆起对比图

然而关于数值模拟与监测数据的对比还需明白:以上对比的仅仅是基坑开挖结束后隧道的变形,在整个开挖过程中,数值模拟与现场监测的隧道响应还是有所区别。另外,除去现场不可控因素外,数值模拟与现场施工还有以下区别:实际工程中为了严格保护下卧隧道的安全,考虑到软土基坑的时空效应,施工过程中进行了分区、分块开挖,这些在数值模拟中未作考虑;数值模拟中基坑结构与隧道空间关系为垂直交叉;实际工程中北线隧道与外滩通道轴线成约 75°夹角。

5.6　离心机试验、解析分析与有限元计算的对比分析

本章有限元模拟的工况 RT1 与离心机试验的工况一所对应的工程情况相同,同时利用第 3 章的解析方法也可以对该工况进行分析。在解析分析中,采用土体的回弹模量,取⑤$_3$及⑦$_1$两土层的回弹模量分别为:29.4 MPa 与 37.5 MPa。两层土的厚度分别取为 26 m(隧道轴线下方)与 16 m,加权平均后

得到地基弹性模量 E 为 32.5 MPa。土体泊松比取为 0.3。

图 5 - 58 给出了基坑开挖到底时隧道纵向隆起的数值模拟、离心机试验及解析结果对比图。通过三种途径获得的隧道纵向隆起曲线分布规律十分相似，基坑开挖的影响范围均为 50 m 左右(5 倍基坑开挖宽度)，隧道弯曲反弯点的位置也十分相近，大约为 15 m(1.5 倍基坑开挖宽度)。数值模拟、离心机试验及解析分析的隧道中点隆起最大值分别为 21 mm、31.1 mm 及 18.3 mm。数值模拟结果与解析分析的结果十分接近，说明解析分析模型的正确性。离心机试验的结果比其他两个途径略大，主要原因如下：离心机试验中由于模型箱尺寸的限制，能模拟的隧道总长度仅为 87 m，而为了防止在土体装填、固结过程中隧道的移动，在隧道两端安装了两个阻止隧道竖向变形的支架，这些措施对隧道的纵向变形有一定的影响；与数值模拟及解析分析不考虑时间效应不同，离心机试验对应的施工时间约为 55 天，在较长的时间内土体发生固结及蠕变，将使隧道的变形增大。

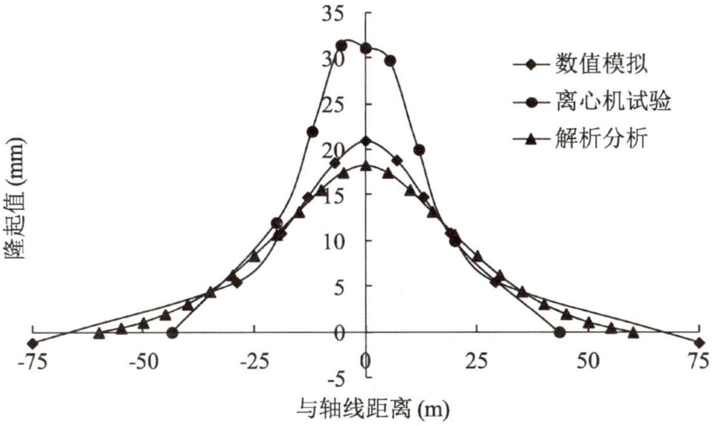

图 5 - 58　基坑开挖到底时隧道纵向隆起的数值模拟、离心机试验及解析分析结果对比图

5.7　本 章 小 结

本章通过二维数值模拟，分析了基坑走向与隧道轴线相互平行情况下基坑开挖对已建盾构隧道的影响，分析隧道与基坑相对位置、基坑开挖深度、围护结构刚度、隧道直径等因素对隧道响应的影响，得到了以下一些主要的结论：

(1) 在针对硬化性土的数值模拟分析中,HS 模型与 HS Small 模型作为较高级的模型,两者的计算结果相对来说较为接近,都可以在数值模拟中采用,而在采用 MC 模型计算基坑开挖对下卧隧道影响时需注意,当考察的对象为隧道衬砌变形时,MC 模型的计算结果与高级模型相差不大,可以采用;当考察的对象为隧道衬砌弯矩变化时,MC 模型的计算结果与高级模型相差较大,应慎重考虑。

(2) 隧道受基坑开挖影响产生的是一个三维空间的附加变形,包括了隧道整体向上隆起以及隧道断面产生的一个近似“竖鸭蛋”形状的平面变形。当基坑走向与隧道轴线平行时,隧道以横断面变形为主。

(3) 由于上方开挖卸荷,隧道衬砌弯矩出现了巨大的变化,隧道衬砌各个部位甚至出现了与初始弯矩反方向的弯矩,假如在隧道设计时未考虑相反方向弯矩的作用,那么这对于衬砌安全来说是十分致命的。

(4) 对于处于基坑下方相同位置的隧道,直径相同而刚度不同时,刚度较小的隧道变形较大而所承受的附加弯矩较小;隧道衬砌刚度相同而直径不同,直径大的隧道变形较大,所承受的附加弯矩也较大。

(5) 对于特定的开挖深度,隧道隆起随其与基坑之间的相对距离增加呈指数减小的趋势。基坑开挖的深度越大,上述减小的趋势越显著,同时与坑底相同距离的隧道所受的影响越大。

(6) 不论基坑位于隧道上方或者侧方,基坑围护结构的刚度在一定范围内变化对隧道变形的影响不大。

(7) 隧道结构一方面受到邻近基坑开挖的影响产生变形,另一方面隧道结构的存在也对土体有一定的加固作用,对土体位移场产生影响。

(8) 不同围护墙深度条件下,对于背离基坑的隧道一侧,衬砌附加弯矩几乎不发生变化,而对于靠近基坑的隧道一侧,围护墙深度增加后隧道衬砌最大附加弯矩有所减小,以本书提供的情况为例,正负弯矩分别减小了约 18.3% 与 7.6%。

本章同时通过三维数值模拟,分析了基坑走向与隧道轴线相互垂直情况下基坑开挖对已建盾构隧道的影响,分析了隧道与基坑相对位置、基坑开挖深度、长度、宽度、隧道尺寸及隧道保护措施等因素对隧道响应的影响。在此基础上针对外滩通道实际工程施工对延安东路隧道的影响进行分析,将数值模拟结果与现场监测数据进行对比;针对特定工况,将离心机试验、数值模拟及解析分析的结果进行对比验证,得到了以下一些主要的结论:

(1) 由上方基坑开挖引起的下卧盾构隧道纵向变形基本符合高斯曲线的特征，不同基坑开挖深度对隧道变形反弯点的位置影响不是很大，反弯点始终在距离中轴线大约 15 m(1.5 倍基坑宽度)的位置出现。

(2) 由于上方基坑开挖，隧道纵向产生弯曲变形，在基坑正下方隧道断面的拱顶与拱底处分别产生了数值较大的纵向拉力与压力，进而导致隧道拱顶的横向轴力显著减小，而拱底的轴力变化则十分有限。

(3) 隧道受基坑开挖影响产生的是一个三维空间的附加变形，包括了隧道整体向上隆起以及隧道断面变形。当基坑走向与隧道轴线垂直交叉时，隧道以纵向变形为主，数值大约为横向变形的 2 倍。

(4) 当隧道位于基坑正下方时，隧道结构的存在将对基坑开挖的土体位移场产生一定的影响，但是当隧道中心与坑底的距离超过 1.5 倍隧道直径 D 时，这种影响可以忽略。

(5) 隧道与基坑之间的距离越近，隧道衬砌的附加弯矩值越大。随着隧道横断面与基坑中轴线水平距离的增加，断面上附加弯矩衰减较快，以工况 RT1 为例，PI 断面隧道腰部附加弯矩仅为 PN 断面的 28%，而该断面的拱顶隆起为 12.5 mm，相当于 PN 断面的 60%。

(6) 随着基坑宽度的增加，隧道隆起与附加弯矩大致按照线性的趋势增加。当基坑开挖长度在 20 m 以下时，长度变化对隧道纵向变形的影响较大。当基坑开挖长度超过 20 m 之后，基坑长度增加对计算结果的影响并不显著。也即当卸荷点距离隧道轴线的水平距离超过 10 m 后，其对隧道的影响相当小。

(7) 土体加固可以将隧道最大隆起值与隧道拱顶弯矩减小约 20%与 30%，然而在本书研究的加固土体刚度范围内，刚度的变化对计算结果的影响并不大。

(8) 坑底堆载是保护隧道的一个比较有效的方法，然而需要将堆载作用在距离隧道轴线一定距离内(10 m)，其对隧道的保护效果才显著。

第6章 基坑开挖对下卧盾构隧道影响的易损性评价

6.1 引　　言

易损性的概念最初来自军事领域，意指系统对外部灾害作用的承受能力，主要用以描述船体或飞机承受物体碰撞的能力。近几十年，易损性被广泛地应用于人类和社会学系统、金融系统、复杂工业生产系统及生物系统。与此同时，随着工程师对结构易损性认知水平的提高，结构易损性的研究逐渐得到重视，现在易损性已成为工程风险分析中最基本的元素之一（Einstein，1988；Leone 等，1996），被广泛地应用在地震、泥石流、火灾等灾害引起的风险分析中。

在发展过程中，易损性的概念得到扩展，各国专家均提出自己的认识，总结起来土木工程领域易损性的概念主要有以下几种：

（1）第一种易损性的概念是基于能量吸收理论提出，通过对规定的构件进行试验，得到其所需的单位体积极限容许损伤能量，在意外荷载作用条件下，易损性表征结构产生损伤时吸收能量的能力（如 Beeby，1999）；

（2）第二种易损性的概念是基于结构形式提出，考虑结构在意外荷载作用下可能发生的失效情况，研究结构构件的组合形式，寻找结构中存在的薄弱部位，防止由于部分结构失效导致的结构整体失效（如 Wu 等，1993；Lu 等，1999；邱德峰等，2004；于刚，2009；苏冠兴，2010；朱南海和叶继红，2011）；

（3）第三种易损性的概念是基于结构失效概率提出，即在一定强度的意外荷载作用下结构发生失效的概率，通常可绘出结构易损性曲线，即给出某种结构失效模式在不同强度荷载作用下的失效概率（如 Lind，1995；H. Hwang 和刘晶波，2004；苏燕和周健，2006）；

（4）第四种易损性的概念是基于结构遭受的损失提出，即结构在意外荷载作用下而导致的损失(如吕大刚与王光远,2006;Allouche 与 Bowman,2006;魏平等,2008),有时也采用结构修复费用与结构重建费的比值用来体现损失程度(如 Li 等,2010;Luna 等,2011)。

根据作用于结构的灾害的类型,目前土木工程领域的易损性研究主要集中在以下几个方面:

(1) 地震作用。地震是结构使用寿命期间最常遇到的意外荷载之一,因此地震作用下的结构易损性分析是研究的热点。针对地震作用的分析,通常可绘出某种结构失效模式在不同震级地震作用下的结构易损性曲线,表示结构失效概率。地震荷载作用的对象可以是房屋结构(如 Algermissen 等,1987;吕大刚与王光远,2006)、桥梁结构(如 Kim 与 Feng,2003;Choi 等,2004)及隧道结构(如苏燕与周健,2006)。

(2) 滑坡作用。滑坡作用影响的承险体范围较广,包括滑坡影响范围内的建筑结构、环境及人等,因此滑坡灾害易损性评价通常描述滑坡灾害发生后的损失,损失的大小通常表征为一个无量纲区间的 0—1 之间的数值(Wong 等,1997;Li 等,2010),也有学者将滑坡灾害造成的损失直接换算为一定数额的经济损失(Remondo,2008)。

(3) 恐怖袭击。9·11 事件之后,恐怖袭击的易损性分析成为研究者关注的热点。针对房屋结构及桥梁结构在恐怖袭击条件下的易损性评价,研究者的关注点主要在于部分结构失效后是否会导致整体结构的失效,以及如何使结构布局更合理,防止结构连锁破坏(Gharaibeh 等,2002;邱德峰等,2004)。针对高速公路网络及地铁系统在恐怖袭击条件下的易损性评价,研究者主要关注恐怖袭击对系统可能造成的影响,通常的工作在于寻找系统的关键节点进行重点保护,并制定一系列的保护措施,如 Science Applications International Corporation (SAIC) Transportation Policy and Analysis Center 为美国高速公路和交通运输协会制定的高速公路易损性评估手册(2002)。

(4) 其他灾害,如泥石流等。泥石流等灾害同滑坡作用类似,涉及的承险体类型较多,因此泥石流灾害的易损性评价也通常描述灾害引起的损失大小(徐林荣等,2010;Luna 等,2011)。

针对意外荷载作用的承险体,目前土木工程领域的易损性研究主要集中在房屋结构与桥梁结构,对于本书的研究对象——隧道,尤其是盾构隧道,关于其受意外荷载作用的易损性评价研究较少,且已有的研究主要针对恐怖袭击或火灾作用(Daniel,2004;Mulray,2009),与隧道结构安全性相关的研究鲜见于文献。

总体而言,某一承险体在特定灾害作用下的易损性与两个方面的因素相关,即灾害的强度与承险体本身的承受灾害能力（Uzielli 等，2008；Li 等，2010）。针对本书研究的课题，此处将易损性定义为：盾构隧道受上方基坑开挖影响发生损坏的难易程度或损失程度。

通过前几章离心机模型试验、解析分析及数值模拟等方法，对于已建隧道受上方基坑开挖作用而产生的响应已经有较全面的理解。在此基础上，本章针对基坑开挖作用引起的下卧盾构隧道的纵向变形及横断面变形，选取隧道纵向变形曲率及横断面收敛为评价指标，建立了盾构隧道在上方基坑开挖影响下的定量易损性评价方法，给出盾构隧道纵向变形及横向变形的易损性接受准则，并根据分析提供了一系列下卧盾构隧道的保护措施建议。

6.2 已建盾构隧道受上方基坑开挖影响的易损性评价

6.2.1 易损性评价模型

目前已有的易损性评价模型大多数依靠主观评价或历史记录数据进行定性描述（Dai 等，2002），例如对于滑坡灾害易损性评价，Leone 等（1996）引入了破坏矩阵（结构、人员、功能）评价滑坡灾害易损性，Remondo 等（2008）根据研究区域 50 年内的历史数据，将每次滑坡的经济损失除以承险体实际价值得到易损性。2010 年，Li 等提出了一种承险体受灾害作用的易损性定量评价模型，并将该模型应用于滑坡灾害易损性分析中。该模型将易损性定义为灾害强度 I 与承险体自身抵抗能力 R 的函数，适用性较广，可用于各种结构受意外荷载作用的易损性评价。Luna 等（2011）在分析泥石流灾害对房屋结构造成的易损性时，利用数值模拟及官方实际灾害损失统计也得到了易损性随灾害强度变化曲线，该曲线与 Li 等提出的易损性评价模型十分相似，从另一角度说明了该模型的适用性。针对本书的研究内容——盾构隧道受上方基坑开挖影响，也将采用该模型来评价基坑开挖对下卧隧道影响的易损性。

在该模型中，易损性取决于两个方面的因素：一方面是基坑开挖对隧道产生作用的强度指标（I）；另一方面为隧道对周围施工影响的抵抗能力指标（R）。此处的强度指标 I 与承险体抵抗能力指标 R 均为无量纲参数，易损性与 I/R 的数值非线性相关。

易损性评价模型如下：

$$V=f(I,R)=\begin{cases}2\dfrac{I^2}{R^2} & \dfrac{I}{R}\leqslant 0.5\\ 1.0-\dfrac{2(R-I)^2}{R^2} & 0.5<\dfrac{I}{R}\leqslant 1.0\\ 1.0 & \dfrac{I}{R}>1.0\end{cases} \tag{6-1}$$

该模型是一个非线性评价模型，其显著特点是，易损性变化率在 $I/R<0.5$ 以前线性增大，而之后线性减小。图 6-1 与图 6-2 显示了易损性随 I/R 的变化规律以及具有不同抵抗能力的隧道的易损性变化曲线。对于相同的基坑开挖影响强度，不同隧道由于抵抗能力不同，其各自易损性不同，抵抗能力差的隧道易损

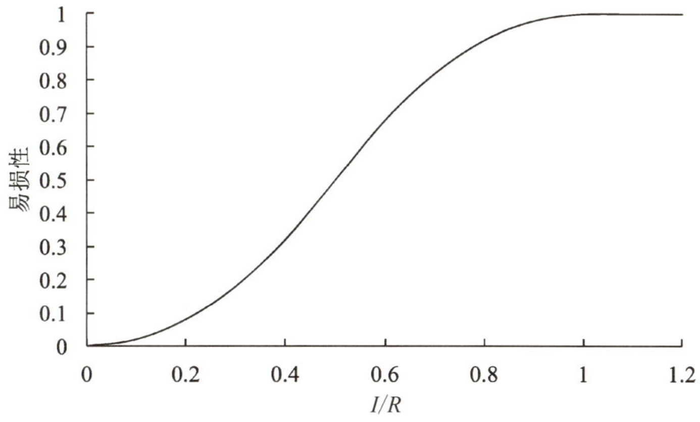

图 6-1　易损性随 *I/R* 变化的规律

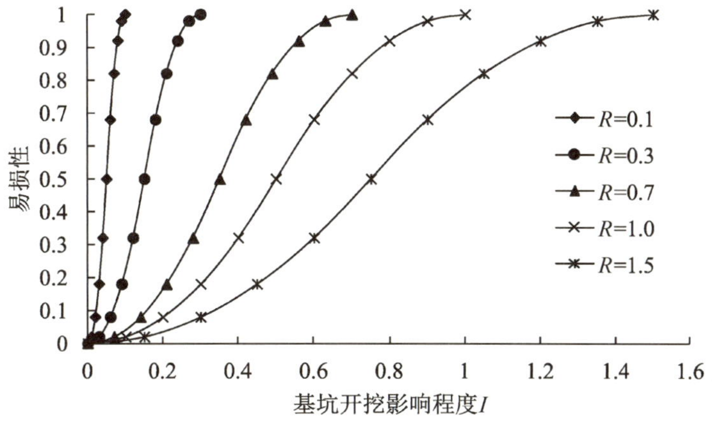

图 6-2　具有不同抵抗能力隧道的易损性变化曲线

性大。另外，对于抵抗能力差的隧道，其易损性随基坑开挖影响强度的变化十分显著。

6.2.2 盾构隧道纵向变形的易损性评价

1. 盾构隧道纵向变形的易损性评价指标

在对盾构隧道纵向变形进行易损性评价之前，必须明确纵向变形的评价指标，也即以何项指标来评价盾构隧道纵向受力状况、隧道安全性以及隧道的易损性。

通常由盾构隧道纵向变形引起的与隧道安全性相关的评价指标有：强度指标，如混凝土强度、钢筋强度、螺栓强度等；管片裂缝指标；接头张开指标；纵向变形指标。

指标选择的基本原则有两点，即可行性与适用性。可行性指的是在计算与实际应用中指标应当是较容易获得的物理量，并且所获得的数值具有较好的精度。适用性在本书指的是指标数值的变化能够体现隧道纵向受力情况，可以一定程度地反映隧道的安全性。

经过考虑，本书决定采用隧道纵向变形后的纵向最小曲率半径，也即最大曲率作为易损性评价指标。在可行性方面，无论是数值计算、解析分析还是现场实测，盾构隧道竖向变形都是主要的分析项目之一，通过将各数据点沿隧道纵向进行连接，并采用一定的数据拟合方法，如多项式拟合(林永国，2001)及B样条曲线拟合(叶耀东，2007)，可得到隧道纵向变形的函数表达，进而即可求得隧道纵向任一点处的弯曲曲率。在适用性方面，李罡(2010)曾以混凝土受压屈服、接缝处渗漏严重或螺栓腐蚀、止水带严重受损及螺栓屈服这四项作为隧道纵向变形的极限状态，通过事件树分析延安东路隧道曲率半径变化造成的隧道安全性态改变。结果表明，曲率半径的变化可以导致上述四种极限状态，因此认为隧道纵向曲率半径能较综合地反映出隧道的安全性态问题。通过以上分析，将隧道弯曲曲率作为隧道纵向变形易损性评价指标是比较合适的。

2. 基坑开挖影响强度指标 I

对于某一基坑开挖来讲，其对下卧隧道影响强度一般与以下几个方面相关：① 基坑自身的属性参数 I_{epr}，包括基坑的长度、宽度、开挖深度，围护结构刚度等；② 基坑与隧道之间的相对位置参数 I_{ps}；③ 隧道的属性参数 I_{tpr}，如隧道直径等。

本书中，基坑开挖影响强度指标 I 被定义为基坑属性参数、基坑与隧道相对位置参数及隧道属性参数的函数，如式(6－2)所示。

$$I = f(I_{epr}, I_{ps}, I_{tpr}) = I_{epr} \times I_{ps} \times I_{tpr} \tag{6-2}$$

1) 基坑属性参数 I_{epr}

前已述及，基坑的长度、宽度及开挖深度等因素将影响其对下卧隧道产生的作用，本书以式(6－3)计算基坑属性参数 I_{epr}：

$$I_{epr} = I_{dp} \times I_{ln} \times I_{wd} \tag{6-3}$$

其中，I_{dp} 为基坑深度参数，I_{ln} 为基坑长度参数，I_{wd} 为基坑宽度参数，这三个参数分别体现了基坑深度、长度及宽度变化对隧道纵向变形结果的影响，均为无量纲参数。为了实现参数的无量纲化，需确定基准情况，也即确定何时以上参数的数值为 1。同样以上海外滩通道施工对延安东路隧道影响的简化模型为例，确定基准情况如下：基坑开挖深度、长度、宽度分别为 11 m、20 m 以及 10 m，隧道与基坑垂直交叉，隧道外径与衬砌厚度分别为 11 m 及 0.55 m，隧道拱顶与坑底距离为 5.5 m。例如针对 I_{dp}，其余参数不变的情况下，当基坑开挖深度为 11 m 时，I_{dp} 的数值为 1。此处需要说明：基准工况的选取不影响易损性评价结果，本书所采用的基准工况仅为某一特例。

确定了基准工况之后，需要确定各参数的计算方法。所采用的计算方法在保证计算精度以外，只需满足一个条件：计算结果能够提供隧道纵向曲率数值，也即本书选定的评价指标。本书拟采用第 3 章介绍的弹性地基解析模型来求取易损性评价中所需的各个参数，模型具体情况参见 3.2 节。通过解析模型可求得隧道纵向变形，利用 B 样条曲线对隧道变形进行拟合后，可求得隧道任一点处的弯曲曲率。

以下以基坑深度参数 I_{dp} 为例说明计算过程，保持其他参数与基准工况相同，改变基坑深度的数值进行几组计算，分别得到相应的隧道纵向最大曲率，如表 6－1 所示。

表 6－1　基坑开挖深度与相应的隧道纵向最大弯曲曲率

基坑开挖深度(m)	0	5	11	15
隧道纵向最大曲率	0	1.13E－5	2.58E－5	3.28E－5

以基坑开挖深度 11 m 的情况为基准，标准化后得到基坑开挖深度与基坑深度参数 I_{dp} 之间的关系如图 6－3 所示。

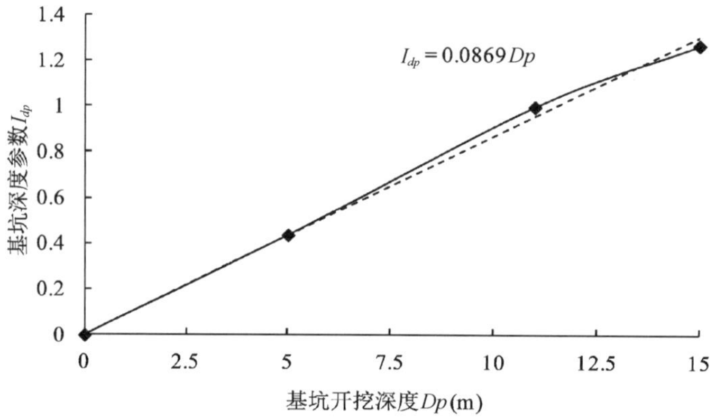

图 6－3　基坑开挖深度与基坑深度参数的关系图

通过对曲线进行拟合，可以得到近似的基坑开挖深度 Dp 与基坑深度参数之间的定量关系：

$$I_{dp}=0.0869Dp \tag{6-4}$$

采用相同的方法可以得到基坑开挖长度与基坑长度参数 I_{ln}、宽度与基坑宽度参数 I_{wd}之间的关系，如图 6－4 与图 6－5 所示：

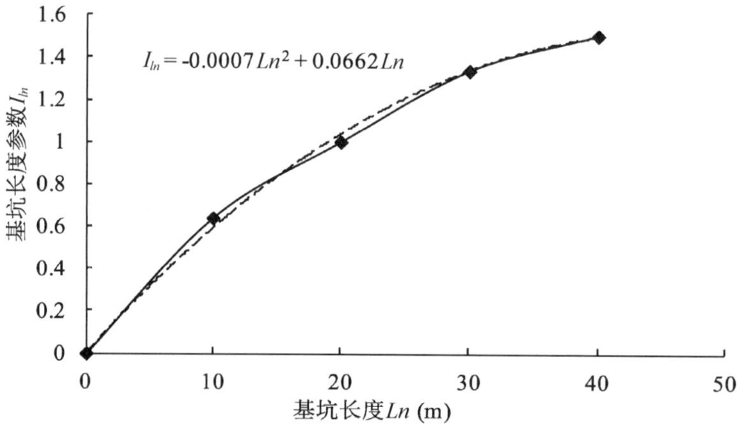

图 6－4　基坑长度与基坑长度参数的关系图

同样通过曲线拟合，可以得到基坑长度 Ln、宽度 Wd 分别与基坑长度参数及基坑宽度参数之间的关系：

$$I_{ln}=-0.0007Ln^2+0.0662Ln \tag{6-5}$$

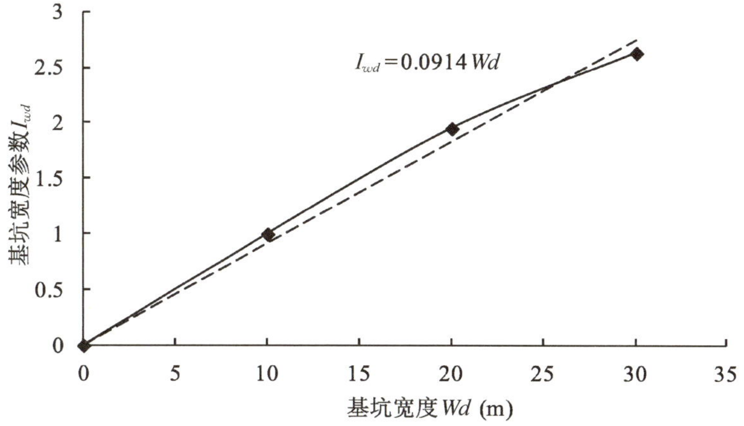

图 6－5　基坑宽度与基坑宽度参数的关系图

$$I_{wd} = 0.091\,4Wd \tag{6-6}$$

在对某基坑工程开挖进行分析时，只需将实际的基坑深度、长度、宽度等参数代入以上式(6－4)、式(6－5)及式(6－6)，便可计算得到 I_{dp}、I_{ln} 及 I_{wd}，进而代入式(6－3)即可得到基坑属性参数 I_{epr}。

基坑属性参数 I_{epr} 的计算过程见图 6－6，易损性评价中其余各参数的获取过程类似，不再详述。

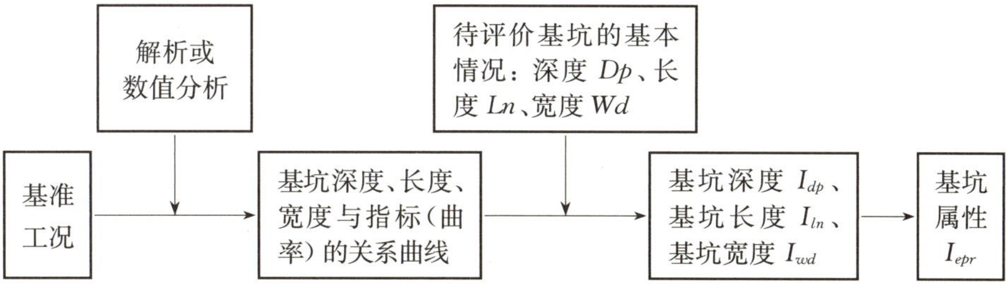

图 6－6　基坑属性参数计算流程图

2) 基坑与隧道之间的相对位置参数 I_{ps}

显然隧道与基坑之间距离越近，隧道受基坑开挖影响更大。以隧道中心与基坑坑底距离为 11 m 为基准，得到基坑与隧道中心距离和 I_{ps} 之间的关系见图 6－7。

基坑坑底与隧道中心距离 Dte 与相对位置参数 I_{ps} 之间的关系：

$$I_{ps} = 2.248\,3e^{-0.076Dte} \tag{6-7}$$

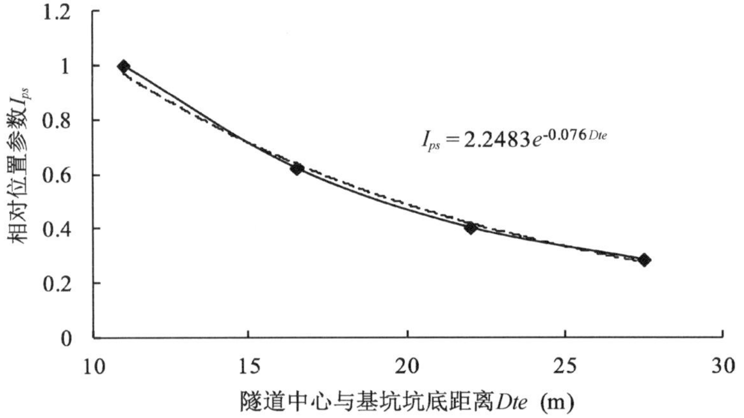

图 6-7 隧道中心与基坑坑底距离和相对位置参数的关系图

3）隧道属性参数 I_{tpr}

隧道属性参数主要受隧道直径影响。隧道直径越大，上方基坑开挖在隧道结构上的作用越大。以延安东路隧道衬砌中心直径，即 $D=10.45$ m 为基准，保持衬砌厚度不变，得到隧道直径与隧道属性参数 I_{tpr} 的关系如图 6-8 所示。隧道直径 D 与隧道属性参数 I_{tpr} 之间的关系如式(6-8) 所示。

$$I_{tpr}=-0.0038D^2+0.1444D \tag{6-8}$$

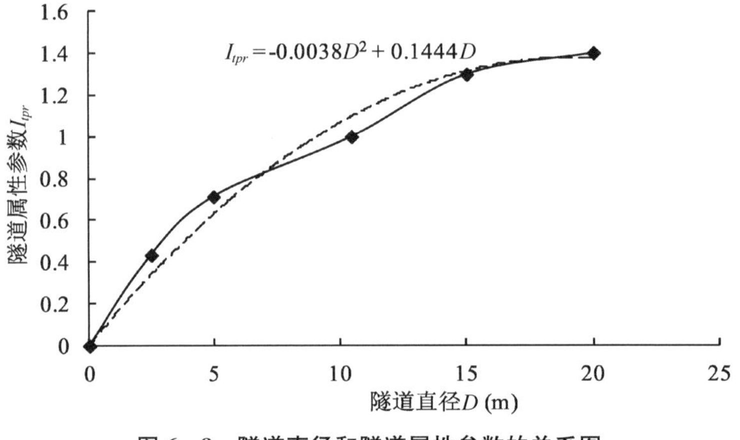

图 6-8 隧道直径和隧道属性参数的关系图

3. 隧道抵抗影响能力指标 R

针对某一具体隧道的纵向变形进行分析时，在邻近施工影响下其抵抗外部作用的能力主要体现在隧道的纵向刚度上，一般与以下几个方面的因素相关：① 衬砌材料及结构形式参数 R_{ty}，包括衬砌采用的混凝土标号，隧道的拼装方式等;② 隧道几何特征参数 R_{tpr}，由隧道直径与衬砌厚度来控制;③ 隧道健康现状参数 R_{tmn}，由隧道初始状态、使用年限、维护情况等确定;④ 土体性质参数 R_{spr}，隧道周围及下卧土层情况决定了隧道在邻近荷载作用条件下的变形大小，因此也可以认为是隧道抵抗能力的一部分，在本书所采用的计算方法中可通过土体弹性模量及下卧弹性层厚度来体现。

本书中隧道抵抗影响能力指标的计算方法如式(6-9)所示。

$$R = f(R_{ty}, R_{tpr}, R_{tmn}, R_{spr}) = R_{ty} \times R_{tpr} \times R_{tmn} \times R_{spr} \tag{6-9}$$

1) 衬砌材料及结构形式参数 R_{ty}

衬砌材料及结构形式参数 R_{ty} 可通过两个参数获得，分别为混凝土性质参数 R_{tc} 以及拼装方式参数 R_{ts}：

$$R_{ty} = R_{tc} \times R_{ts} \tag{6-10}$$

混凝土性质参数 R_{tc} 主要是考虑所采用混凝土的弹性模量，以 C50 混凝土为基准，各不同标号混凝土的 R_{tc} 值如表 6-2 所示。

表 6-2　不同混凝土标号的混凝土性质参数

C30	C35	C40	C45	C50	C55	C60
0.87	0.91	0.94	0.97	1	1.03	1.04

拼装方式参数 R_{ts} 受隧道拼装方式的影响，一般认为错缝拼装隧道纵向刚度较通缝拼装隧道刚度大，徐凌(2005)通过模型试验，得到盾构隧道错缝拼装的纵向刚度有效率约为 1/7.69，而通缝拼装的纵向刚度有效率为 1/8.77。本书以通缝拼装隧道为基准，即通缝拼装时 R_{ts} 为 1，则错缝拼装 R_{ts} 为 1.18。

2) 隧道几何特征参数 R_{tpr}

隧道纵向刚度越大，隧道对邻近施工的抵抗能力越强，而隧道纵向刚度主要由隧道的直径与隧道的衬砌厚度决定，故 R_{tpr} 可通过(6-11)计算：

$$R_{tpr} = R_{td} \times R_{tth} \tag{6-11}$$

其中，R_{td} 为隧道直径参数，R_{tth} 为隧道衬砌厚度参数。以隧道直径 10.45 m 为基准，R_{td} 与隧道直径的关系如图 6-9 所示：

通过拟合：

$$R_{td} = 0.0266D^{1.5408} \tag{6-12}$$

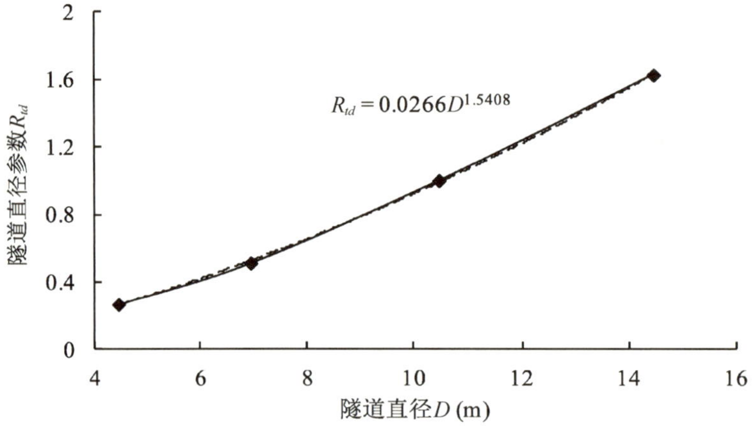

图 6-9　隧道直径和隧道直径参数的关系图

以隧道衬砌厚度为 0.55 m 为基准，衬砌厚度与隧道衬砌厚度系数的关系如图 6-10 与式(6-13)所示，其中 T 为衬砌的厚度。

$$R_{tth} = 1.313T^{0.4569} \tag{6-13}$$

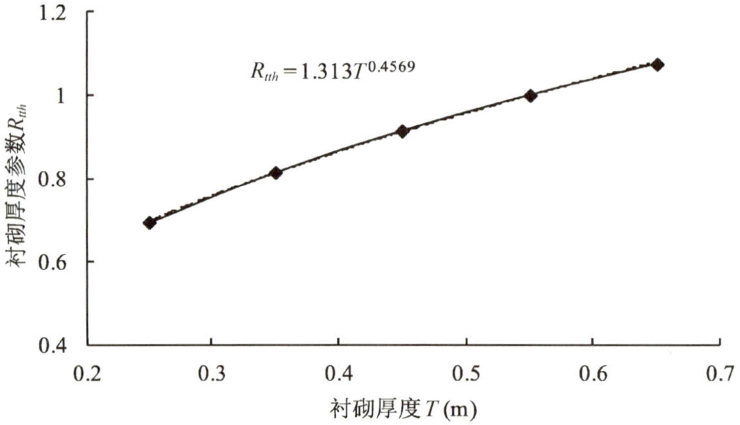

图 6-10　隧道衬砌厚度和隧道衬砌厚度参数的关系图

3) 隧道健康现状参数 R_{tmn}

随着隧道工作年限的增加，隧道的整体性、安全性与耐久性均逐渐下降，其中整体性的下降主要是由于隧道在软土中长期沉降以及由此导致的渗漏水、接缝张开、管片错台等；安全性下降是由于隧道材料强度降低，周围水文地质参数发生变化等；隧道耐久性降低主要是由于环境侵蚀等原因导致的隧道混凝土炭化，钢筋锈蚀等。由于隧道健康现状需要体现隧道整体性、安全性与耐久性三个方面的情况，一般来说其评估过程比较复杂。本书拟提出一个评价隧道健康现状的简化模型，通过隧道修建完成后的初始情况、隧道服役年限以及隧道日常维护情况确定隧道目前的健康现状。

随着隧道运营时间的增长，其服役性能呈缓慢下降的趋势，然而总体而言该过程可分为两个阶段：初级阶段与发展阶段（王振信，2002）。初级阶段中管片结构及其组成材料的功能并无明显丧失其承载力的迹象，然而混凝土表面开始碳化，隧道纵向变形逐渐发展，并伴随着接缝张开，零星的渗漏点出现。发展阶段中，随着有害物质逐步积累，管片结构及其组成材料加快丧失其承载力的速度，钢筋开始锈蚀，螺栓锈蚀更加严重。为了将隧道初始情况与日常维护情况引入到隧道健康现状的评价中，本书对王振信（2002）提出的模型进行改进，见图 6-11。对图中参数简要介绍如下：

R_{tmns} 为隧道初始情况参数，根据隧道建成后的初始情况确定其取值，假定隧道刚建成时健康现状参数 R_{tmn} 的数值为 1，参考《地下铁道工程施工及验收规范》(1999)，本书给出隧道初始情况参数 R_{tmns} 的初步取值，见表 6-3。

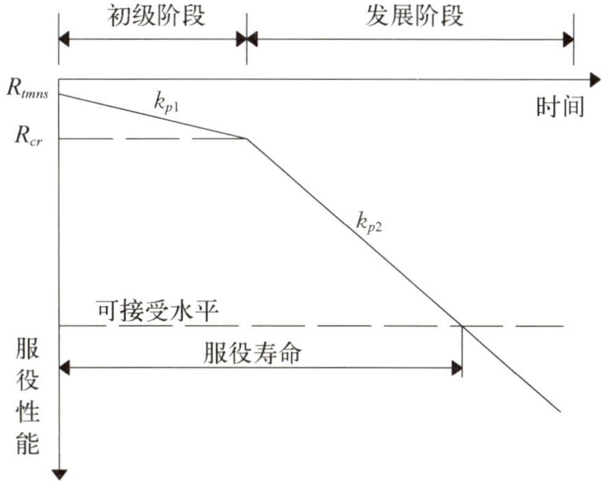

图 6-11　隧道服役性能随时间增长变化图(修改自王振信，2002)

k_{p1} 与 k_{p2} 分别为初始阶段与发展阶段隧道服役性能的衰减速率，由于情况复杂，此处不考虑初始状态对衰减速率 k_{p1} 与 k_{p2} 的影响。按照 100 年设计寿命考虑，可认为初级阶段 R_{tmn} 的衰减速率为每年 0.01，也即 k_{p1} 的数值为 0.01。发展阶段 R_{tmn} 的衰减速率较难估计，本书将其取为初级阶段的三倍，也即每年 0.03，也即 k_{p2} 的数值为 0.01。

表 6-3 不同隧道初始情况的 R_{tmns} 参考值

初始情况	R_{tmns}	说　　明
好	1	隧道拼装平整，环间及环内错台量很小，管片上不存在裂缝。
中	0.95	隧道拼装情况尚佳，偶尔出现错台情况，错台量不得大于 5 mm，有少量管片出现裂缝。
差	0.9	隧道拼装情况较差，隧道内出现较明显的环间或环内错台，错台量大于 5 mm，隧道内有大量裂缝，甚至出现管片破损。

R_{cr} 为隧道服役性能初始阶段与发展阶段临界状态点对应的性能参数。刘涛(2008)通过对上海运营隧道打浦路隧道进行实际检测，发现在运营了 37 年之后，隧道的渗漏点较为密集，虽然材料强度下降不明显，然而管片环向与纵向螺栓基本都有锈蚀的现象。因此可以认为软土地区盾构隧道的初级阶段维持的时间约为 30 年，根据初始阶段 R_{tmn} 的衰减速率，通常 R_{cr} 的数值可以取为0.7。

隧道服役性能的下降直接威胁着隧道的正常运营，因此日常维护对隧道结构的安全性与耐久性异常重要。通过日常维护可以提高隧道的服役性能，并显著延长隧道服役时间。

本书通过采用参数 R_{mn} 对隧道服役性能衰减速率 k_{p1} 与 k_{p2} 进行修正来体现日常维护的作用。根据对不同盾构隧道维护状态的分级，可确定不同维护等级的维护状态参数 R_{mn} 的参考值，具体如表 6-4 所示。

表 6-4 不同维护等级的维护状态参数 R_{mn} 参考值

维护状态	R_{mn}	说　　明
好	0.5	对隧道健康现状判断准确，根据各区段的不同情况确定不同的检查频率，重点区间的检查频率在 1 次/周以内，采用的维护措施合理到位。
中	0.75	对隧道健康现状有一定的判断，能确定病害较严重的重点区间，重点区间的检查频率在 1 次/月以内，能采用相对合理的维护措施对严重病害进行治理。
差	1	隧道维护没有针对性，总体检查频率超过 1 次/年，不能及时针对严重病害采取合理的措施。

综上所述，运营年限为 Tm 的隧道健康现状参数 R_{tmn} 表达式如下：

$$R_{tmn}=\begin{cases}R_{tmns}-k_{p1}R_{mn}Tm & R_{tmn}\geqslant 0.7\\ R_{cr}+\dfrac{k_{p2}}{k_{p1}}(R_{tmns}-R_{cr})-k_{p2}R_{mn}Tm & R_{tmn}\leqslant 0.7\end{cases}\tag{6-14}$$

4）土体性质参数 R_{spr}

在分析隧道纵向变形时，主要考虑隧道下方土体对隧道变形的影响。下方土体刚度越大，弹性层的厚度越小，隧道在受到相同邻近施工荷载作用时产生的纵向变形越小。因此土体性质参数 R_{spr} 可以按照式(6-15)计算：

$$R_{spr} = R_{smd} \times R_{sdp} \tag{6-15}$$

其中，R_{smd} 为土体刚度参数，而 R_{sdp} 为土体弹性层厚度参数。

以土体弹性模量 19 200 kPa(约为上海地区④号土的回弹模量)与土体弹性层厚度 25 m 为基准，隧道下卧土体刚度与土体刚度参数 R_{smd} 的关系以及土体弹性层厚度与参数 R_{sdp} 的关系分别如图 6-12 和图 6-13 所示。

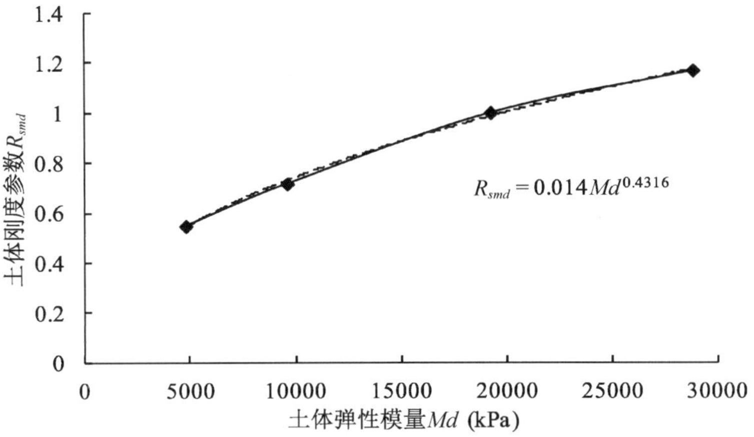

图 6-12　土体弹性模量和土体刚度参数的关系图

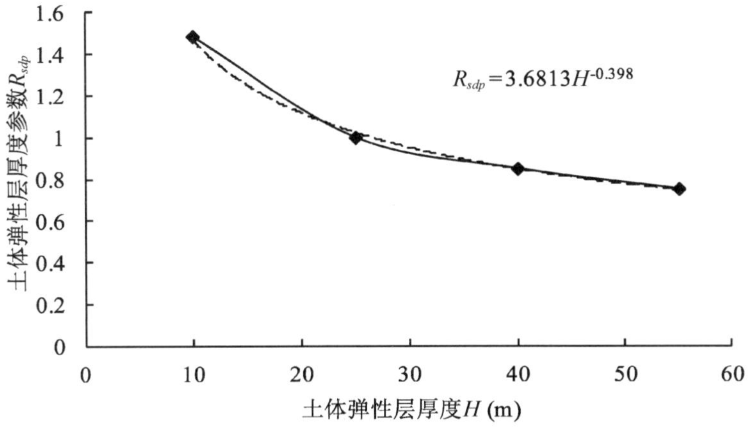

图 6-13　土体弹性层厚度和土体弹性层厚度系数的关系图

对曲线进行拟合后，得到 R_{smd} 与 R_{sdp} 的计算式如式(6-16)与式(6-17)所示：

$$R_{smd} = 0.014Md^{0.4316} \tag{6-16}$$

$$R_{sdp} = 3.6813H^{-0.398} \tag{6-17}$$

其中，Md 为土体弹性模量，H 为土体弹性层厚度。

4. 隧道纵向变形极限状态与易损性接受准则

1）隧道纵向变形极限状态

在进行隧道纵向变形易损性评价之前，需要确定隧道纵向变形的极限状态，即当隧道纵向变形达到什么程度时我们认为基坑开挖对隧道的作用超过了隧道的抵抗能力，此时 I/R 的数值超过 1，易损性达到了 1。

隧道纵向变形的极限状态由多个评价标准控制，如混凝土受压屈服、螺栓受拉屈服以及接缝张开超限等。隧道纵向变形极限状态可通过数值模拟的方法确定。李罡(2010)针对上海延安东路隧道利用有限元软件 Abaqus 进行分析，得到了隧道纵向曲率与若干隧道极限状态的关系：隧道纵向变形曲率半径达到2 984 m时，隧道受压区混凝土屈服；曲率半径达到 4 389 m 时，隧道螺栓受拉屈服；曲率半径达到 1 821 m 时，隧道环缝张开达到限制 5 mm。因此，以螺栓受拉屈服为控制条件，当隧道纵向变形曲率半径达到约 4 400 m 时，认为隧道达到了极限状态。采用数值模拟方法的缺点是，针对某一具体隧道需重新建模计算，适用性不广。

另外可通过解析分析的方法求解隧道极限状态时的曲率半径。采用纵向等效连续化模型，将隧道在纵向视为一根无限长梁，依旧以隧道纵向螺栓受拉屈服为控制条件，可求得隧道极限曲率(郑永来，2005；徐凌，2005)。以上海延安东路隧道为例，当隧道曲率半径为 8 730 m 时，即曲率为 1.145E-4 时，认为隧道达到了极限状态。该方法概念清晰，操作简便，适用于任意几何尺寸的隧道，且计算结果较保守，本书将采用该方法来计算隧道纵向变形的极限状态。

2）基准工况的评价基准系数

前已述及，为了对易损性评价中的各参数进行无量纲化，本书引入了基准工况的概念。基坑开挖强度指标 I 与隧道抵抗影响能力指标 R 都是基于基准工况计算得到的。在实际操作中，无法保证基准工况情况下隧道的纵向变形恰好达到极限状态，即基准工况的易损性恰好为 1。为使操作简便，此处引入基准工况的评价基准系数 δ：

$$\delta=\frac{\kappa_{bs}}{\kappa_{lim}} \tag{6-18}$$

其中，κ_{bs} 为基准工况中隧道纵向最大曲率，κ_{lim} 为隧道纵向变形极限状态对应的曲率。通过基准工况评价基准系数 δ 的调节，使得选择任意工况作为基准工况都具可行性。在进行易损性评价时，通过基准工况确定了基坑开挖强度指标 I 与隧道抵抗影响能力指标 R 后，在通过式(6-1)计算易损性之前，需将 I/R 的数值进行修正，此时式(6-1)转换为式(6-19)的形式。针对本书设定的基准工况，基准工况的评价基准系数 δ 为 0.225。

$$V=f(I,R)=\begin{cases}2\left(\delta\dfrac{I}{R}\right)^2 & \delta\dfrac{I}{R}\leqslant 0.5\\ -1.0+4\delta\dfrac{I}{R}-2\left(\delta\dfrac{I}{R}\right)^2 & 0.5<\delta\dfrac{I}{R}\leqslant 1.0\\ 1.0 & \delta\dfrac{I}{R}>1.0\end{cases} \tag{6-19}$$

3）易损性接受准则

本节已经确定了隧道纵向变形的极限状态，对于延安东路隧道，当隧道纵向变形曲率达到 1.145E-4 时，隧道易损性为 1，隧道将产生结构性损伤。实际中为保护隧道，在隧道未达到极限状态之前需要设置一系列预警等级，反映到易损性上，则需要制定一套易损性接受准则。易损性接受准则要回答的问题是：易损性达到不同数值时反映的隧道安全状态如何？隧道此时的状态是否处于可以接受的范围？此时需要采取措施的应对部门是哪方？应对部门又需要采取何种措施？

参照《城市轨道交通地下工程建设风险管理规范》(2011)的规定，给出上方基坑开挖引起下卧已建盾构隧道的易损性接受准则如下：

表 6-5　基坑开挖引起下卧盾构隧道易损性接受准则

等级	易损性值	接受准则	所需措施	应对部门
Ⅰ级	$0\leqslant V\leqslant 0.25$	可忽略	可开展日常审视检查	工程建设各方
Ⅱ级	$0.25<V\leqslant 0.50$	可接受	宜加强日常管理与监测，可采取降低易损性的措施	工程建设各方

续 表

等级	易损性值	接受准则	所需措施	应对部门
Ⅲ级	$0.50 < V \leqslant 0.75$	不愿接受	应加强监测，应采取措施降低易损性，宜编制预警与应急处置方案	政府主管部门、工程建设各方
Ⅳ级	$0.75 < V \leqslant 1$	不可接受	应编制预警与应急处置方案，或进行施工方案修正或调整等，必须采取措施降低易损性至可接受或不愿接受的水平	政府主管部门、工程建设各方

根据《上海市地铁沿线建筑施工保护地铁技术管理暂行规定》(1994)，地铁隧道受邻近施工影响条件下，隧道变形曲率半径不得小于 15 000 m，对于延安东路隧道，当隧道曲率半径达到 15 000 m 时，隧道易损性数值为 0.58，已由可接受状态转入不愿接受状态。由此可见，《上海市地铁沿线建筑施工保护地铁技术管理暂行规定》(1994)规定的隧道保护要求与本书所提出的易损性分级情况基本相符。

6.2.3 隧道横断面变形的易损性评价

1. 盾构隧道横断面变形的易损性评价指标

盾构隧道横断面变形的易损性评价过程与纵向变形评价类似，在分析之前必须明确横断面变形的评价指标。与盾构隧道横断面变形相关的指标同样包括了强度指标、管片裂缝指标、环向接头张开指标、横断面收敛变形等，实际上以上各种指标也存在内在联系。同样基于可行性与适用性两方面的考虑，本书决定采用隧道竖向直径变形程度，也即隧道横断面收敛值作为盾构隧道横断面变形的易损性评价指标。

在以下的分析中同样采样上一节的基准工况，另外在计算基坑开挖强度指标与隧道抗影响能力指标时，采用第 3 章解析分析中式(3-166)的计算方法，忽略隧道拱顶上方土体抗力作用，取隧道底部土体基床系数 $k_2 = 5\ 000\ \text{kN/m}^3$。

2. 基坑开挖影响强度指标 I

在隧道横断面变形上，基坑开挖对隧道影响强度一般与以下几个方面的因素相关：基坑自身的属性参数 I_{epr}；基坑与隧道之间的相对位置参数 I_{ps}；隧道的属性参数 I_{tpr}。基坑开挖影响强度指标 I 可通过下式计算：

$$I = f(I_{epr},\ I_{ps},\ I_{tpr}) = I_{epr} \times I_{ps} \times I_{tpr} \tag{6-20}$$

1）基坑属性参数 I_{epr}

基坑属性参数 I_{epr} 可通过式(6－21)计算：

$$I_{epr} = I_{dp} \times I_{ln} \times I_{wd} \tag{6-21}$$

其中，I_{dp}、I_{ln} 与 I_{wd} 分别为基坑深度、长度及宽度参数。通过计算可以得到基坑开挖深度、长度、宽度分别与 I_{dp}、I_{ln} 及 I_{wd} 之间的关系如图 6－14、图 6－15 及图 6－16 所示。

拟合后：

$$I_{dp} = 0.095\,2Dp \tag{6-22}$$

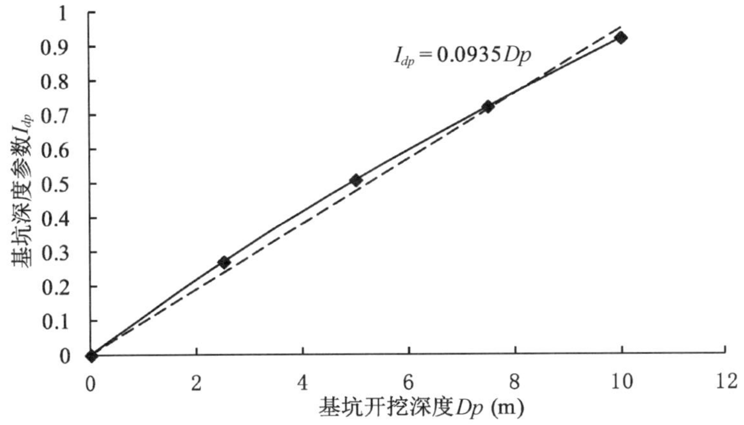

图 6－14　基坑开挖深度与基坑深度参数的关系图

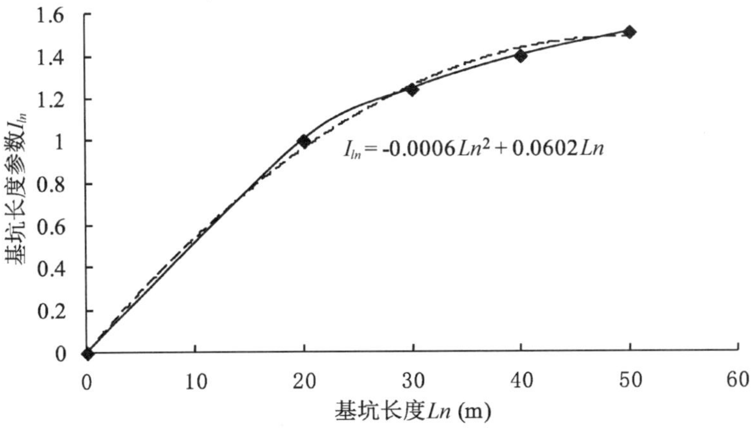

图 6－15　基坑长度与基坑长度参数的关系图

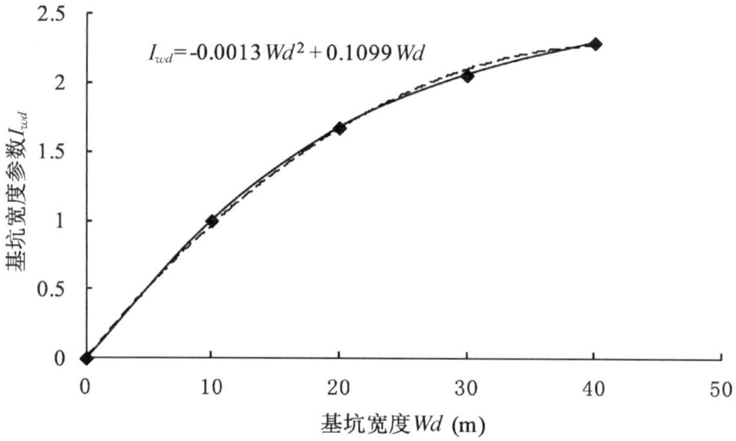

图 6-16 基坑宽度与基坑宽度参数的关系图

$$I_{ln} = -0.0006Ln^2 + 0.0602Ln \quad (6-23)$$

$$I_{wd} = -0.0013Wd^2 + 0.1099Wd \quad (6-24)$$

2）基坑与隧道之间的相对位置参数 I_{ps}

基坑坑底与隧道中心距离和相对位置参数 I_{ps} 之间的关系如图 6-17：

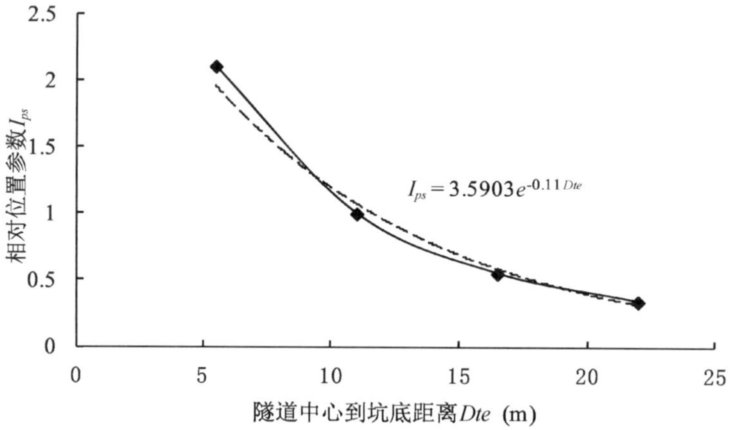

图 6-17 隧道中心与基坑坑底距离和相对位置参数的关系图

基坑坑底与隧道中心距离 Dte 与相对位置参数 I_{ps} 之间的关系：

$$I_{ps} = 3.5903e^{-0.11Dte} \quad (6-25)$$

3）隧道属性参数 I_{tpr}

隧道直径与隧道属性参数 I_{tpr} 的关系如图 6-18 所示：

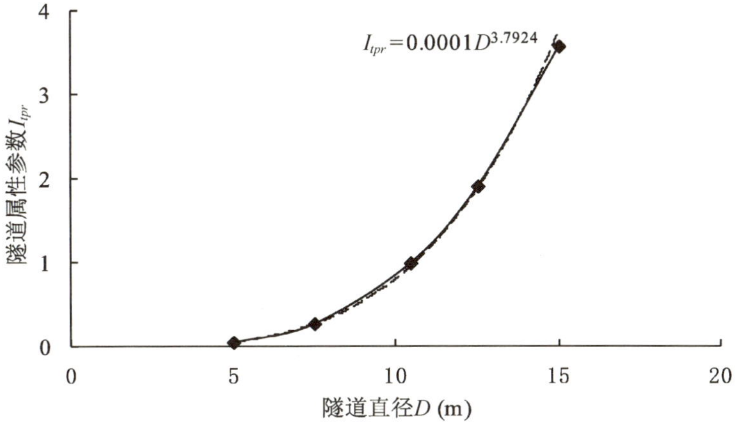

图 6 - 18　隧道直径和隧道属性参数的关系图

隧道直径 D 与隧道属性参数 I_{tpr} 之间的关系如式(6 - 26)所示：

$$I_{tpr} = 0.000\,1D^{3.792\,4} \tag{6-26}$$

3. 隧道抵抗影响能力指标 R

总体而言，在隧道横断面的易损性评价上，隧道抵抗外部作用依旧与以下四个方面的因素相关：① 衬砌材料及结构形式参数 R_{ty}；② 隧道几何特征参数 R_{tpr}，主要由隧道衬砌厚度来控制；③ 隧道健康现状参数 R_{tmn}；④ 土体性质参数 R_{spr}。在隧道横断面变形过程中，周围土体产生的土体抗力对隧道的变形与受力均有影响，因此可通过隧道下方地基基床系数来体现土体性质参数。隧道抵抗影响能力指标被定义如式(6 - 27)所示：

$$R = f(R_{ty}, R_{tpr}, R_{tmn}, R_{spr}) = R_{ty} \times R_{tpr} \times R_{tmn} \times R_{spr} \tag{6-27}$$

1）衬砌材料及结构形式参数 R_{ty}

衬砌材料及结构形式参数 R_{ty} 可通过混凝土性质参数 R_{tc} 以及拼装方式参数 R_{ts} 计算得到：

$$R_{ty} = R_{tc} \times R_{ts} \tag{6-28}$$

R_{tc} 的计算方法与隧道纵向变形易损性评价相同，参见表 6 - 2。

拼装方式系数 R_{ts} 由隧道拼装方式决定，对于软土盾构隧道一般认为错缝拼装的横向刚度有效率为 0.8，通缝隧道的横向刚度有效率为 0.7（徐凌，2005）。本书以通缝拼装隧道为基准，即通缝拼装时 R_{ts} 为 1，则错缝拼装 R_{ts} 为 1.14。

2) 隧道几何特征参数 R_{tpr}

隧道衬砌厚度越大，隧道的横向刚度越大，在邻近施工影响下隧道的抵抗能力越强，发生的变形越小。故 R_{tpr} 主要由隧道衬砌厚度决定，两者关系如图 6-19 所示：

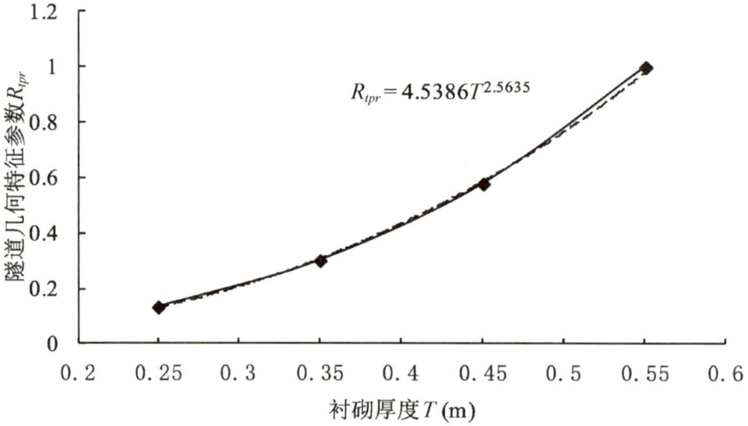

图 6-19　隧道衬砌厚度和隧道几何特征参数的关系图

曲线拟合后，R_{tpr} 的计算式如式(6-29)所示：

$$R_{tpr}=4.5386T^{2.5635} \tag{6-29}$$

3) 隧道健康现状参数 R_{tmn}

隧道健康现状参数的计算方法与隧道纵向变形易损性评价相同，具体计算过程可参见上一章节内容。

4) 土体性质参数 R_{spr}

隧道横断面的变形与内力与隧道底部土体抗力密切相关，土体性质参数 R_{spr} 与底部土体基床系数的关系如图 6-20 与式(6-30)所示：

$$R_{spr}=10^{-5}k+0.9457 \tag{6-30}$$

4. 隧道横断面变形极限状态与易损性接受准则

同样，为了进行隧道横断面变形的易损性评价，需要确定隧道横断面变形的极限状态，也即确定何时基坑开挖对隧道的作用超过了隧道的抵抗能力，易损性达到了 1。

隧道横断面变形的极限状态常用的评价控制标准很多，如混凝土受压屈服、螺栓受拉屈服以及接缝张开超限等。刘奇(2012)利用有限元软件 Abaqus 针对

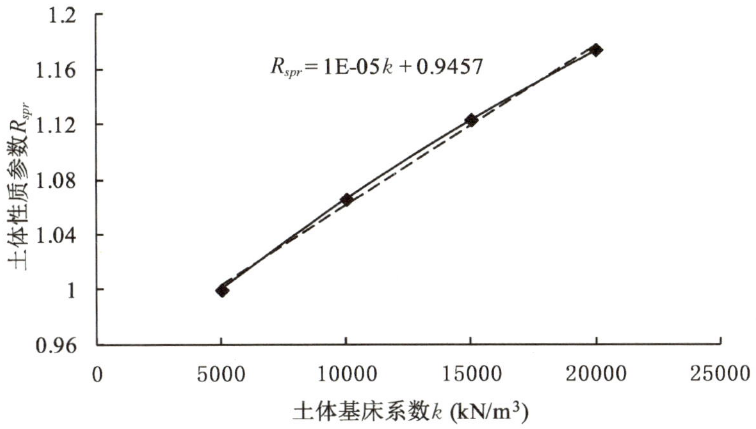

图 6 - 20　土体弹性模量和土体性质参数的关系图

上海地铁隧道横断面变形进行计算，找到各指标临界状态对应的隧道直径变形范围如表 6 - 6 所示，d 为地铁隧道直径。

表 6 - 6　隧道横断面变形临界指标对应的直径变形范围（刘奇，2012）

评 价 指 标	直径变化量范围
混凝土强度设计值(25.3 MPa)	22.7—35.1 mm(3.7—5.7‰d)
混凝土强度标准值(35.5 MPa)	87.0—90.4 mm(14.0—14.5‰d)
螺栓屈服强度(640 MPa)	42.4—60.0 mm(6.8—9.7‰d)
螺栓极限强度(800 MPa)	92.6—101.0 mm(14.9—16.3‰d)
接缝张开量(5 mm)	43.8—55.5 mm(7.1—8.9‰d)

同时，《地铁设计规范》(2003)第 10.5.3 条条文说明有如下表述：必须对衬砌结构的变形进行验算，作必要的控制，根据已有工程的实践经验，控制衬砌环的直径变形在 4‰～6‰D、纵缝张开量在 1～2 mm 以内为宜。这与上述数值模拟计算结果相吻合，因此本书将 5‰D 作为横断面变形的极限状态。

针对本书设定的基准工况，隧道横断面收敛值为 1.31‰D。因此，隧道横断面易损性评价基准工况评价系数 δ 为 0.262。

上方基坑开挖引起的下卧盾构隧道横向变形易损性的接受准则与纵向变形

相同，具体见表 6-5。

6.2.4 降低隧道易损性的措施

通过本章的分析，上方基坑开挖引起的下卧盾构隧道易损性主要受两方面的因素影响：一是基坑开挖对隧道产生的影响强度；二是隧道本身的抵抗外部作用的能力。为了降低基坑开挖引起的隧道易损性，可以从以上两个方面着手，通过措施降低基坑开挖的影响强度，或者提高隧道本身的抵抗能力。

1. 降低基坑开挖影响强度的措施

基坑开挖卸荷将引起基坑坑底土体回弹变形，进而导致下卧隧道隆起变形，因此降低基坑卸荷水平就等于控制了隧道变形的源头，是保护下卧隧道的关键。可采用的降低基坑开挖影响强度的措施主要有如下：

1）分区分时开挖卸荷

软土卸荷具有显著的时空效应（刘建航等，1999），因此基坑施工中的分区、分块、开挖顺序以及基坑开挖时间等对于卸荷后基坑附近地层位移有重要影响。根据软土的这个特性，在实际工程中应根据基坑的自身特点，采用化整为零，化大为小的原则，采用隔离墙等方式将大面积卸荷分割成若干独立小块卸荷区域，分阶段、分时段进行开挖，尽量减少每步开挖的空间尺寸，尽量减少基坑的暴露时间，以达到控制隧道变形的目的。

通常当隧道位于基坑正下方时，隧道正上方的基坑区域为关键开挖区域。关键区域开挖土体的分块应尽量沿隧道纵向及横向对称分布，防止隧道出现水平变形。总结而言，隧道上方土方开挖的原则可以总结为“分层、分块、分条幅、平衡、对称、限时”。

2）坑底堆载压重

坑底堆载压重是减小基坑开挖卸荷量最直接有效的办法，在基坑底板浇筑之前，每一步开挖之后应尽量实施坑底堆载，以达到平衡开挖卸荷，保护下卧隧道的目的。一般而言，堆载多采用砂袋、混凝土块或钢材，堆载可一直持续到基坑坑底底板浇筑完毕。

3）坑内、坑底及隧道侧向土体加固

对坑内及隧道上方的坑底土体进行加固有两方面的作用，一方面可以提高坑内土体的抗剪强度，防止基坑失稳；另一方面可以提高坑底土体的卸荷模量，减小坑底回弹。引起下卧隧道隆起的荷载是通过坑底土体进行传递，坑底土体刚度增大从另一个角度相当于减小了作用在隧道上的卸荷力。另外，上方基坑开挖同时也引起隧道侧向土体变形，侧向土体进而将对隧道产生作用，增加隧道变形，因此在坑内、坑底进行土体加固的同时，也应考虑在隧道侧向一定范围内进行土体加固，以减小隧道变形。

4）基坑设计调整

在基坑设计阶段如发现坑底已建隧道易损性处于不可接受的水平，此时可以考虑对基坑设计进行调整，主要从以下方面着手，改变基坑的长度、宽度，或者减少基坑的开挖深度。基坑开挖深度降低有两个方面的作用，一方面降低了卸荷荷载，另一方面隧道与基坑坑底之间的距离也同时得到增加，有利于隧道保护。

2. 提高隧道抵抗能力的措施

由于隧道通常已建若干年，隧道的几何尺寸已是固定值，因此提高隧道抵抗能力的手段主要体现在对隧道的日常维护及隧道内部的加强措施。

1）隧道日常维护

在软土地区，盾构隧道由于长期沉降、邻近施工等影响，在运营过程中隧道结构将产生纵向及横向的变形，同时由于地下水中腐蚀性介质的作用，隧道耐久性将不可避免地下降。合理有效地对隧道进行日常维护工作，能够改善隧道健康状况，提高隧道抵抗外界影响的能力。

对隧道进行日常维护，首先需要对隧道健康现状进行准确判断，将隧道划分为若干区段，根据各区段的不同健康状况确定不同的隧道检查频率，重点区间的检查频率应保证在 1 次/周以内。对隧道已经出现的某些病害，如渗漏水、结构变形及材质劣化、损伤等，应按照合适的方法进行修复（缪佳敏，2011）。

2）提高隧道结构刚度

隧道抵抗外部作用的能力主要体现在隧道结构纵向刚度以及隧道横截面刚度上。对于隧道纵向刚度，青二春（2007）提出在条件允许的情况下，可考虑在隧道内部适当位置，如隧道水平直径、拱顶等处沿纵向布置钢梁。对于隧道横向刚度，如有必要，目前比较可行的方法是在隧道混凝土衬砌内侧再增加一圈钢衬砌，钢衬砌与混凝土衬砌通过特殊胶水黏合，两者共同工作。

3）提高隧道下方土体刚度

由于上方基坑开挖作用，隧道下方土体也将产生变形，并进而推动隧道上隆。为了减小隧道变形，可通过隧道下方注浆孔，对隧道下方土体进行化学注浆等加固措施，增加下卧土体刚度，有效减小隧道变形。

6.2.5 基坑开挖对下卧盾构隧道影响的易损性评价流程

通过以上分析，基坑开挖对下卧盾构隧道影响的易损性评价流程总结如图6-21所示。

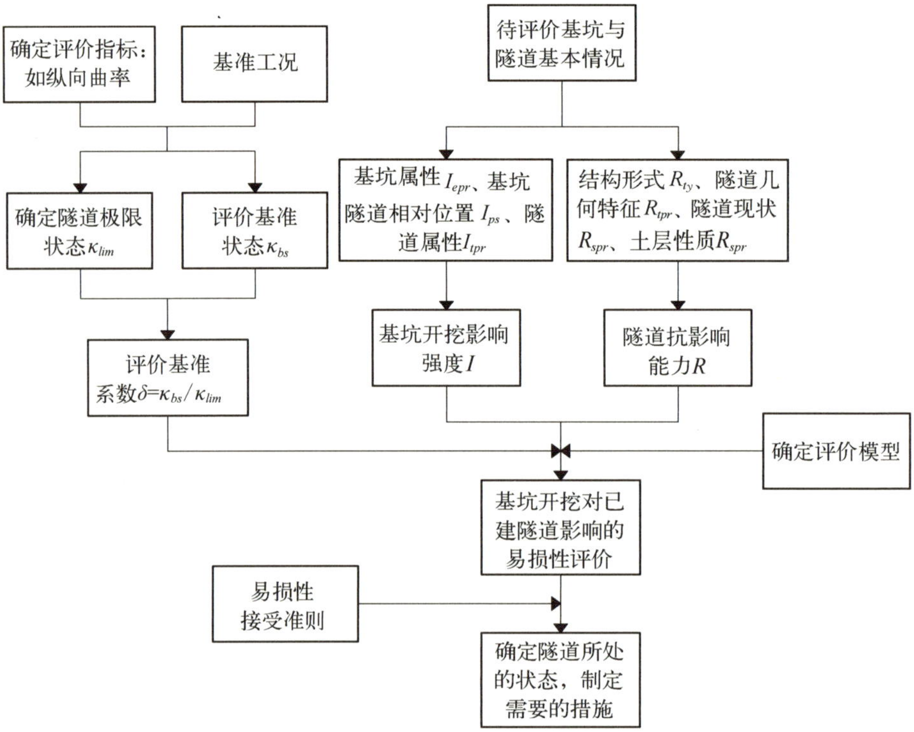

图6-21 基坑开挖对下卧盾构隧道影响易损性评价流程图

6.2.6 实例分析

为了进一步说明本书提出的易损性评价方法，以下对两个实例进行运用分析，第一个实例即为上海外滩通道施工对下卧延安东路隧道的影响，第二个实例为上海东方路下立交工程施工对下卧上海地铁2号线隧道的影响。

1. 实例分析一

1）工程概况

上海外滩通道工程的概况介绍可参见2.4节，现将工程的基本情况总结如下：基坑开挖深度、长度、宽度分别为11 m、20 m以及10 m；隧道轴线埋深为22 m，隧道外径 11 m，衬砌厚度 0.55 m，计算直径为 10.45 m。土体的具体分层情况及土体刚度参数可见表 5 - 13。

2）已建隧道纵向变形的易损性评价

根据前文介绍的易损性评价方法，得到基坑开挖影响强度指标 I 的各参数如下：

基坑开挖深度参数 I_{dp}：1；

基坑开挖长度参数 I_{ln}：1；

基坑开挖宽度参数 I_{wd}：1；

基坑属性参数 I_{epr}：$1\times1\times1=1$；

基坑与隧道之间的相对位置参数 I_{ps}：1；

隧道属性参数 I_{tpr}：1；

故基坑开挖影响强度指标 I：$1\times1\times1=1$。

同样，隧道抵抗影响能力指标 R 的各参数计算如下：

衬砌材料及结构形式参数 R_{ty}：采用 C50 混凝土，且隧道为通缝拼装，故 R_{ty} 为 1；

隧道直径参数 R_{td}：1；

隧道衬砌厚度参数 R_{tth}：1；

隧道几何特征参数 R_{tpr}：$1\times1=1$。

隧道健康现状参数 R_{tmn}：延安东路北线隧道修建于 1988 年，到外滩通道施工时，隧道已运营了约 20 年。假定隧道建成后的初始状况以及日常维护状况均良好，则根据式(6 - 14)计算，隧道健康现状参数 R_{tmn} 为 0.9。

在确定土体刚度参数与土体弹性层厚度参数之前，需要确定土体刚度 E 及地基厚度 H。首先确定隧道下方地基的厚度，由于隧道轴线下方 26 m 处的土层转变为上海⑦$_1$层砂质粉土，该层土的刚度明显大于上一层土，且此处距离隧道轴线约有 2.5D，在一般工程中我们认为隧道底部 2.5D 深度以下土体的刚度已明显大于浅层土体（徐凌，2005），因此本工程的土体弹性层厚度取为 26 m。在计算基坑开挖卸荷导致隧道隆起变形时，E 采用土体的回弹模量，取⑤及⑤$_3$两土层的回弹模量分别为：23.1 MPa 和 29.4 MPa。根据各土层厚度，加权平均后得到地基弹性模量 E 为 26.98 MPa。经过以上分析可得：

土体刚度参数 R_{smd}：1.144；

土体弹性层厚度参数 R_{sdp}：1.006；

土体性质参数 R_{spr}：$1.144\times1.006=1.151$；

故隧道抵抗影响能力指标 R：$1\times1\times0.9\times1.151=1.036$。

已知基准工况的评价基准系数 δ 为 0.225，得到了 I 与 R 后，将数值代入式(6-19)，得到易损性 V 为 0.094。查表 6-5 可知，隧道纵向变形易损性处于可忽略的范围，此时可开展日常审视，注意隧道实际变形的发展规律。

(3) 已建隧道横向变形的易损性评价

在对已建隧道横向变形进行易损性评价时，基坑开挖影响强度指标 I 的各参数计算如下：

基坑开挖深度参数 I_{dp}：1；

基坑开挖长度参数 I_{ln}：1；

基坑开挖宽度参数 I_{wd}：1；

基坑属性参数 I_{epr}：$1\times1\times1=1$；

基坑与隧道之间的相对位置参数 I_{ps}：1；

隧道属性参数 I_{tpr}：1；

故基坑开挖影响强度指标 I：$1\times1\times1=1$。

同样，隧道抵抗影响能力指标 R 的各参数计算如下：

衬砌材料及结构形式参数 R_{ty}：采用 C50 混凝土，且隧道为通缝拼装，故 R_{ty} 为 1；

隧道几何特征参数 R_{tpr}：1；

隧道健康现状参数 R_{tmn}：0.9。

隧道拱底所处的土层为⑤黏土，根据上海地区经验，此处取该土层的地基基床系数为 10 000 kN/m^3，则土体性质参数 R_{spr}：1.046；

故隧道抵抗影响能力指标 R：$1\times1\times0.9\times1.046=0.9414$。

已知基准工况的评价基准系数 δ 为 0.262，得到了 I 与 R 后，将数值代入式(6-19)，得到易损性 V 为 0.15。查表 6-5 可知，隧道横断面变形易损性也处于可忽略的范围，此时可开展日常审视，注意隧道变形的发展规律。

2. 实例分析二

1) 工程概况

上海浦东新区东方路下立交工程位于东方路、世纪大道和张杨路交叉口，上海地铁 2 号线上行线在该基坑工程 N01 段正下方穿过，夹角为 45°。隧道拱顶距离基坑底板最近处仅为 2.76 m，基坑形状近似为长 26 m、宽 18 m 的矩形，开挖深度为 6.5 m。隧道外径 6.2 m，衬砌厚度 0.35 m，计算直径为 5.85 m，轴线埋深 12.36 m。场地工程地质参数见表 6-7。

表6-7　东方路下立交工程场地地质参数

土　　层	厚　　度 (m)	重　　度 (kN/m³)	泊 松 比 (—)	压缩模量 (MPa)
①填土	1.82	18.5	0.4	3.00
②$_1$褐黄色粉质黏土	1.13	18.4	0.30	6.43
②$_2$灰黄色粉质黏土	0.82	17.7	0.30	3.71
③$_1$灰色淤泥质粉质黏土	1.08	17.7	0.35	4.43
③$_2$灰色砂质粉土	2.28	18.3	0.35	9.72
③$_3$灰色淤泥质粉质黏土	2.46	17.2	0.35	3.63
④灰色淤泥质黏土	8.7	16.6	0.40	2.27
⑤$_1$灰色黏土	2.41	17.9	0.40	4.07
⑤$_2$灰色粉质黏土	3.89	18.1	0.40	4.55
⑥草黄色粉质黏土	4.25	1934	0.35	6.09

2）已建隧道纵向变形的易损性评价

根据前文介绍的方法，基坑开挖影响强度指标 I 的各参数计算如下：

基坑开挖深度参数 I_{dp}：0.565；

基坑开挖长度参数 I_{ln}：1.248；

基坑开挖宽度参数 I_{wd}：1.645；

基坑属性参数 I_{epr}：$0.565 \times 1.248 \times 1.645 = 1.160$；

基坑与隧道之间的相对位置参数 I_{ps}：1.884；

隧道属性参数 I_{tpr}：0.715；

故基坑开挖影响强度指标 I：$1.160 \times 1.440 \times 0.715 = 1.194$。

同样，隧道抵抗影响能力指标 R 的各参数计算如下：

衬砌材料及结构形式参数 R_{ty}：采用C50混凝土，且隧道为通缝拼装，故 R_{ty} 为1；

隧道直径参数 R_{td}：0.404；

隧道衬砌厚度参数 R_{tth}：0.813；

隧道几何特征参数 R_{tpr}：$0.404 \times 0.813 = 0.328$；

隧道健康现状参数 R_{tmn}：1。

下一步确定土体刚度 E 及地基厚度 H。针对东方路下立交工程所处区域的土层分层情况，取弹性层厚度至隧道底部 2.5D 深度，此处与基坑坑底距离已达到 3.5D 左右，土体刚度应已明显大于浅层土体（徐凌，2005），即弹性层深度为 15.5 m。E 采用土体的回弹模量，取④、⑤$_1$、⑤$_2$ 以及⑥各土层的回弹模量分别为：18.16 MPa、24.42 MPa、27.3 MPa 和 36.54 MPa，根据各土层厚度，加权平均后得到地基弹性模量 E 为 24.63 MPa。则：

土体刚度参数 R_{smd}：1.100；

土体弹性层厚度参数 R_{sdp}：1.240；

土体性质参数 R_{spr}：$1.100 \times 1.240 = 1.364$；

故隧道抵抗影响能力指标 R：$1 \times 0.328 \times 1 \times 1.364 = 0.447$。

已知基准工况的评价基准系数 δ 为 0.225，得到了 I 与 R 后，将数值代入式(6-19)，得到易损性 V 为 0.68。查表 6-5 可知，隧道纵向变形易损性处于不愿接受的状态，且已接近不可接受状态，此时应当采取措施，降低隧道易损性至可接受的水平，且应编制预警与应急处置方案。

(3) 已建隧道横向变形的易损性评价

在对已建隧道横向变形进行易损性评价时，基坑开挖影响强度指标 I 的各参数计算如下：

基坑开挖深度参数 I_{dp}：0.619；

基坑开挖长度参数 I_{ln}：1.160；

基坑开挖宽度参数 I_{wd}：1.557；

基坑属性参数 I_{epr}：$0.619 \times 1.160 \times 1.557 = 1.118$；

基坑与隧道之间的相对位置参数 I_{ps}：1.440；

隧道属性参数 I_{tpr}：0.081；

故基坑开挖影响强度指标 I：$1.118 \times 1.440 \times 0.081 = 0.130$。

同样，隧道抵抗影响能力指标 R 的各参数计算如下：

衬砌材料及结构形式参数 R_{ty}：采用 C50 混凝土，且隧道为通缝拼装，故 R_{ty} 为 1；

隧道几何特征参数 R_{tpr}：0.308；

隧道健康现状参数 R_{tmn}：1；

隧道拱底所处的土层为④淤泥质黏土，根据上海地区经验，此处取该土层的地基基床系数为 5 000 kN/m^3，故土体性质参数 R_{spr}：1；

故隧道抵抗影响能力指标 R：$1 \times 0.308 \times 1 \times 1 = 0.308$。

已知基准工况的评价基准系数 δ 为 0.262，得到了 I 与 R 后，将数值代入式(6-19)，得到易损性 V 为 0.02。查表 6-5 可知，隧道横断面变形易损性处于可忽略的范围，此时可开展日常审视。

6.3 本章小结

本章在前几章分析的基础上，针对盾构隧道的纵向变形及横断面变形，选取隧道纵向变形曲率及横断面收敛为评价指标，建立了盾构隧道在上方基坑开挖影响下的定量易损性评价方法，提出易损性接受准则，根据隧道所处的不同易损性状态明确应采取措施的主管部门，并给出一系列降低隧道易损性的建议措施。

需要指出的是，本书提出的评价模型仅仅是易损性定量计算的一个概念性框架。基坑开挖影响强度指标与隧道抵抗影响能力指标的数值与采用的计算方法相关，本书利用第 3 章的解析分析作为易损性评价中各参数的计算方法，为获得更准确的易损性评价结果，在计算方法方面仍需改进。同时，计算中某些参数如隧道维护状态参数等由于难以定量取得，采用了一些主观的经验判断取值，这对易损性评价结果也有一定影响。

第7章 结论与展望

7.1 研究结论

目前已有一些研究关注基坑工程开挖对已建盾构隧道的影响，以往的研究主要针对某些具体工程展开分析，缺乏对广泛共性规律的探索与讨论。部分学者采用解析分析的方法对该问题进行研究，然而多采用 Winkler 弹性地基梁模型，虽然有少数学者希望引入双参数地基模型改进计算精度，然而如何获得多参数地基模型的参数取值，如何使计算结果更加精确依旧是该领域急需解决的问题。另外，目前该问题的研究手段主要为数值模拟与理论分析，虽有不少现场监测数据，然而与理论分析结果往往相差较大，尚缺乏足够的验证。因此，对已建盾构隧道在邻近基坑开挖作用下的响应进行更细致、更系统的研究显得十分必要。为此，本书通过离心机模型试验、解析分析及数值模拟等手段，针对以下几个问题展开研究：已建盾构隧道在上方基坑开挖作用下产生的纵横向变形与隧道衬砌内力变化的特点与规律；各种因素对隧道响应的影响；盾构隧道纵向变形后引起的横向效应。

7.1.1 基坑开挖引起的已建盾构隧道变形与内力

（1）隧道受上方基坑开挖影响产生的是一个三维空间的附加变形，包括了隧道整体向上隆起以及隧道断面的近似“竖鸭蛋”形状的平面变形。当基坑走向与隧道轴线平行时，隧道以横断面变形为主，当基坑走向与隧道轴线垂直交叉时，隧道以纵向变形为主，数值大约为横向变形的 2 倍。在隧道的横断面上，拱顶变形稍大于拱底变形。

（2）基坑与隧道垂直交叉时，上方基坑开挖将对下卧隧道产生显著的影响，以外滩通道对延安东路隧道影响的工况为例，隧道纵向受影响的范围可延伸到基坑轴线 3 倍基坑宽度的范围之外。隧道的纵向变形可以用高斯曲线描述，反弯点的位置与基坑轴线的距离大约为 1.5 倍基坑宽度。

(3) 上方卸荷引起的隧道衬砌附加弯矩在隧道拱顶、腰部及拱底都十分显著；附加轴力的最大值出现在隧道腰部；附加剪力的最大值大于出现在拱肩($\alpha=45°$处)与拱脚($\alpha=135°$处)附近。

(4) 由于上方开挖卸荷，隧道衬砌弯矩出现了巨大的变化，当基坑走向与隧道平行时，衬砌各个部位甚至有可能出现与初始弯矩反方向的弯矩，假如在隧道设计时未考虑相反方向弯矩的作用，那么这对于衬砌安全来说是十分致命的。

(5) 当基坑走向与隧道垂直时，由上方基坑开挖引起的隧道衬砌横断面附加弯矩随着横断面与基坑轴线之间的水平距离增大而迅速消减，当横断面与基坑轴线的距离大于 1.5 倍基坑开挖深度时，横断面的附加弯矩基本可以忽略。

(6) 当基坑走向与隧道垂直时，上方基坑开挖使隧道纵向产生弯曲变形，在基坑正下方隧道断面的拱顶与拱底处分别产生了数值较大的纵向拉力与压力，进而导致隧道拱顶的横向轴力显著减小，而拱底的横断面轴力变化则十分有限。

(7) 当基坑走向与隧道垂直时且隧道位于基坑侧方时，隧道中心埋深小于围护墙深度且基坑在隧道轴线方向的开挖宽度不大的情况下，基坑围护结构的边墙能够为隧道提供了一定的“保护效应”，隧道所受影响很小。

(8) 隧道结构一方面受到邻近基坑开挖的影响产生变形，另一方面隧道结构的存在也对土体有一定的加固作用，将对土体位移场产生影响。对于隧道位于基坑正下方的情况，当隧道中心与坑底的距离超过 1.5 倍隧道直径时，这种影响才可以忽略。

(9) 基坑开挖时，下卧隧道侧向土体也将受到卸荷作用而产生竖向位移，且对隧道产生作用，使隧道变形增加，这种效应在计算时应该进行考虑。建议在实际工程施工中对隧道上方土体进行加固的同时，对隧道侧向一定范围内的土体也进行加固以减小上方卸荷对隧道的影响。

7.1.2　隧道响应的影响因素

(1) 对于隧道位于基坑下方的情况，当隧道与基坑之间竖直距离增加时，隧道的最大隆起值呈指数形式减小。这种减小的趋势与基坑的开挖深度也相关，基坑开挖深度越大，隧道隆起减小的趋势越明显。同时，隧道衬砌附加弯矩也随着距离增加而减小。基坑开挖在坑底下方的影响范围很大，即使隧道中心与基坑坑底的距离超过 2 倍隧道直径，基坑开挖对隧道的影响仍旧比较显著。

（2）在隧道横断面，拱顶与拱底土体基床系数增加均能使隧道横向变形减小。总体上拱顶土体基床系数变化对隧道衬砌附加弯矩、轴力、剪力的影响幅度均为 25%左右；拱底土体基床系数变化对隧道附加内力分布的影响不大。

（3）在隧道横断面，保持其他条件不变，随着隧道半径的增加拱顶与拱底的变形逐渐增加，且增加的趋势越来越明显。隧道半径对隧道衬砌附加内力有较大影响。以本书所给的基本条件为例，当隧道半径从 3 m 增加到 5 m 时，隧道水平直径处附加弯矩增加到原来的 2.7 倍，而隧道最大附加轴力与附加剪力分别增加到原来的 1.67 倍以及 1.63 倍。

（4）在隧道横断面，保持其他条件不变，随着隧道衬砌厚度增加隧道横断面拱顶与拱底的变形逐渐减小。除了隧道拱底弯矩外，隧道衬砌厚度变化对隧道衬砌附加内力影响不大。

（5）通过对上海地区几条典型隧道进行分析，隧道受上方基坑开挖影响时，对于隧道横断面变形而言，衬砌厚度与隧道外径比值是关键因素，总体上随衬砌厚度与隧道外径的比值减小，隧道变形呈线性增加。对于衬砌内力而言，隧道外径是关键因素，两者近似线性相关。

（6）下卧隧道所承受的由基坑开挖引起的卸荷力与隧道尺寸相关，当不同尺寸的隧道位于相对于基坑的相同位置时，隧道直径越大所受卸荷力越大，衬砌上的附加弯矩数值更大，然而小尺寸隧道由于纵向刚度较小，其挠曲程度更为明显，在承受较小卸荷力作用的条件下竖向变形可能与大尺寸隧道相近。

（7）不论基坑位于隧道上方或者侧方，基坑围护结构的刚度在一定范围内变化对隧道变形的影响不大。

（8）当隧道走向与基坑平行且隧道位于基坑侧方时，不同围护墙深度条件下，背离基坑的隧道衬砌一侧附加弯矩几乎不发生变化，而对于靠近基坑的隧道一侧，围护墙深度增加后隧道衬砌最大附加弯矩有所减小，减小的幅度大约在 10%～20%。

（9）随着基坑宽度的增加，隧道隆起与附加弯矩大致按照线性的趋势增加。当基坑开挖长度在 20 m 以下时，开挖长度变化对隧道纵向变形的影响较大。当基坑开挖长度超过 20 m 之后，基坑长度增加对计算结果的影响并不显著。即当卸荷点距离隧道轴线的水平距离超过 10 m 后，其对隧道的影响相当小。

（10）土体加固可以将隧道最大隆起值与隧道拱顶弯矩减小约 20%与 30%，然而在本书研究的加固土体刚度范围内，加固土刚度变化对计算结果的影响并不大。

(11) 坑底堆载是保护隧道的一个比较有效的方法，然而需要把堆载作用在距离隧道轴线一定距离内(10 m)加固效果才显著。

7.1.3　盾构隧道纵向变形引起的横向效应

(1) 隧道纵向曲率是决定隧道压扁效应的关键因素，以上海延安东路隧道为例，当隧道纵向弯曲曲率半径小于 5 000 m 时，压扁效应十分显著，且随着曲率半径的减小急剧增强。由压扁效应引起的衬砌弯矩最大值出现在隧道腰部，拱顶与拱底的弯矩也相当大；衬砌轴力的最大值出现在腰部；而剪力的最大值出现在拱肩($\alpha=45°$处)与拱脚($\alpha=135°$处)附近。

(2) 盾构隧道环向接头均匀分布时，接头的数目变化对压扁效应引起的隧道衬砌内力没有影响。在给定环向接头刚度折减系数 γ 的情况下，隧道收敛随接头影响范围 β 增大而线性增大。同样，在给定接头影响范围 β 的情况下，隧道收敛随刚度折减系数 γ 增大而近似呈线性增大。

(3) 隧道直径越大，压扁效应引起的隧道收敛越显著，而隧道衬砌厚度越大，隧道收敛越小。隧道直径与衬砌厚度变化，对隧道弯矩、轴力及剪力的分布形式没有影响，然而直径增大或者衬砌加厚，内力的数值均会增大。

(4) 土体抗力能够抵消由压扁效应引起的隧道衬砌弯矩与剪力，然而抗力能够引起衬砌轴力的增加。

(5) 盾构隧道纵向接头影响范围内由压扁效应引起的隧道变形与内力均小于混凝土管段，可以忽略不计。

(6) 盾构隧道初始曲率增加，由压扁效应引起的隧道收敛与内力均线性增加。当纵向变形导致的曲率数值与初始曲率接近或小于初始曲率时，初始曲率可能成为压扁效应的决定性因素。

(7) 对于某一给定的弯曲曲率半径，与水土压力引起的隧道响应相比，由压扁效应引起的隧道变形、弯矩及剪力都可能比较显著。相对来讲，由压扁效应引起的轴力可以忽略。

(8) 对于盾构推进时具有双曲线变形模式的盾构隧道纵向变形，压扁效应与纵向剪切传递效应的最大值都出现在盾尾处，纵向剪切传递效应引起的隧道横断面变形要远大于压扁效应，虽然随着隧道最大沉降值的增大两者之间的差距逐渐缩小。

(9) 对于盾构推进时具有指数型变形模式的盾构隧道纵向变形，同样可以在盾尾处找到压扁效应与纵向剪切传递效应的最大值，纵向剪切传递效应与压扁效应引起隧道收敛差别不大，尤其当隧道最大沉降数值较大的时候。

(10) 纠偏荷载作用下，压扁效应与纵向剪切传递效应的最大值都出现在 $x=0$ 与 $x=2l_0$ 处。纵向剪切效应十分显著，由其引起的隧道横向变形远大于压扁效应，因此在纠偏荷载作用时可以忽略压扁效应，仅考虑纵向剪切传递效应。

(11) 邻近施工影响下呈高斯曲线型分布的盾构隧道纵向变形，压扁效应的最大值出现在隧道沉降最大处，另外，在 $x=\pm 1.732i$ 存在两个极值点。纵向剪切传递效应的最大值也出现在隧道沉降最大处，而在 $x=\pm 1.356i$ 以及 $x=\pm 2.857i$ 处存在极值点。

(12) 对于纵向剪切传递效应，当隧道由于上方基坑开挖引起隆起或者由于下方隧道穿越引起下沉时，无论是隧道上方地基上隆或者下方地基下沉，隧道变形最大的中央区域均位于卸荷区。而当隧道由于上方加载而发生下沉时，此时由于上部土体挤压隧道下沉，隧道中央区域处于加载区。压扁效应与纵向剪切传递效应不同，当隧道发生纵向变形时，在隧道纵向任何位置均为加载区。

(13) 受邻近施工影响呈高斯曲线型分布的盾构隧道纵向变形条件下，压扁效应与纵向剪切传递效应引起隧道变形的数值随着隧道最大沉降量的增大与反弯点的位置远离而越来越接近。对于两种效应引起的隧道附加内力，压扁效应远小于纵向剪切传递效应，在分析时可以忽略。

7.2 存在的问题与展望

本书针对软土基坑工程开挖对下卧已建盾构隧道影响的问题，通过离心机试验、解析计算、数值模拟等手段进行了深入、细致的研究，取得一些成果，以期能对实际已建隧道在基坑开挖影响下响应的预测及保护措施的制定提供参考。由于研究时间的有限及作者知识面的局限性，本书还存在以下一些值得进一步讨论和研究的问题：

(1) 本书的解析分析中借鉴了以往学者通过 Mindlin 解推导的土体内局部荷载作用时隧道轴线上附加应力的计算公式，该公式的推导过程中包含了许多假设，如：不考虑施工措施的影响，忽略隧道存在对土体内部应力分布的影响，忽略时间效应等，这些都可能对结果的精确性造成影响。

(2) 本书在推导 Kerr 弹性地基上隧道受荷变形时，只能考虑均一地层，而土体分层是实际客观存在的，在计算时只能根据厚度对各土层刚度进行加权平均获得最终刚度，这对解析分析结果也有一定的影响。

(3) 本书的三维数值模拟之中，盾构隧道采用均质圆管模拟。为考虑接头对隧道刚度影响，引入了盾构隧道纵向及横向刚度有效率，这样得到的结果能总体上反映隧道的变形及受力，然而对于实际薄弱的接头部位的受力、变形无法进行进一步细致分析，有一定局限性。

(4) 本书在计算分析隧道受基坑开挖影响的过程中，总体上忽略隧道已有的在水土压力作用下的变形及受力，而主要考虑由于基坑开挖引起的隧道变形与内力附加值。事实上，隧道在受荷状态下再卸载是个复杂的过程，隧道是否会处于理想的弹性变形范围内？隧道接头张开模式会产生怎么样的变化？这些都需要进一步的研究。

参考文献

[1] Algermissen S T, Steinbrugge K V, Lagorio H L. Estimation of earthquake losses to buildings[R]. U. S. Geological Survey Open-File Report, 1987, 15(1): 26 - 30.

[2] Allouche E N, Bowman A L. Holistic approach for assessing the vulnerability of buried pipelines to earthquake loads[J]. Natural Hazards Review, 2006, 7(1): 12 - 18.

[3] Arai Y, Kusakabe O, Murata O, et al. A numerical study on ground displacement and stress during and after the installation of deep circular diaphragm walls and soil excavation[J]. Computers and Geotechnics, 2008, 35: 791 - 801.

[4] Atkinson J H, Sallfors G. Experimental determination of soil properties [C]// Proceedings of 10th ECSMFE, Florence, 1991, 3: 915 - 956.

[5] Avramidis I E, Morfidis K. Bending of beams on three-parameter elastic foundation [J]. International Journal of Solids and Structures, 2006, (43): 357 - 375.

[6] Beeby A W. Safety of strucutures and a new approach to robustness[J]. The Structural Engineer, 1999, 77(4): 16 - 21.

[7] Bjerrum L, Eide O. Stability of strutted excavations in clay[J]. Geotechnique, 1956, 6: 115 - 128.

[8] Bolton M D, Lu Y C, Sharma J S. Centrifuge models of tunnel construction and compensation grouting[J]. Geotechnical Aspects of Underground construction in Soft Ground, Balkema, Rotterdam, 1996: 471 - 477.

[9] Bolton M D, Powrie W. The collapse of diaphragm walls retaining clay [J]. Geotechnique, 1987, 37(3): 335 - 353.

[10] Boussinesq J. Application des Potentiels a I'Etude de I'Equilibre et du Mouvement des Solides Elastique[M]. Paris: Gauthier-Villars, 1885.

[11] Brazier L G. On the flexure of thin cylindrical shells and other "thin" sections[J]. Proceedings of the Royal Society of London, Series A, Containing Papers of a

Machematical and Physical Charactre, 1927, 116(773): 104 - 114.

[12] Brinkgreve R B J, Broere W, Waterman D. Plaxis, Finite element code for soil and rock analyses, users manual[M]. The Netherlands, 2006.

[13] Burford D. Heave of tunnels beneath the Shell Center, London, 1959 - 1986[J]. Geotechnique, 1988, 38(1): 135 - 137.

[14] Calladine C R. Theory of shell structure[M]. Cambridge,Cambridge University Press, UK, 1983.

[15] Choi E, DesRoches R, Nielson B. Seismc fragility of typical bridges in moderate seismic zones[J]. Engineering Structures, 2004, (26): 187 - 199.

[16] Clough G W, Schmidt B. Design and performance of excavations and tunnels in soft clay[D]. Palo Alto: Stanford University, 1977.

[17] Dai F C, Lee C F, Ngai Y Y. Landslide risk assessment and management: an overview [J]. Engineering Geology, 2002, 64(1): 65 - 87.

[18] Daniel C W. Tunnel vulnerability engineering assessments[R]. Report, 2004.

[19] Devriendt M, Douthty L, Morrison P, et al. Displacement of tunnels from a basement excavation in London[J]. Proceedings of Instution of Civil Engineering: Geotechnical Engineering, 2010, (163): 131 - 145.

[20] Einstein H H. Landslide risk assessment procedure[J]. International Symposium on Landslides, Lausanne, 1988, (2): 1075 - 1090.

[21] Feheem H, Cai F, Ugai K. Two-dimensional base stability of excavations in soft soils using FEM[J]. Computers and Geotechnics, 2003, 30(2): 141 - 163.

[22] Feheem H, Cai F, Ugai K. Three-dimensional base stability of rectangular excavations in soft soils using FEM[J]. Computers and Geotechnics, 2004, 31(1): 67 - 74.

[23] Filonenko-Borodich M M. A very simple model of an elastic foundation capable of spreading the load[M]. Sb. Trudy Moskovskogo Elektromekh Institution Inzhenerov Transporta No: 53, Transzhedorizdat (in Russian), 1945.

[24] Finno R J, Blackburn J T, Roboski J F. Three-dimensional effects for supported excavations in clay[J]. Journal of Geotechnical and Geoenvironmental Engineering, 2007, 133(1): 30 - 36.

[25] Gharaibeh E S, Frangopol D M, Onoufrious T. Reliability-based importance assessment of structural members with applicarions to complex structures [J]. Computers and Structures, 2002, 80(12): 1113 - 1131.

[26] Gibson R G. Some results concerning displacements and stresses in a non-homogeneous elastic half-space[J]. Geotechnique, 1967, (17): 58 - 67.

[27] Gaudin C, Garnier J, Gaudichear P, et al. Use of a robot for in-flight excavation in

front of an embedded wall[C]//Proceedings of the International Conference on Physical Modelling in Geotechnics, St, John's, Newfoundland, Canada, 2002 July: 77 - 82.

[28] Hashash Y M A, Levasseur S, Osouli A, et al. Comparison of two inverse analysis techniques for learning deep excavation response[J]. Computers and Geotechnics. 2010, (37): 323 - 333.

[29] Hashash Y M A, Marulanda C, Ghaboussi J, et al. Novel approach to integration of numerical modeling and field observations for deep excavations[J]. Journal of Geotechnical and Geoenvironmental Engineering. 2006, 132(8): 1019 - 1031.

[30] Hashash Y M A, Song H, Osouli A. Three-dimensional inverse analyses of a deep excavation in Chicago clays[J]. International Journal for Numerical and Analytical Methods in Geomechanics. 2011, (35): 1059 - 1075.

[31] Hetényi M. Beams on elastic foundations[M]. Michigan University of Michigan Press, 1946.

[32] Horvath J S. New subgrade model applied to mat foundations[J]. Journal of Geotechnical Engineering. 1983, 109(12): 1567 - 1587.

[33] Hou Y M, Wang J H, and Zhang L L. Three-dimensional numerical modeling of a deep excavation adjacent to Shanghai metro tunnels[J]. Computational Science - ICCS 2007, Lecture Notes in Computer Science, 2007: 1164 - 1171.

[34] Hsiung B B. A case study on the behaviour of a deep excavation in sand[J]. Computers and Geotechnics. 2009, (36): 665 - 675.

[35] Hu Z F, Yue Z Q, Zhou J, et al. Design and construction of a deep excavation in soft soils adjacent to the Shanghai Metro tunnels[J]. Canadian Geotechnical Journal, 2003, 40(5): 933 - 948.

[36] Huang H W. Influence of deep excavation on the nearby vehicular undercrossing[C]// Proceedings, Korea Geotechnical Society (KGS) Fall National Conference, 10 - 11 Oct. 2008, Gwangju, South Korea, 395 - 426. invited lecture.

[37] Jia J. Study of controlling measures on the deflection of metro tunnels due to overlying excavation[J]. Underground Construction and Ground Movement, ASCE. 2006, 26(s): 158 - 163.

[38] Jones R, Xenophontos J. On the Vlasov and Kerr foundation models[J]. Acta Mechanica, 1976, (25): 45 - 49.

[39] Karki R. Effects of deep excavation on circular tunnels in fine-grained soils[D]. Canada, University of Saskatchewan, 2006.

[40] Kerr A D. A study of a new foundation model[J]. Acta Mechanica 1/2, 1965: 135 - 147.

[41] Kerr A D. Elastic and viscoelastic foundation models[J]. Journal of Applied Mechanics. 1964, (31): 491 - 498.

[42] Kerr A D. On the determination of foundation model parameters[J]. Journal of Geotechnical Engineering, 1985, 111(11): 1334 - 1340.

[43] Kim S H, Feng M Q. Fragility analysis of bridges under ground motion with spatial variation[J]. International Journal of Nonlinear Mechanics, 2003, (38): 705 - 721.

[44] Kneifati M C. Analysis of plates on a kerr foundation model[J]. Journal of Engineering Mechanics, 1985, 111(11): 1325 - 1342.

[45] Lee C J, Chiang K H. Responses of single piles to tunneling-induced soil movements in sandy ground[J]. Canadian Geotechnical Journal, 2007, (44): 1224 - 1241.

[46] Lee K M, Hou X Y, Ge X W, et al. An analytical solution for a jointed shield-driven tunnel lining[J]. International Journal for Numerical and Analytical Methods in Geomechanics, 2001, (25): 365 - 390.

[47] Lee S W, Bolton M D, Mair R J, et al. Centrifuge modeling of injection near tunnel lining[J]. International Journal of Physical Modelling in Geotechnics, 2001, (1): 9 - 24.

[48] Lee S W, Mair R J, Soga K, et al. Centrifuge and numerical modelling of compensation grouting near tunnel linings[C]//Proceedings of 15th International Conference on Soil Mechanics and Geotechnical Engineering, Istanbul August, 2001: 1399 - 1402.

[49] Leone F, Asté J P, Leroi E. Vulnerability assessment of elements exposed to mass-movements: working toward a better risk perception[J]. In: Senneset, K. (eds), Landslides-Glissements de Terrain. A. A. Balkema, Rotterdam, 1996: 263 - 270.

[50] Leung C F, Chow Y K, Shen R F. Behaviour of pile subject to excavation-induced soil movement[J]. Journal of Geotechnical and Geoenvironmental Engineering, 2000, 126(1): 947 - 954.

[51] Leung C F, Lim J K, Shen R F, et al. Behaviour of Pile Groups Subject to Excavation-Induced Soil Movement[J]. Journal of Geotechnical and Geoenvironmental Engineering, 2003, 129(1): 58 - 65.

[52] Li L F, Wang J F, Leung H. Using spatial analysis and bayesian network to model the vulnerability and make insurance pricing of catastrophc risk[J]. International Journal of Geographical Information Science, 2010, 24(12): 1759 - 1784.

[53] Li Z H, Nadim F, Huang H W, et al. Quantitative vulnerability estimation for scenario-based landslide hazards[J]. Landslides, 2010, (7): 125 - 134.

[54] Lim A, Ou C Y, Hsigh P G. Evaluation of clay constitutive models for analysis of deep

excavation under undrained conditions[J]. Journal of GeoEngineering, 2010, 5(1): 9-20.
[55] Limpraser T. Behavior of soil, soil-cement, and soil-cement-fiber[D]. Ohio University, 1995.
[56] Lind N C. A measure of vulnerability and damage tolerance[J]. Reliability Engineering and System Safety, 1995, (48): 1-6.
[57] Loganathan N, Poulos H G, Stewart D P. Centrifuge model testing of tunneling-induced ground and pile deformations[J]. Geotechnique, 2000, 50(3): 283-294.
[58] Lu Z, Woodman N J, Blockley D I. A theory of structural vulnerability[J]. The Strutural Engineer, 1999, 77(18): 17-24.
[59] Luna B Q, Blahut J, van Westen C J, et al. The application of numerical debris flow modelling for the generation of physical vulnerability curves[J]. Natural Hazards and Earth System Sciences, 2011, (11): 2047-2060.
[60] Lyndon A, Schofield A N. Centrifuge model test of short term failure in London clay [J]. Geotechnique, 1972, 20(4): 440-442.
[61] Mackenzie D, Boyle J T. A simple pipe bend element for piping flexibility analysis[J]. International Journal of Pressure Vessels and Piping, 1992, (51): 85-103.
[62] Marshall A M, Klar A, Mair R J. Tunneling beneath buried pipes: view of soil strain and its effect on pipeline behavior[J]. Journal of Geotechnical and Geoenvironmental Engineering, 2010, 136(12): 1664-1672.
[63] Mindlin R D. Force at a point in the interior of a semi-infinite solid[J]. Physics, 1936, 7(5): 195.
[64] Mulray V P. Hazard analysis and vulnerability assessment for the Philadelphia Center Rail Tunnel[D]. Philadelphia Fire Department, Philadelphia, Pennsylvania, 2009.
[65] Munz D, Mattheck C. Cross-section flattening of pipe subjected to bending[J]. International Journal of Pressure Vessels and Piping, 1982, (10): 421-429.
[66] Nogami T, O'Neill M W. Beam on generalized two-parameter foundation[J]. Journal of Engineering Mechanics, 1985, 111(5): 664-679.
[67] Nomoto T, Imamura S, Hagiwara T, et al. Shield tunnel construction in centrifuge [J]. Journal of Geotechnical and Geoenvironmental Engineering, 1999, 125(4): 289-300.
[68] Ong D E L, Leung C E, Chow Y K. Pile Behaviour due to Excavation-Induced Soil Movement in Clay. I: Stable Wall[J]. Journal of Geotechnical and Geoenvironmental Engineering, 2006, 132(1): 36-44.
[69] Ong D E L, Leung C E, Chow Y K. Pile Behaviour due to Excavation-Induced Soil

Movement in Clay. Ⅱ: Collapsed wall[J]. Journal of Geotechnical and Geoenvironmental Engineering, 2006, 132(1): 45 - 53.

[70] Ong D E L, Leung C E, Chow Y K. Behaviour of pile groups subject to excavation-induced soil movement in very soft clay[J]. Journal of Geotechnical and Geoenvironmental Engineering, 2009, 135(10): 1462 - 1474.

[71] Ong C W, Leung C F, Yong K Y, et al. Performance of pile due to tunneling-induced soil movements[J]. Underground Space-the 4th dimension of metropolises, 2007: 619 - 624.

[72] Ou C Y, Teng F C, Wang I W. Analysis and design of partial ground improvement in deep excavations[J]. Computers and Geotechnics. 2008, (35): 576 - 584.

[73] Pasternak P L. On a new method of analysis of an elastic foundation by means of two-constants[D]. Moscow, USSR: Gosudarstvennoe Izdatelstvo Literaturi po Stroitelstvu I Arkhitecture, 1954.

[74] Porbaha A, Shibuya S, Kishida T. State of the art in deep mixing technology. Part Ⅲ: geomaterial characterization[J]. Ground Improvement, 2000, (3): 91 - 110.

[75] Powrie W, Kantartzi C. Ground response during disphragm wall installation in caly: centrifuge model tests[J]. Geotechnique, 1996, 46(4): 725 - 739.

[76] Richards D J, Powrie W. Centrifuge model tests on doubly propped embedded retaining walls in overconsolidated kaolin clay[J]. Geotechnique, 1998, 48(6): 833 - 846.

[77] Rechea C, Levasseur S, Finno R. Inverse analysis techniques for parameter identification in simulation of excavation support systems[J]. Computers and Geotechnics, 2008, (35): 331 - 345.

[78] Reissner E. Deflection of plates on viscoelastic foundation[J]. Journal of Applied Mechanics, 1958, (80): 144 - 145.

[79] Reissner E. Note on the formulation of the problem of the plate on an elastic foundation [J]. Acta Mechanica, 1967, (4): 88 - 91.

[80] Remondo J, Bonachea J, Cendrer A. Quantitative landslide risk assessment and mapping on the basis of recent occurrences[J]. Geomorphology, 2008, (94): 496 - 507.

[81] SAIC (Science Applications International Corporation Transportation Policy and Analysis Center). A guide to highway vulnerability assessment for critical asset identification and protection[R]. Contractor's final report, 2002, May.

[82] Schaefer R, Triantafyllidis Th. Modelling of earth and water pressure development during diaphragm wall construction in soft clay[J]. International Journal for Numerical and Analytical Methods in Geomechanics, 2004, (28): 1305 - 1326.

[83] Schafer R, Triantafyllidis Th. The influence of the construction process on the deformation behaviour of diaphragm walls in soft clayey ground[J]. International Journal for Numerical and Analytical Methods in Geomechanics, 2006, (30): 563-576.

[84] Schweiger H F, Scharinger F, Luftenegger R. 3D finite element analysis of a deep excavation and comparison with in situ measurements[J]. Geotechnical Aspects of Underground Construction in Soft Ground, Ng, Huang, Liu(eds), 2008: 193-199.

[85] Schanz T, Vermeer P A, Bonnier P G. Formulation and verification of the Hardening-Soil Model[J]. Beyond 2000 in Computational Geotechnics, Brinkgreve R. B. J, eds, Rotterdam, 1999: 281-290.

[86] Shao Y, Macari E J. Information feedback analysis in deep excavations[J]. International Journal of Geomechanics, 2008, Vol. 8(1): 91-103.

[87] Sharma J S, Bolton M D, Boyle R E. A new technique for simulation of tunnel excavation in a centrifuge[J]. Geotechnical Testing Journal, 2001, 24(4): 343-349.

[88] Sharma J S, Hefny A M, Zhao J, et al. Effect of large excavation on deformation of adjacent MRT tunnels[J]. Tunnunlling and Underground Space Technology, 2001, (16): 93-98.

[89] Stark R F, Booker J R. Surface displacements of a non-homogeneous elastic half-space subjected to uniform surface tractions[J]. International Journal for Numerical and Analytical Mechods in Geomechanics, 1997, (21): 361-378; 379-395.

[90] Takahashi A, Sugita H, Tanimoto S. Beam on Winkler foundation method for piles in laterally spreading soils[J]. Geotechnical Special Publication 145: Seismic performance and simulation of pile foundations in liquefied and laterally spreading ground, 2006: 230-241.

[91] Tang N C. Plastic-deformation analysis in tube bending[J]. International Journal of Pressure Vessels and Piping, 2000, (77): 751-759.

[92] Tang Y G, Kung G T C. Investigating the effect of soil models on deformations caused by braced excavations through an inverse-analysis technique[J]. Computers and Geotechnics, 2010, (37): 769-780.

[93] Terzaghi K. Theoretical soil mechanics[M]. New York: John Wiley & Sons, Inc., 1943.

[94] Uzielli M, Nadim F, Lacasse S, et al. A conceptual framework for quantitative estimation of physical vulnerability to landslides[J]. Engineering Geology, 2008, (102): 251-256.

[95] Vallabhan G, Das Y C. Modified vlasov model for beams on elastic foundations[J].

Journal of Geotechnical Engineering, 1991, 117(6): 956 - 966.

[96] van Empel W H N C, de Waal R G A, Van der Veen C. Segmental tunnel lining behavior in axial direction[C]//Geotechnical aspects of underground construction in soft ground. Japan, 1999. Preprint volume of proceedings. An International Symposium Held at Tokyo International Exhibition Center, Tokyo, Japan.

[97] Vlasov V Z, Leontiev U N. Beams, Plates and Shells on Elastic Foundations[M]. Israel Program for Scientific Translations, Jerusalem (translated from Russian), 1966.

[98] Vorster T E B, Klar A, Soga K, et al. Estimating the effects of tunneling on existing pipelines[J]. Journal of Geotechnical and Geoenvironmental Engineering, 2005, 131(11): 1399 - 1410.

[99] Winkler E. Die lehre von der elastizitat und festigkeit[D]. Prague, 1867.

[100] Wong H N, Ho K K S, Chan Y C. Assessment of consequence of landslides[J]. In: Cruden R, Fell R. (Eds.), Landslide Risk Assessment, Balkema, Rotterdam, 1997: 111 - 149.

[101] Wu X, Blockley D I, Woodman N J. Vulnerability analysis of structural systems, Part Ⅰ: rings and clusters, Part Ⅱ: Failure Scenarios[J]. Journal of Civil Engineering Systems, 1993, 10: 301 - 333.

[102] Xie X Y, Ning Z W, Liu X R, et al. Centrifuge model study of impact on existing undercrossing induced by deep excavation[J]. Geotechnical Special Publication, 2010 June 3 - 5, 206: 132 - 143.

[103] Xuan F, Xia X H, Wang J H. The application of a small strain model in excavations [J]. Journal of Shanghai Jiaotong University (Science), 2009, 14(4): 418 - 422.

[104] Zdravkovic L, Potts D M, St John H D. Modelling of a 3D excavation in finite element analysis[J]. Geotechnique, 2005, 55(7): 497 - 513.

[105] Zheng G, Wei S W. Numerical analyses of influence of overlying pit excavation on existing tunnels[J]. Journal of Center South University of Technology, 2008, 15(s2): 69 - 75.

[106] Zhu H H, Hashimoto T. Designs and analyses on underground structures[R]. Technical Report, 1995.

[107] Zhu H H, Yang L D, Cai W M, et al. A new model for simulating the behavior of segments in shield tunnel[C]//Proceedings of the 49th Annual Conference of the JSCE, 1994: 303 - 331.

[108] Hwang H,刘晶波. 地震作用下钢筋混凝土桥梁结构易损性分析[J]. 土木工程学报, 2004,37(6): 47 - 51.

[109] 陈郁. 基坑开挖卸荷引起下卧隧道隆起的研究分析[D]. 上海: 同济大学,2005.

[110] 陈郁,李永盛.基坑开挖卸荷引起下卧隧道隆起的计算方法[J].地下空间与工程学报,2005,1(1):91-94.
[111] 程玉梅.基坑开挖卸荷影响深度的确定[J].大坝观测与土工测试,2001,25(5):36-38.
[112] 崔奕,姜忻良,鲍鹏.变基床系数弹性地基梁解法及其应用[J].岩土力学,2003,24(4):565-578.
[113] 丁春林,周顺华,张师德.基于离心试验的承压水基坑变形稳定影响因素[J].同济大学学报(自然科学版),2005,33(12):1586-1591.
[114] 董军,彭立生.双参数地基模型研究及基础梁计算[J].武汉水利电力学院学报,1991,24(4):427-438.
[115] 樊振宇.软土盾构隧道衬砌结构计算方法及纵向变形分析[D].上海:同济大学,2009.
[116] 高广运,邱畅,王贻荪.改进的双参数层状地基模型[J].岩土力学,2003,24(2):159-163.
[117] 高广运,邱畅,王贻荪,等.求解双参数层状地基模型的积分变换法[J].力学季刊,2003,24(2):273-279.
[118] 龚东庆,郑渊仁.硬化土体模型分析基坑挡土壁与地盘变形的评估[J].岩土工程学报,2010,32(增刊2):175-178.
[119] 顾丽江.考虑拼装误差影响下的软土盾构隧道变形控制标准研究[D].上海:同济大学,2011.
[120] 何川,苏宗贤,曾东洋.地铁盾构隧道重叠下穿越施工对上方已建隧道的影响[J].土木工程学报,2008,41(3):91-98.
[121] 何世秀,韩高升,庄心善,等.基坑开挖卸荷土体变形的试验研究[J].岩土力学,2003,24(1):17-20.
[122] 侯玉伟.上海轨道交通异形超深基坑施工过程数值模拟分析[J].城市轨道交通研究,2010,(6):28-31.
[123] 胡坚.软土隧道的纵向变形计算方法[D].上海:同济大学,2000.
[124] 黄爱军.基坑下方运营隧道卸荷回弹的力学机理分析[D].上海:上海交通大学,2008.
[125] 黄宏伟,臧小龙.盾构隧道纵向变形形态研究分析[J].地下空间,2002,22(30):244-251.
[126] 黄正荣.基于壳-弹簧模型的盾构衬砌管片受力特征研究[D].南京:河海大学,2007.
[127] 黄钟晖.盾构法隧道错缝拼装衬砌受力机理的研究[D].上海:同济大学,2001.
[128] 吉茂杰,刘国彬.开挖卸荷引起地铁隧道位移的预测方法[J].同济大学学报,2001,29(5):531-535.

[129] 贾敏才,王磊,周健.基坑开挖变形的颗粒流数值模拟[J].同济大学学报(自然科学版),2009,37(5):612-617.

[130] 江帆,胡群芳,黄宏伟.盾构隧道施工 Plaxis 2D 数值模拟分析[J].现代隧道技术,2010,(增刊):366-369.

[131] 蒋利明,周晓军,莫阳春.基坑开挖对邻近地铁隧道的影响研究[J].路基工程,2010,(4):194-196.

[132] 姜启元,管攀峰,叶蓉.软土盾构隧道的纵向变形分析[J].地下工程与隧道,1999,(4):2-6.

[133] 李罡.软土公路运营盾构隧道纵向结构安全性态评估[D].上海:同济大学,2010.

[134] 李广军.基坑开挖对既有地下隧道影响的数值模拟[D].天津:天津大学,2009.

[135] 李建民,滕延京.从不同土的室内压缩回弹试验分析基坑开挖回弹变形的特征[J].建筑科学,2011,27(1):72-77.

[136] 李佳川.软土地区地下连续墙深基坑开挖的三维分析及试验研究[D].上海:同济大学,1992.

[137] 李景林,王剑平,徐光明.离心模型试验模拟基坑开挖的一种新方法[J].南京水利科学研究院水利水运科学研究,2000,(4):69-72.

[138] 廖惠生,叶文谦,称俊融.潜盾隧道近接施工之影响评估及分析[J].岩石力学与工程学报,2004,23(增刊2):4876-4881.

[139] 廖少明.圆形隧道纵向剪切传递效应研究[D].上海:同济大学,2002.

[140] 林楠.地铁结构安全评估指标体系及标准研究[D].上海:同济大学,2009.

[141] 林永国.地铁隧道纵向变形结构性能研究[D].上海:同济大学,2001.

[142] 刘国彬,黄院雄,侯学渊.基坑回弹的实用计算法[J].土木工程学报,2000,33(4):61-67.

[143] 刘国彬,黄院雄,侯学渊.基坑工程下已运行地铁区间隧道上抬变形的控制研究与实践[J].岩石力学与工程学报,2001,20(2):202-207.

[144] 刘国彬,侯学渊.软土基坑隆起变形的残余应力分析法[J].设计与施工,1996,(2):2-7.

[145] 刘国彬,侯学渊.软土的卸荷模量[J].岩土工程学报,1996,18(6):18-23.

[146] 刘建航,侯学渊.盾构法隧道[J].北京:中国铁道出版社,1991.

[147] 刘建航,刘国彬,范益群.软土基坑工程中时空效应理论与实践(上)[J].地下工程与隧道,1999,3:7-12.

[148] 刘建航,刘国彬,范益群.软土基坑工程中时空效应理论与实践(下)[J].地下工程与隧道,1999,4:10-14.

[149] 刘奇.基于 LEDS 的受开挖影响的地铁隧道安全预警及监控方法研究[D].上海:同济大学,2012.

[150] 刘涛. 既有盾构隧道结构性能评价研究[D]. 上海：同济大学，2008.
[151] 刘涛. 外滩通道基坑开挖对既有隧道结构影响分析[J]. 中国市政工程，2010，149(增刊)：138-141.
[152] 刘庭金. 广州地铁某区间盾构隧道结构安全现状评估[J]. 现代隧道技术，2010，(增刊)：611-615.
[153] 陆培毅，余建星，肖健. 深基坑回弹的空间形状研究[J]. 天津大学学报，2006，39(3)：301-305.
[154] 鲁志鹏. 地铁盾构隧道纵向长期沉降的安全性评估研究[J]. 隧道建设，2010，30(增刊1)：172-175.
[155] 吕大刚，王光远. 基于可靠度和灵敏度的结构局部地震易损性分析[J]. 自然灾害学报，2006，15(4)：158-162.
[156] 缪佳敏. 基于风险的软土地铁盾构隧道结构养护方法研究[D]. 上海：同济大学，2011.
[157] 齐静静. 盾构隧道的环境效应及结构性能研究[D]. 杭州：浙江大学，2007.
[158] 漆泰岳，高波，马亮. 富水软土地层地铁开挖地表沉降离心模型试验[J]. 西南交通大学学报，2006，41(2)：184-189.
[159] 秦爱芳，蒋晨旭. 基坑开挖卸荷影响深度分析[J]. 上海大学学报(自然科学版)，2008，14(2)：205-209.
[160] 青二春. 地铁隧道上方大面积卸载下的变形及控制模式研究[D]. 上海：同济大学，2007.
[161] 邱德锋，周艳，刘西拉. 突发事故中结构易损性的研究[J]. 四川建筑科学研究，2005，31(2)：55-59.
[162] 日本建筑学会. 建筑基础构造设计基准[S]. 1974.
[163] 上海市市政工程管理局. 沪市政法(94)第854号：上海市地铁沿线建筑施工保护地铁技术管理暂行规定，1994.
[164] 苏冠兴. 基于易损性理论的结构倒塌模式分析[D]. 南京：东南大学，2011.
[165] 苏燕，周健. 软土越江隧道结构地震失稳易损性衡量[M]. 第七届全国土动力学学术会议论文集，清华大学出版社，2006：626-631.
[166] 孙冰，曾晟，丁德馨，等. SMW围护结构的深基坑隆起变形有限元分析[J]. 防灾减灾工程学报，2008，28(3)：311-324.
[167] 汪小兵，贾坚. 深基坑开挖对既有地铁隧道的影响分析及控制措施[J]. 城市轨道交通研究，2009，(5)：52-57.
[168] 王振信. 盾构法隧道的耐久性[J]. 地下工程与隧道，2002，2：2-5.
[169] 王岩，黄宏伟. 地铁区间隧道安全评估的层次-模糊综合评判法[J]. 地下空间，2004，24(3)：301-305.

[170] 魏平,陈新民,刘莉娇.基于整体风险分析法地震荷载作用下隧道的易损性评估[J].隧道建设,2008,28(3):277-280.
[171] 吴传波.基坑宽度效应对坑底隆起的影响研究[J].城市道桥与防洪,2011,(4):180-182.
[172] 吴大庆.SMW工法围护结构设计计算方法及应用研究[D].西安:西安科技大学,2006.
[173] 夏明耀.多支撑地下连续墙入土深度的模拟试验研究[J].大坝观测与土工测试,1984,(2):26-34.
[174] 小泉淳,村上博智,西野健三.ツールドトネルの轴方向特性のモデルイヒにつぃ[C]//土木学会论文集,1988年6月:79-88.
[175] 熊孝波,桂国庆,郑明新,等.基于ANSYS的深基坑围护结构变形数值模拟分析[J].地下空间与工程学报,2009,5(增刊):1298-1305.
[176] 胥犇,王华牢,夏才初.盾构隧道结构病害状态综合评价方法研究[J].地下空间与工程学报,2010,6(1):201-207.
[177] 徐林荣,王磊,苏志满.隧道工程遭受泥石流灾害的工程易损性评价[J].岩土力学,2010,31(7):2153-2158.
[178] 徐凌.软土盾构隧道纵向沉降研究[D].上海:同济大学,2005.
[179] 闫静雅.桩基础全寿命期对邻近已有隧道的影响研究[D].上海:同济大学,2007.
[180] 杨栋.地下工程开挖对临近隧道变形的影响分析[D].上海:同济大学,2008.
[181] 杨雪军.地铁区间隧道上方的超大面积基坑工程开挖卸荷施工技术[J].建筑施工,2011,33(3):165-167.
[182] 叶耀东.软土地区运营地铁盾构隧道结构变形及健康诊断方法研究[D].上海:同济大学,2007.
[183] 于刚.结构易损性分析及其在桥梁健康监测中的应用[D].上海:同济大学,2009.
[184] 余占奎.软土盾构隧道纵向设计方法研究[D].上海:同济大学,2006.
[185] 臧小龙.软土盾构隧道纵向结构变形研究[D].上海:同济大学,2003.
[186] 张海华.软土超深基坑施工开挖离心模型试验研究[D].上海:同济大学,2009.
[187] 张俊龙.卸荷对地下建(构)筑物的影响研究[D].上海:同济大学,2006.
[188] 张文杰,徐旭,李向红,等.广义的盾构隧道纵向等效连续化模型研究[J].岩石力学与工程学报,2009,28(增刊2):3938-3944.
[189] 张玉成,杨光华,姚捷,等.基坑开挖卸荷对下方既有地铁隧道影响的数值仿真分析[J].岩土工程学报,2010,32(增刊1):109-115.
[190] 张治国,黄茂松,王卫东.邻近开挖对既有软土隧道的影响[J].岩土力学,2009,30(5):1373-1380.
[191] 赵庆丽,袁勇.既有盾构隧道衬砌结构的安全性评估[J].特种结构,2009,26(2):

72 - 75.

[192] 郑俊杰，章荣军，丁烈云，等. 基坑被动区加固的位移控制效果及参数分析[J]. 岩石力学与工程学报，2010，29(5)：1042 - 1051.

[193] 郑列威，胡蒙达. 长条形深基坑开挖引起基坑坑底土体的回弹解析理论计算[J]. 建筑施工，2004，26(3)：196 - 199.

[194] 郑永来，韩文星，童琪华，等. 软土地铁隧道纵向不均匀沉降导致的管片接头环缝开裂研究[J]. 岩石力学与工程学报，2005，24(24)：4552 - 4558.

[195] 志波由纪夫，川岛一彦，大日方尚己，等. ツ—ルドトネルの耐震解析にる长手方向覆工刚性の评价法[C]. 土木学会论文集，1988 年 10 月：319 - 327.

[196] 钟定兰. 软土地区基坑开挖对既有地铁隧道影响的研究[S]. 南京：南京林业大学，2007.

[197] 中华人民共和国建设部[J]. GB 50007 - 2002 建筑地基基础设计规范. 2002.

[198] 中华人民共和国建设部[S]. GB 50157 - 2003 地铁设计规范. 2003：345.

[199] 中华人民共和国建设部[S]. GB 50299 - 1999 地下铁道工程施工及验收规范. 1999.

[200] 中华人民共和国住房和城乡建设部. GB 50652 - 2011 城市轨道交通地下工程建设风险管理规范规范[S]. 2011.

[201] 朱合华，杨林德，陈清军，等. 盾构隧道管片接头衬砌系统的两种受力设计模型[J]. 工程力学，1996，(增刊)：395 - 399.

[202] 朱合华，张子新，廖少明，等主编. 地下建筑结构[M]. 北京：中国建筑工业出版社，2005.

[203] 朱南海，叶继红. 基于结构易损性理论的网壳失效模式分析初探[J]. 振动与冲击，2011，30(6)：248 - 255.

后 记

2003 年 9 月踏入同济校园时，我不曾料想自己要在这里度过 9 年的时光。人生仿佛坐一辆飞驰的列车，伴随着窗外的光影斑驳，景色飞逝，你或许还在回想上一个车站的风景，事实上下一站已经离你不远了。

回忆让时间的流动减速，不论多久远的事情也仿佛就发生在昨日：拎着“随身听”穿过沪西的一教去天佑楼上课；为了马上到来的结构设计竞赛熬夜在文远楼三楼糊着纸质的结构；跟随着土木四班两夺土木杯冠军；天气变冷了，抢不到沪东图书馆的位置只好厚着脸皮去财大蹭暖气；独赴欧洲，凝望着飞机窗外的阿尔卑斯雪山；天气好的时候，约上办公室的师兄弟不知疲倦地在篮球场打球；夕阳落山后，抱着记录本去二楼参加办公室例会。这些平淡又美好的场景在脑海中闪过，宛如电影的蒙太奇。不论将来我会去向何方，我的青春都永恒地留在了此处。

离去的不舍，最不舍的是人！

感谢恩师黄宏伟教授的悉心栽培！黄老师授课生动形象、激情奔放，在本科阶段的课堂上我便深深地被黄老师的个人魅力所吸引，随后跟随导师完成了本科毕业设计，进行硕博连读，黄老师倾注大量心血，指引着我一步一步从开始走到现在，从懵懂走向成熟。在黄老师的指点下，我慢慢懂得如何开展研究、如何撰写科技论文；在黄老师的帮助下，我获得了留学的机会，体验异国风情的同时拓展了自己的视野；在黄老师的支持下，我能够有机会参与国内外学术交流，提高了与人沟通的能力；在黄老师的鼓励下，我得到了从挫折中走出的勇气，重燃热情投入学习科研当中。黄老师在科研上对我严格要求，在生活上也对我格外关心爱护，有时交谈虽只数语之间，然而殷殷之情、切切之意尽在其中。倘若用一种植物来形容他，我愿用松柏——果断凝练，刚直沉着，黄老师具有领袖的气质，就算面对再大的压力，他也会从容不迫，指挥若定。

感谢副导师张冬梅副教授的细心指导！张老师开朗乐观，爽朗的笑声总是与她相伴；张老师严谨踏实，学术上再小的问题她也不会忽略。张老师是严厉的老师，也是亲切的姐姐，正如她的名字所形容的，她就如梅花——高标清秀，默默暗香，每次与张老师谈话，氛围总是十分轻松，然在不知不觉中总是让我受益良多。

感谢奥地利导师 Helmut F. Schweiger 教授的耐心帮助！他知识渊博，治学严谨，乐观豁达，待人和善。在学术上，他耐心指导，使我能顺利完成论文数值模拟部分的工作；在生活上，他热心关照，使我在异国他乡也如在国内一般自在。他如柏树一般——细致中正，谦谦儒雅。

感谢隧道及地下建筑工程研究所第五研究室的其他老师在学习与生活上的帮助！薛亚东老师待人真诚，乐观务实，他如向日葵——明朗向阳，涵蓄和善；张洁老师学识渊博，耐心达观，他可以不厌其烦地一遍又一遍帮助我修改论文，在我向他寻求帮助时，他总是尽快为我抽出时间，他如竹子——高劲恭谦，逸节束律；胡群芳老师勤奋博学，思维敏捷，一直是我学习的榜样，遇到困难时他如兄长一般与我促膝长谈，为我排忧解困，他便如桂树——高洁耐寒，浓香致远；宋文兰老师细心谨慎，开朗热情，不论是一起组织办公室活动，还是财务报销，宋老师总是不遗余力地为我提供帮助，她如兰花——韵洁清雅，淡泊耐忍。

感谢隧道一室的李永盛老师、张子新老师、谢雄耀老师、赖允瑾老师和杨慧芳老师！李永盛副校长德高望重，在他身上我懂得了面对生活需要修身修德，不畏磨砺；张子新老师洒脱率性，在他身上我懂得了面对生活需要毫无畏惧，开朗向前；谢雄耀老师勤奋厚重，在他身上我懂得了面对生活需要厚积薄发，勤恳奋勉；赖允瑾老师热心开朗，在他身上我懂得了面对生活需要低调务实，乐观自信；杨慧芳老师精明能干，在她身上我懂得了面对生活需要精打细算，吃苦耐劳。

感谢同济大学地下建筑与工程系的袁勇老师，在申请 Eurasia - Pacific Uninet 奖学金的过程中，袁老师在百忙中抽空为我撰写推荐信！感谢实验室何之民老师，在我进行离心机模型试验的日子里，何老师在试验设计、试验仪器选择等多方面给我提供帮助，试验中出现许多问题，何老师也总是热心无私地倾力协助，他的热情与乐观是值得我一辈子学习！

感谢师兄杨智勇，同门李罡，师弟张东明、王帅、王智宇，在艰辛的试验过程中一路陪我走来，不论取土粉土，不论酷暑严冬，正是有了你们的陪伴与帮助，我才能在无数次灰心丧气中恢复，再次鼓起勇气前进，并最终顺利完成试验！感谢师兄彭铭，师兄是我良师益友，难忘撰写本科毕业设计过程中师兄的尽心指导与倾力协助。感谢师兄包鹤立、田海洋、董永、郭峰、丁良平，师姐朱琳、姚聪璞，初到教研室的日子幸亏有你们的提携与照顾，才能让我那么快就找到家的感觉。感谢师兄宁张伟，正是由于你毫无保留地提供资料，全心全意地给予协助，使我的离心机试验事半功倍，而你背一台相机独自旅行的浪漫更是让我一直钦佩！感谢师兄慈立坤、周彪、易礼、刘正根、孟轲，师姐廖一蕾，不论是风险查勘中的谈天说地，还是会议讨论中的思绪激荡，与你们交流的一切都成为难忘的记忆！感谢师兄林楠，从大二开始与你认识，从军训指导员到班主任，从班主任再到挚友，一同走过的日子让我记住了你的健谈，你的魄力，还有你的热忱！感谢同门刘海、张桓、辛伟韬、刘凤洲、刘晓瑞、金国龙、许周，球场挥汗，豪饮干杯，相互学习，共同进步，此情此谊，永不相忘！感谢师姐朱蕾、闫静雅、孔令荣、杜菊红、顾雷雨、王燕、闫玉茹，师兄车平、张辉、樊振宇、叶永峰、徐营、吴昌将、刘忠强、王继飞、杨智勇，你们给予我姐姐与兄长般的关心，使我时时刻刻感受到大家庭的温暖。感谢师姐胡欣雨，怎能忘我们在奥地利的共同加班、共同游玩、共同下厨的日子，我真是幸运，在异国他乡也能有你给我姐姐般的照顾！感谢豆海涛、王平让、刘印、刘德军，在攻读博士学位这个艰苦的征程中，我们相互鼓励，共同进步，你们的坦诚，你们的热情陪伴着我前进。感谢师弟王飞、江帆、顾丽江、肖劲夫、张东明、王慧、佘小康、吕所祥、曾元斌、白天明、何军涛、刘奇、赵志强、张伟、王艾凯、张应刚、李博、徐然、龚勋、邹伟彪、马龙祥、田恒蛟、方超、葛嘉诚、龚文平、冉龙洲、王魁、张帆、宗翔、聂欣尧，师妹缪佳敏、程姝菲、苏卫卫，隧道五室有了你们变得更加丰富多彩，学术探讨、友谊比赛、课余活动，这一切使我们成为一个坚强的团体，一个团结的团体。感谢同学吴坚，与你相识于乐中，大学竟有缘分在同一班级学习，从此共同相伴八年，不止一次与你畅谈人生理想，这份情谊值得一生珍藏！

在这里也感谢硕士班级胥犇、刘磊、芮易、尹玫、肖立、余勇等同学，同济大学2003级土木工程四班的袁登科、陈鑫、李扬、刘丹青、贾良玖、郑涵滨、袁俊等同学，感谢你们在我彷徨时的相伴，感谢你们在我成功时的同甘，感谢你们在我求学期间给我留下的美好回忆与诚挚情谊！感谢厅友邹建文、付裕伟、张飞、王国韬等，每天回宿舍后天南地北的闲谈，是劳累一天之后的最佳调剂，感谢你们的一路相伴！

感谢奥地利格拉茨技术大学的Semprich教授、Kieffer教授、Martin、Bert、Franz、Viet、Ikhya以及Indra，感谢你们的热情与友好，感谢你们创造的轻松活跃的学术氛围，感谢你们在学术生活上对我的无私帮助！感谢在奥地利结识的中国好友杨帆、傅羽、李鹏、方雪、董小迪、黄玮南、刘畅等，因为你们，我的留学生涯变得丰富多彩，也因为你们，我虽离家万里却依然能够受到亲人般的关照。

最应该感谢的是我的父亲黄松华先生，母亲黄莲琴女士。父亲勤劳质朴，耐劳守拙，虽不善言辞，但身体力行，以身作则。是您让我懂得了最基本的为人道理：一分辛苦才能有一分收获；不怕吃亏，不贪回报，只求心安。这一切土地里悟出的道理才是真理。父亲自己虽读书不多，然而从小到大对我的学习异乎常人地支持，最朴素，最简单，却最伟大，最感人。母亲善良素雅，谨慎敏锐，您慈母却从不溺爱，是您从小开始的严厉要求，让我养成了严于律己的习惯，是您从小开始的谆谆叮嘱，让我具备了坚守责任的品质。我总是习惯把自己遇到的、经历的一切都告诉您，您的心里有我的一个保险箱，我的失落、我的骄傲、我的暗淡、我的潇洒，我都可以装到这个箱子里，等我说完，仿佛便有您为我拍拍身上的尘土，如孩提时代一般轻抚我的脸庞，指着家门道："尽管出去走走吧，累了就回来歇歇。"那些不在家的日子逝去得特别快，风霜悄悄爬上父母的额头鬓角。我曾不止一次祈求：让时间就停在此刻吧，此刻我的父亲依然可以健步如飞，我的母亲依然精神健谈。这样的愿望只是徒劳，我只有再次期望：愿父母身体健康，心情愉悦！

感谢我亲爱的弟弟黄驰，弟弟聪明稳重，腼腆细心，我的一切决定他总是无条件地支持，兄弟至亲，有些话反而说不出口，然而有些亲情也无需道明，一切默默自相知。

有些故事的开始是悄无声息的，两个人从某一个起点出发，纵然曾经相隔千山万水，然而终能在某个人生的十字路口再次相遇。与未婚妻叶培斌小姐相识十几年，终能相知相恋，现在虽不能时时相伴，然而不论成功挫折，一声欢笑，一语慰藉，都能让我心灵有所依靠。此生不求如何显达富贵，只愿晚饭后能拉你的手散步，月下水边，树影波声。

语已多，情未尽。攻读博士学位期间的兴奋、激动、焦躁、失落，一切心有所感，都将凝成一句永生难忘。这一站已到，是时候收拾一下，昂然走向下一站了。

谨以此文献给所有关心帮助我的亲人、师长和朋友们！

黄　栩